Die
öffentliche Armenpflege
in Berlin.

Mit besonderer Beziehung

auf die vier Verwaltungs-Jahre 1822 bis 1825

dargestellt

von

der Armen-Direction.

Berlin, 1828.
Gedruckt und zu finden
bei G. Reimer.

Vorwort.

Die Stadtverordneten-Versammlung hat zwar in ihrer Druckschrift:

„die Stadtverordneten zu Berlin an ihre Mitbürger"

vom Jahre 1822 pag. 116 und folgend, eine Uebersicht von der hiesigen Armen-Verwaltung und den dazu gehörigen Armen-Anstalten gegeben, indessen konnte dies, wegen der Mannigfaltigkeit der Gegenstände nicht mit derjenigen Ausführlichkeit geschehen, welche von der Versammlung gewünscht ward, um unsern Mitbürgern eine deutliche als umfassende Darstellung des hiesigen Armenwesens zu geben.

Die Armen-Direction, von uns zur Entwerfung eines solchen Werks aufgefordert, hat in der vorliegenden Darstellung, welche wir dem Publiko, besonders aber unsern Mitbürgern, hiemit übergeben, dieser Aufgabe in allen ihren Zweigen aufs Umfassendste und Gründlichste entsprochen, und sich dadurch die gültigsten Ansprüche auf unsern Dank erworben.

Jeder, der von der Wichtigkeit des Gegenstandes angezogen, die in dieser Druckschrift aufgestellten Thatsachen mit Aufmerksamkeit lieset, wird gewiß die großen Anstrengungen erkennen, welche die Commune und viele Mitglieder derselben ihren hülflosen Mitgliedern widmen. Möge doch aber auch Jeder sich ergriffen fühlen von der großen, oft unverschuldeten Noth unserer Armen, Kranken und Waisen! Möge jeder gern hinzutreten mit Spenden des Ueberflusses oder des Entbehrlichen, um die würdige, uneigennützige Verwaltung, der die Linderung der Noth jener Unglücklichen anvertraut ist, in den Stand zu setzen, die Thränen des bittersten Kummers auch ferner trocknen zu können.

Berlin, im October 1827.

Stadtverordneten zu Berliin.

Inhalt.

Einleitung.

In der Druckschrift, welche im Jahre 1822 unter dem Titel:

Die Stadtverordneten zu Berlin an ihre Mitbürger, über die Verwaltung ihrer Kommunal-Angelegenheiten

erschienen ist, wurde in einem besondern Abschnitt:

Ueber Verwaltung des Armenwesens,

dem Publikum eine Uebersicht dessen vorgelegt, was in dieser Beziehung, nachdem die Kommune die Verwaltung übernommen, bis zu Ende des Jahres 1821 geschehen war. Seitdem ist über diesen Gegenstand amtlich nichts bekannt geworden, und wiewohl die Armen-Direktion keinen Augenblick die Pflicht verkannt hat, ihren Mitbürgern von Zeit zu Zeit von ihrer Verwaltung Rechenschaft abzulegen, auch die Nothwendigkeit einleuchtet, daß, wenn bei dem Publikum ein reges Interesse für die Sache erweckt werden soll, überall mit der möglichsten Oeffentlichkeit verfahren werden müsse; so haben doch mehrere zusammenwirkende Umstände eine frühere Bekanntmachung dessen, was geschehen ist, verhindert.

Die Hauptursache war nämlich, wie in der vorerwähnten Druckschrift schon bemerkt worden, daß das

Rechnungswesen sich in der größten Unordnung befand, daß die Rechnungen seit 1803 nicht dechargirt, und seit 1814 gar nicht gelegt worden waren.

Mit der Anfertigung der rückständigen Rechnungen aber konnte um deswillen nur langsam vorgeschritten werden, weil die Arbeit dem, wegen entdeckter Defekte in Untersuchung und Haft befindlichen, vorigen Rendanten überlassen werden mußte. Die nächste Folge davon war, daß früher mit Sicherheit eine Uebersicht des durch die Armen-Direktion verwalteten Vermögens nicht gegeben werden konnte.

Zugleich glaubten wir aber auch den Zeitpunkt erwarten zu müssen, wo wir mit der Organisation sämmtlicher Armen-Kommissionen zu Stande gekommen seyn würden. Warum dieses Geschäft so schwierig war und so viel Zeit erforderte, dies wird weiter unten besonders ausgeführt werden, und es bleibt daher hier nur zu bemerken, daß bis zum Schlusse des Jahres 1825 innerhalb der Stadt die Kommissionen überall eingerichtet waren.

Nach Vollendung dieser für die Armenpflege besonders wichtigen Angelegenheit, und da nunmehr sämmtliche Rechnungen bis incl. 1825 gelegt sind, säumen wir nicht länger, für die Jahre 1822, 1823, 1824 und 1825 folgenden Bericht, welcher zugleich als eine Darstellung der Verfassung des hiesigen Armenwesens zu betrachten seyn dürfte, sowohl über die Verwaltung im Allgemeinen, als über die unserer Aufsicht übergebenen Institute abzustatten.

Erster Abschnitt.

Verwaltung im Allgemeinen.

§. 1.

Die Armen-Direktion hat außer

I. der allgemeinen Armenpflege in der hiesigen Residenz,

II. folgende Anstalten unter ihrer besondern Aufsicht:

1) sämmtliche Armenschulen,
2) das Waisenhaus,
3) das Arbeitshaus,
4) das Hospital für abgelebte Leute beiderlei Geschlechts,
5) drei kleinere dergleichen Hospitäler für alte Personen weiblichen Geschlechts:
   a. das Dorotheen- } Hospital, und
   b. das Koppensche } Hospital, und
   c. das Splitthaus.

I.

Anlangend zuvörderst die

allgemeine Armenpflege,

so nahmen die Verhandlungen mit den im Jahre 1821 gleichsam versuchsweise eingeführten vier Armen-Kommissionen das Interesse der Direktion mit

Organisirung der Armen-Kommissionen.

jedem Monat mehr in Anspruch, sie vermehrten aber auch eben so sehr unsere Arbeit. Wir gelangten daher bald zu der Ueberzeugung, daß mit dem weitern Organisiren nicht eher vorgeschritten werden dürfe, als bis ein Geschäfts-Mechanismus ausgemittelt sey, der es eben sowohl uns, ohne eine Kraft zersplitternde und dennoch unausführbare Behandlung des Details, als den Kommissionen, neben dem Gebundenseyn an die allgemeinen Verwaltungsgrundsätze möglich mache, in der Hauptsache die dabei gestellte Aufgabe zu lösen. Es ließ sich nämlich beim ersten Ueberblick nicht genau beurtheilen, wieviel Kommissionen in den 102 Stadtbezirken würden errichtet werden müssen; da wir aber annehmen zu können glaubten, daß deren etwa 80 erforderlich seyn würden, so konnten wir uns auch nicht verhehlen, daß, wenn diese uns eben so viel Arbeit als die 4 zuerst errichteten Kommissionen verursachen sollten, nicht bloß die unbilligsten Forderungen an die Kraft und Zeit unserer Mitglieder gemacht, sondern auch die künftigen Armen-Kommissionen ganz zurückgeschreckt werden würden, wenn sie sich mit derselben Mühe als die ersten eine Bahn bereiten sollten.

Daher wird es uns rechtfertigen, wenn wir, um bestimmtere Erfahrungen zu sammeln, absichtlich das Jahr 1821 verstreichen ließen, und alsdann erst darauf bedacht waren, in einem zweiten (dem 15.) Polizeirevier mit der Organisation der Kommissionen fortzufahren. Es ward zu dem Ende eine besondere Geschäftsanweisung für die Vorsteher der neuen Kommissionen entworfen, und in einem Nachtrage zur Instruktion wurden die inzwischen erlassenen Deklarationen oder näheren Bestimmungen zusammengefaßt. Wir glaubten nunmehr ohne Verzug ans Werk gehen zu können, stießen aber unvermuthet auf neue Schwierigkeiten.

Es fand sich nämlich, daß die von den Stadtverordneten und Bezirksvorstehern der einzelnen Stadtbezirke vorgeschlagenen Personen bei weitem nicht überall den guten Willen zeigten, das ihnen zugedachte Amt zu übernehmen, den wir vorausgesetzt hatten, theils weil die Vorgeschlagenen durch Verhältnisse wirklich verhindert waren, an dem ehrenvollen Werke Theil zu nehmen, theils aber auch, weil sich nicht überall der erforderliche Gemeinsinn vorfand, um sich einem Geschäfte zu unterziehen, das keinen andern Lohn gewährt, als das Bewußtseyn, Menschen- und Bürgerpflicht geübt zu haben.

Bei der ersten Organisirung im Jahre 1821 hatten wir das Glück gehabt, zu den errichteten 4 Kommissionen lauter Beamte, die sich überdies mit wahrer Liebe dem Geschäft hingaben, zu Vorstehern zu erhalten. Wie sehr gerade dadurch die Arbeit uns erleichtert wurde, mit Männern zu thun zu haben, die mit dem Bureau-Dienste vertraut waren, bedarf keiner weitläufigen Ausführung. Wir glaubten daher, ohne wenigstens einen so ausgebildeten Geschäftsmann in jeder Kommission zu erhalten, nicht mit Sicherheit vorschreiten zu können. Dies gelang zwar, jedoch erst nachdem einige Monate verflossen waren, und die desfallsige Korrespondenz beendigt werden konnte; und so wurden denn endlich am 1. Juni 1822 wiederum 4 Kommissionen eingeführt.

Hatten aber die Vorarbeiten Behufs der Einführung neuer Kommissionen unsere Zeit sehr in Anspruch genommen, so geschah dies nicht minder noch eine Zeit lang, nachdem sie in Thätigkeit gesetzt worden. Sie fingen nämlich, der erhaltenen Anweisung gemäß, ihr Geschäft damit an, die Verhältnisse aller vorgefundenen Almosenempfänger einer genauen Prüfung zu unterwerfen, um zu der Ueberzeugung zu gelangen, ob die Zahlung fortgesetzt werden mußte, oder ganz oder zum Theil eingezogen werden konnte. Mit jedem dieser Armen mußte zu dem Ende ein sogenannter Verhörbogen aufgenommen werden, welcher durch die Beantwortung der darin aufgestellten Fragen über die Herkunft, die vorhandenen Verwandten, die innern Verhältnisse der Familie und die Erwerbfähigkeit, auch wodurch sie behindert würden, sich den nöthigen Unterhalt zu beschaffen, das möglichst helle Licht über die Lage des Bittstellers verbreitete. Diese Verhörbogen, mit den Beschlüssen der Kommissionen versehen, wurden alsdann zur nähern Prüfung bei uns eingereicht, und es fällt in die Augen, welche Mühe uns nicht bloß die sorgfältige und gewissenhafte Revision dieser Masse von Verhörbogen kostete, deren jeder als ein besonderer Gegenstand behandelt werden mußte, und die sich in die Hunderte beliefen, sondern welche Arbeit wieder dazu gehörte, um den Kommissionen die bemerkten Mängel mitzutheilen, und sie umständlich zu belehren.

Als nun die neuen Kommissionen so weit gebracht waren, daß sie mit einiger Geläufigkeit fortarbeiten konnten, welches bei manchen nur kurzer, bei einigen aber längerer Zeit bedurfte, wurde sofort zur Organisirung neuer Kommissionen geschritten. Hier fanden sich alsdann wieder eben dieselben Schwierigkeiten, welche vorhin beschrieben worden; nämlich die Geschäftsanweisungen und die Instruktionen wurden nach Maaßgabe der inzwischen gemachten Erfahrungen und neu hinzugekommenen Bestimmungen theils umgearbeitet, theils vervollständigt; die Wahlen neuer Mitglieder wurden vorgenommen, abgelehnt, erneuert und wieder abgelehnt, bis endlich die erforderliche Anzahl zusammengekommen war; die Masse der Verhörbogen in den neuen Bezirken mußte endlich eben so wie die früheren revidirt werden, so daß hiernach die Verhältnisse von mehr als 3000 Armen successive von uns geprüft worden sind.

Hierdurch sind wir trotz der angestrengtesten Bemühungen verhindert worden, früher als bis zum Jahre 1824 mit der Einrichtung der Armen-Kommissionen innerhalb der Stadt (zusammen 55) fertig zu werden, und dem Jahre 1825 war nun die Einführung der neuen Verwaltung in der Rosenthaler und Oranienburger Vorstadt vorbehalten.

Allein gerade hier war es am schwierigsten, zum Ziel zu gelangen, weil bei der unverhältnißmäßig großen Anzahl der Armen in dieser Gegend sich nicht die gehörige Anzahl geeigneter Personen zu Deputirten finden ließ, wenn die Geschäfte in der bei den Armen-Kommissionen bestehenden geregelten Form geführt werden sollten. Da aber der vormalige Distrikts-Direktor ausschied, welcher die Armenpflege in diesem großen Revier bis dahin mit Beihülfe einiger Deputirten und eines besoldeten Diaetarii besorgt hatte, und dem nach einer mehr als zehnjährigen sehr rühmlichen Amtsführung nicht noch mehr zugemuthet werden konnte, so blieb nichts übrig, als dort eine interimistische Armen-Kommission mit Beibehaltung des frühern Geschäftsganges zu errichten. Dem zum Vorstande derselben gewählten würdigen Manne ist die Kommune die größte Verpflichtung für die mit ungemeiner Anstrengung besorgte Leitung der Kommission schuldig, denn er hat in keiner Art etwas zu wünschen übrig gelassen, weshalb denn auch kein Nachtheil daraus erwachsen ist, daß in den genannten Vorstädten die Einführung der Armen-Kommissionen bis zum Jahre 1826 hat verschoben werden müssen.

Von der Geschäftsführung in den Armen-Kommissionen selbst und von deren Wirksamkeit wird das Nähere in einem besondern Kapitel entwickelt werden; für jetzt kam es uns bloß darauf an, zu zeigen, daß es nicht leicht gewesen sey, die Organisation dieser Behörden zu bewirken; es sey uns aber erlaubt, hier auszusprechen, daß wir selbst diese Arbeit für unsere wichtigste und dem wahren Wohle der Armen ersprießlichste betrachten. Gelingt es uns, fortwährend Männer zu finden, welche mit Kopf und Herz sich dem Dienste in den Armen-Kommissionen widmen, und mit strenger Beobachtung der aufgestellten Grundsätze ihr Amt gewissenhaft verwalten, so dürfen wir mit froher Zuversicht in die Zukunft sehen; wenigstens hoffen wir, die in der Städte-Ordnung den Armen-Kommissionen gemachte Aufgabe, für Unterhalt, Krankenpflege, Erziehung und Unterricht der Armen zu sorgen, so weit die Umstände es verstatten, gelöset zu haben. Jedoch sind wir weit entfernt, behaupten zu wollen, daß es nicht noch viele Mittel gebe, der Armuth vorzubeugen, oder daß einige im Auslande getroffenen umfassenden Einrichtungen, wie z. B. die Armen-Kolonie in Holland, nicht einen ausgezeichneten Nutzen haben sollten. Ja wir geben sogar gern zu, daß für die hiesige Kommune manche dringenden Wünsche übrig bleiben, nämlich etwa: daß eine Anstalt ins Leben treten möchte, wo Arme, die über Mangel an Arbeit klagen, solche zu allen Zeiten finden könnten; ein Siechenhaus, worin Altersschwache, unheilbare Kranke und solche Personen, die nur sehr bedingt arbeitsfähig sind, und sich mit vieler Mühe in einer Schlafstelle unterbringen, Wohnung finden; mehrere Stadtküchen, wohin theils Arme statt der Geldunterstützung mit Anweisungen zur Speise gewiesen, theils wo bedürftige Familien bloß gegen Bezahlung der Auslagen gesunde und kräftig zubereitete Nahrung erhalten, und die Zeit, welche zur Speisebereitung erforderlich ist, ersparen könnten; ein Kinderlazareth, wohin kranke Kinder zur Heilung und Pflege gebracht werden könnten, deren Mütter ihres nöthigen Erwerbes halber außer dem Hause sind, und die daher die Kinder hülflos verlassen müssen.

Sollten aber auch die Verhältnisse diese Wünsche erst spät oder gar nicht zur Ausführung kommen lassen, so werden doch die Armen-Kommissionen, je mehr sie ihre wichtige Stellung erkennen, immer noch im Stande seyn, recht viel Gutes zu wirken. Die eigentliche Armenpflege befindet sich wegen des unmittelbaren Einwirkens der Kommissionen weit weniger in unsern Händen als in den ihrigen; denn obgleich wir, wie weiterhin näher gezeigt wird, möglichst bemüht sind, das Verfahren derselben zu kontrolliren, so kommt, der Natur der Sache nach, doch in der Regel nur dasjenige zu unserer Kenntniß, wobei es sich um bewilligte oder versagte Unterstützungen handelt.

Aber mit inniger Freude haben wir auch zu bemerken Gelegenheit gehabt, wieviel von einigen derselben wirklich geleistet worden ist.

Sie haben sich nicht damit begnügt, den Armen Geldunterstützung zu geben, oder den Arzt und die Arzenei dem Kranken zuzuweisen, sondern sich auch bemühet, ihnen, so wie armen Wöchnerinnen durch Fürsprache bei Nachbarn und wohlhabenden Bewohnern Pflege und Hülfe, Kleidung und Wäsche zu verschaffen; sie haben bei Sterbefällen einen rechtschaffenen Vormund in Vorschlag gebracht; sie haben für das Unterkommen der erwachsenen Jugend bei Lehrmeistern und in Dienststellen gesorgt; sie haben den Eltern Gelegenheit zur Arbeit und zum Verdienste nachgewiesen, Almosen-Empfängern, wie auch andern Armen, die nicht Almosen-Empfänger waren, Trost und Rath ertheilt, wodurch oft bei weitem mehr bewirkt wird, als durch bloße kalt hingegebene Almosen. Kurz sie sind Armenväter im eigentlichen Sinne des Worts geworden.

Als einen Beweis aber, wie die Armen-Kommissionen bei einem längern Bestehen sich vervollkommnen können, glauben wir anführen zu dürfen, daß im Jahre 1825 die 7 Armen-Kommissionen der Luisenstadt den Grund zu einem besondern Wohlthätigkeitsverein der Bewohner dortiger Gegend gelegt haben, dessen hauptsächlichster Zweck es ist, möglichst für die Kinder der Armen (also nicht bloß der Almosen-Empfänger) zu sorgen.

Da dieser Verein dem Publikum in einem besondern öffentlichen Jahresbericht über seine Wirksamkeit Rechenschaft giebt, so kann das Einzelne hier übergangen, jedoch muß wenigstens soviel bemerkt werden, daß, obgleich der Verein erst in dem letzten Drittel des Jahres in Thätigkeit getreten ist, er dennoch in dem Winter 182$\frac{5}{6}$ gegen 50 Kinder, welche wegen Mangels an gehöriger Bekleidung vom Schulbesuch zurückgehalten worden, durch Beschaffung derselben der Schule zugeführt hat.

Für die Armen-Direktion bleibt es nun eine Hauptaufgabe, auf Mittel zu sinnen, den Geist der Verwaltung in den Armen-Kommissionen immer rege zu erhalten. Dies thun wir nicht nur, indem wir ihre monatlichen Verwaltungsberichte mit pflichtmäßigem Interesse behandeln, sondern wir haben durch Deputirte aus unserer Mitte auch hie und da an ihren Monats-Konferenzen Theil genommen.

In gleichem Sinne geschah es auch, daß wir im Jahre 1825 mit sämmtlichen Vorstehern der Armen-Kommissionen eine General-Conferenz hielten, theils um uns gemeinschaftlich zu einem lebendigen Wirken anzuregen, theils um einige Gegenstände zur Sprache zu bringen, die sich besser zur mündlichen als zur schriftlichen Mittheilung eigneten, theils auch, um Vorschläge zur Verbesserung des Armenwesens zu vernehmen.

Es wurden in dieser Versammlung unter andern folgende Gegenstände von Wichtigkeit erörtert: Die Städteordnung macht es der Verwaltung mit zur Aufgabe, für die Beschäftigung der Armen zu sorgen, weshalb in den Entwurf der Instruktion für die Armen-Kommissionen die Bestimmung aufgenommen wurde, daß solche über die Arbeits-Fähigkeit ihrer Armen Listen führen sollten, um den hiesigen Einwohnern auf Verlangen Nachricht geben zu können, zu welcher Art von Dienstleistungen und Arbeiten sich Leute in ihrem Revier befänden. Die Kommunal-Behörden hatten uns daher aufgefordert, auch diesen Punkt zur Ausführung zu bringen, und unsererseits waren die Armen-Kommissionen veranlaßt worden, den Gegenstand unter sich zu berathen, und durch ihre Vorsteher in jener General-Versammlung Bericht abzustatten, in wiefern durch Anlegung von Arbeit-Nachweisung-Comtoirs der Zweck zu erreichen sey. Die hierüber gepflogenen

Verhandlungen führten zwar zu keinem bestimmten Resultat, dagegen hatte einer der Herren Vorsteher hiervon Gelegenheit genommen, einen sehr interessanten Aufsatz über die Einführung gemeinschaftlicher Kochanstalten vorzutragen. Wegen des letztern Projekts sind hiernächst zwar Verhandlungen eingeleitet, aber bis zum Schlusse des Jahres noch nicht beendigt worden. Die übrigen Vorschläge aber wurden einem, in eben derselben General-Versammlung Seitens der Armen-Direktion ernannten, Ausschusse von sieben Vorstehern der Armen-Kommissionen zur Begutachtung übergeben.

Zum Hauptgegenstande der Berathung wurde dem Ausschuß der Auftrag gemacht, auf den Grund der bisherigen nach und nach ertheilten Vorschriften und nach Maaßgabe der gemachten Erfahrungen einen Entwurf zu einer umfassenden Geschäfts-Instruktion für die Armen-Kommissionen zur weitern Revision einzureichen.

Diesem Ausschusse, dessen gründliche und erschöpfende Arbeiten uns in der Folge Gelegenheit zum dankbarsten Anerkenntniß gegeben haben, sind späterhin noch mehrere wichtige Arbeiten übertragen worden, deren Resultate in den künftigen Jahresbericht werden aufgenommen werden.

Wenn wir auf diese Weise bemüht sind, die Wirksamkeit der Armen-Kommissionen ihrem Zweck immer näher zu führen, so halten wir uns dagegen auch verpflichtet, denselben öffentlich das Zeugniß zu geben, daß sie in der größern Mehrheit unsern Erwartungen entsprochen haben, und wir statten den würdigen Männern, aus welchen die Armen-Kommissionen bestehen, für die von ihnen zum Besten des Ganzen geleisteten erspriesslichen Dienste unsern aufrichtigen Dank hiermit ab.

Möchten doch alle unsere geehrten Mitbürger an dem guten Fortgange der Armen-Kommissionen ein recht warmes Interesse nehmen, und den Männern, welche die Verwaltung so liebevoll übernommen, da wo man sich berührt, mit Gefälligkeit zuvorkommen, und persönliche Theilnahme beweisen! Hieran schließt sich aber auch die Bitte, daß diejenigen ehrenwerthen Bewohner Berlins, denen es nicht an gutem Willen, sondern vielleicht bloß an Gelegenheit fehlt, Gutes zu wirken, sich der Armen-Verwaltung anschließen, und uns ihre Bereitwilligkeit dazu anzeigen möchten, um nach Umständen davon Gebrauch machen zu können. Besonders fehlt es in den entlegenern Bezirken nicht selten an geeigneten Männern zum Vorsteheramte, und mit dem verbindlichsten Dank würden wir es erkennen, wenn uns recht bald Anträge dieser Art zugehen sollten.

§. 2.

Ausarbeitung des Reglements für die Stadtarmen-Krankenpflege.

Haben wir in dem vorstehenden Abschnitt die Organisirung der Armen-Kommissionen als unsere wichtigste Arbeit in der vierjährigen Verwaltungsperiode genannt, so nimmt den nächsten Platz nach derselben die Einführung einer verbesserten Armen-Krankenpflege ein.

Mit der sorgfältigsten Benutzung der Erfahrungen, welche über diesen Gegenstand sowohl außerhalb als bei uns selbst gemacht worden, und mit Berücksichtigung des bei den Armen-Kommissionen eingeführten Geschäftsgangs haben wir ein neues Reglement für die Stadtarmen-Krankenpflege entworfen, und nach erfolgter Genehmigung desselben auch die darauf Bezug habenden Instruktionen für

die Armenärzte,
die Armenwundärzte,
die Augenärzte, und
die Armengeburtshelfer,

ferner die Vorschriften zur Benutzung der Bäder für die Armen, und zum Transport derselben nach der Charité ausgearbeitet.

Obgleich alle diese Vorarbeiten bereits im Jahre 1822 beendigt waren, so konnte doch nur nach und nach mit der Einführung der verbesserten Krankenpflege vorgeschritten werden, theils weil die vorgeschriebene Geschäftsform mit der der Armen-Kommissionen in zu genauer Verbindung stehet, und die Kommissionen damals nur zum kleinern Theil in Thätigkeit waren, theils weil wir wünschten, die bisherigen Armenärzte, welche mit Ausnahme von vier besoldeten bis dahin unentgeltlich, mehrere sogar eine Reihe von Jahren hindurch mit der größten Aufopferung sich der Behandlung der Armenkranken unterzogen hatten, beibehalten zu können; allein dies ließ sich aus folgenden Gründen nicht durchführen. Die Armen-Ordnung schreibt nämlich vor, daß der Arzt in den ihm angewiesenen Bezirk seine Wohnung nehmen muß, und da nun mehrere von den bisherigen Armenärzten in einem und demselben Bezirk wohnten, dieser aber billig keinem andern als dem bereits angestellten und besoldeten Arzte zugetheilt werden konnte, so blieb nichts übrig, als daß diejenigen Aerzte, welche beibehalten zu werden wünschten, ihre Wohnungen nach den übrigen Medizinalbezirken verlegen mußten. Zu unserm Bedauern gestatteten dies ihre übrigen Verhältnisse nicht, und so haben wir dem mit mehrern würdigen Männern eine Geschäftsverbindung abbrechen müssen, die wir unter andern Umständen gern fortgesetzt hätten.

Die deshalb erforderlichen Verhandlungen führten zu vielfachen Erörterungen und Weitläufigkeiten, welche bei der Einführung selbst durch die herzustellende Verbindung mit den Armen-Wundärzten und sämmtlichen Armen-Kommissionen, ferner durch die Zuweisung sämmtlicher Stadt-Apotheken an die ihnen zunächst gelegenen Bezirke noch vermehrt wurden, so daß erst mit dem 1. Oktober 1823 die verbesserte Armen-Krankenpflege allgemein ins Leben treten konnte. Das Nähere hierüber und die Resultate der Verwaltung sind in einem besondern Abschnitt umständlicher beschrieben.

§. 3.

Verbindung der Armen-Direktion mit den übrigen Wohlthätigkeits-Anstalten.

Eine der nothwendigsten Bedingungen einer wohlgeordneten Armenpflege ist, daß die verwaltende Behörde unterrichtet werde, welche Almosen und Unterstützungen den Armen von anderer Seite zugehen. Wenn nun auch ganz und gar nicht darauf zu rechnen war, daß wir von dem, was die Privat-Wohlthätigkeit für einzelne Arme thut, Kenntniß erhalten würden, so mußten wir doch diejenigen Behörden, deren alleiniger Zweck es

ist,

ist, Wohlthätigkeit zu üben, oder die, wie die Kirchen und milden Stiftungen, von Amtswegen Gaben vertheilen, um die erforderlichen Nachrichten ersuchen, wobei unsere Absicht dahin ging, die von uns den Armen gemachten Unterstützungen in Verbindung mit denen, welche von andern Behörden bewilligt worden, monatlich durch den Druck öffentlich bekannt zu machen. Wir gingen hierbei von folgenden Ansichten aus:

1) Eine jede Armen-Verwaltungs-Behörde ist bei der Vertheilung der ihr anvertrauten Gelder nachtheiligen und gehässigen Urtheilen über deren Verwendung weit mehr ausgesetzt als jede andere Verwaltungs-Behörde, indem sie den größten Theil des von ihren Mitbürgern aufgebrachten Geldes an Personen verschenkt, die für die Kommune in der Regel nie etwas Nützliches und Ersprießliches thaten, die sogar oft zum öffentlichen Aerger gelebt hatten.

Da nun das Publikum leicht auf den Gedanken kommt, daß bei einer Behörde, welche so viel Geld verschenkt, wohl Menschlichkeiten vorfallen, und Empfehlungen mehr berücksichtigt werden dürften, als dringende aber bescheidene Armuth, so schien uns der einzige Weg, um diesen nachtheiligen und gehässigen Urtheilen vorzubeugen, der, die möglichste Oeffentlichkeit der Verwaltung einzuführen, dergestalt, daß wir uns nicht begnügen wollten, die Summen überhaupt, welche für jeden Zweig der Verwaltung ausgegeben worden, öffentlich bekannt zu machen (indem der an der öffentlichen Verwaltung mit Theil nehmende Bürger das Zuviel oder Zuwenig nicht zu beurtheilen vermag) sondern einen Jeden ganz ins Detail blicken lassen wollten, damit er sich genau und mit Leichtigkeit unterrichten könne, ob dieser oder jener ihm bekannte Mensch und mit wieviel er unterstützt werde.

2) Den der Armen-Direktion vorgesetzten Behörden muß daran gelegen seyn, die speziellste Kontrolle dieses Verwaltungszweigs zu erhalten. Nun besagen zwar die bei der Rechnungsabnahme vorzulegenden Quittungen der Armen-Kommissionen 2c., was ihnen im Ganzen allmonatlich gezahlt worden ist, keineswegs aber ergiebt sich daraus, ob die Gabe für den Einzelnen auch nothwendig war, und zweckmäßig verwendet worden ist. Wir glaubten daher durch die öffentliche Bekanntmachung zu bewirken, daß alle Bürger und Einwohner der Stadt den revidirenden Behörden sich gleichsam zur Seite stellen, und Veranlassung geben sollten, übel angewendete und unzweckmäßig gegebene Geldunterstützungen eben so gut, als die Zurückweisung und Vernachlässigung wirklich dürftiger Personen zu rügen, und zur Abstellung von Mißbräuchen beizutragen.

3) Die Verwaltung des Armenwesens kann nicht mit der zu öffentlichen Geschäften erforderlichen Genauigkeit und Sicherheit geführt werden, wenn nicht alle Personen, denen die Verwendung der öffentlichen Gelder anvertraut ist, auf eine möglichst vollständige und bequeme Art in den Stand gesetzt werden, die Verhältnisse der zur Unterstützung sich meldenden Personen

genau kennen zu lernen, und die von ihnen angegebenen Umstände gehörig zu prüfen. In einer kleinen Kommune, wo der Hauswirth die ökonomischen und sittlichen Verhältnisse seiner Miether, der Nachbar die seines Nachbars aus naher und beständiger Beobachtung kennt, wo selten ein Fremder in die Kommune eintritt, ohne mit allen seinen Verhältnissen den Umgebungen bekannt zu werden, und wo der Wechsel der Wohnungen nicht häufig vorkommt, reichen die Erkundigungen der Armen-Vorsteher bei dem Hauswirth und den Nachbarn gewöhnlich hin, die Bedürftigkeit und Würdigkeit der Personen mit Gewißheit kennen zu lernen, welche Ansprüche auf öffentliche Unterstützung machen. In unserer großen Kommune aber, wo der Hauswirth oft den Erwerbszweig, die Wirthschafts-Verhältnisse, den Umgang und die Bedürfnisse seiner Miether nicht kennt, wo selten jemand den Namen der Leute weiß, die in seines Nachbars Hause wohnen; wo Familien und Personen, die nicht mehr besitzen, als was sie in der Hand forttragen können, monatlich ihre Schlafstelle, vierteljährlich ihre Wohnungen wechseln, müssen Hülfsmittel ganz anderer Art angewendet werden, um die Verwalter des Armenwesens gegen Lügen und Betrug zu sichern, und um zu verhüten, daß der faule Müßiggänger, der aus der Gegend wegzieht, wo er schon zu bekannt geworden war, und wo ihn der dortige Armenbeamte als unwürdig abgewiesen hat, in einer andern Gegend unter der Maske der Armuth und des Elendes die öffentlichen Beamten täusche, und Unterstützungen erschleiche, die ihm in dem Bezirk versagt wurden, aus welchem er gezogen ist. Hierbei den Armen-Kommissionen die möglichste Erleichterung zu verschaffen, schien uns um so mehr Pflicht, als die Mitglieder derselben ihr Amt unentgeltlich verwalten. Da es denselben aber unstreitig besonders schwer fallen muß, zu ermitteln, ob und welche Beihülfe derjenige, welcher Unterstützung nachsucht, bereits aus öffentlichen Fonds genießt, um danach den Grad seines Bedürfnisses abmessen zu können, so glaubten wir ihnen am besten dadurch zu Hülfe zu kommen, wenn wir ihnen die Listen derjenigen Personen, welche von uns und aus andern Kassen und Instituten Unterstützung erhalten, alphabetisch geordnet, mittheilten.

Diese Gründe hatten, wie vorhin gedacht worden, uns bestimmt, den Abdruck solcher Listen in Vorschlag zu bringen; allein die Kommunal-Behörden genehmigten die Anträge nur zum Theil. Sie untersagten die öffentliche Bekanntmachung, und setzten fest, daß nur den Armen-Kommissionen ein Exemplar zugestellt werden sollte, damit nicht nur diese selbst die nöthige Uebersicht erhalten, sondern auch andere Einwohner Gelegenheit haben sollten, diese Nachweisungen bei ihnen einzusehen, wenn ihnen damit gedient sey, zu erfahren, ob dieser oder jener, welcher von ihm Unterstützung verlangt, schon dergleichen aus irgend einem Fonds erhalte. Diesemnach wurde beschlossen, das Namensverzeichniß der Almosen-Empfänger, um die vielfältigen Abschriften zu ersparen, nur als Manuskript für die Beamten der Kommune abdrucken zu lassen; außerdem aber sollten daraus alle Personen weggelassen werden, welchen durch eine testamentarische Bestimmung oder durch ein Dekret der Armen-Direktion die Zahlung eines Legats zugesichert worden war.

Hiernach wurde verfahren. Allein nun erhoben sich von mehreren Behörden, die Geldunterstützungen vertheilen, und denen wir einen Dienst zu erzeigen geglaubt hatten, wenn wir sie durch Mittheilung der Nachweisung von dem was geschehen, in Kenntniß setzten, Beschwerden gegen das begonnene Verfahren. Selbst die Stadtverordneten-Versammlung äußerte späterhin eine andere Meinung über den besprochenen Gegenstand, als ihre zu den desfallsigen Konferenzen abgeordneten Mitglieder angenommen hatten, und so behielt es denn bei dem Namens-Verzeichnisse der im Jahre 1820 unterstützten Personen sein Bewenden.

Um jedoch den ad 3) vorhin ausgesprochenen Zweck zu erreichen, lassen wir nicht nur das angefangene Hauptbuch, worin alle von andern Behörden nach den jährlich uns mitzutheilenden Nachrichten bewilligten Unterstützungen eingetragen werden, nach einer verbesserten Einrichtung fortsetzen, sondern haben auch die Anordnung getroffen, daß jedes Gesuch um Almosen, ehe es zum Vortrag und zur Untersuchung geht, desgleichen jeder von den Armen-Kommissionen über die neuen Almosen-Empfänger aufgenommenen Verhörbogen dem Offizianten, welcher das Hauptbuch führt, zur Bemerkung vorgelegt wird, ob, wieviel, und aus welchem

Fonds der Bittsteller bereits Unterstützung beziehet. Auf diese Weise erhalten nicht nur die Mitglieder der Armen-Direktion, sondern auch die Armen-Kommissionen die Nachrichten, deren sie bedürfen, auf dem kürzesten Wege, und da überdies alle von den Armen-Kommissionen abgewiesenen Gesuche, welche nähere Auskunft über die Gründe der Abweisung enthalten, in unsrer Registratur sorgfältig aufbewahrt werden, jede Kommission aber, wenn sich ein Hülfesuchender bei ihr meldet, befugt ist, in der Registratur Erkundigung einzuziehen, ob sich Vorakten daselbst befinden, und sich diese zu erfordern, so erfährt sie sogleich alles, was über ein solches Subjekt schon früher verhandelt worden, und kann ihre Beschlüsse den Umständen gemäß berichtigen, so daß in dieser Hinsicht eigentlich noch mehr geschieht, als durch den bloßen Abdruck des Namens-Verzeichnisses hätte erreicht werden können.

Durch die Königl. Kabinetsordre vom 3. Mai 1819, nach welcher die hiesige Armen-Verwaltung der Kommune übergeben worden, ist angeordnet:

daß die Privat-Wohlthätigkeits-Vereine mit der städtischen Armen-Direktion in Verbindung gesetzt, und zu diesem Behuf ein Geschäfts-Reglement entworfen werden solle, indem jedenfalls die Vorsteher jener Anstalten gehalten seyn sollten, sich solchen Einrichtungen zu unterziehen, daß die Armen-Direktion von den durch dieselben bewirkten Unterstützungen in ununterbrochener Kenntniß bleibe.

Die Schwierigkeit, welche damit verbunden ist, eine solche passende Verbindung in Vorschlag und zur Ausführung zu bringen, ohne dadurch das Gute zu stören, welches solche Privat-Wohlthätigkeits-Anstalten beabsichtigen und auch oft erreichen, hat den allgemein geltenden Grundsatz, nach welchem eine solche Verbindung festzustellen wäre, noch nicht auffinden lassen. Zwar ist von dem Magistrat mit höherer Genehmigung unterm 4. Februar 1823 eine Bekanntmachung dahin erlassen:

> daß jeder Verein oder jede neue Anstalt, welche Zwecke der Wohlthätigkeit in der hiesigen Kommune auszuüben wünschet, ein Statut über den Zweck und über die Mittel denselben zu erreichen, entwerfen, und dem Magistrat zur Prüfung und zur Bewirkung der höhern Genehmigung einreichen müsse;

allein dies beziehet sich allerdings nur auf die Vereine, welche in Zukunft sich bilden möchten, und wir müssen uns daher wegen der schon bestehenden Anstalten damit begnügen, von denselben alljährlich die Nachrichten über die durch sie vertheilten Gaben einzuziehen.

Folgende Königl. Behörden, Kirchen, Stiftungen und Wohlthätigkeits-Vereine haben uns in Gemäßheit der vorgedachten Allerhöchsten Kabinetsordre die erforderlichen Nachrichten, und zwar fast überall zuvorkommend und freundlich mitgetheilt:

1) die Königl. Porzellan-Manufaktur,
2) die Königl. General-Münz-Direktion,
3) das Königl. Potsdamsche Militair-Waisenhaus,
4) die Domkirchenkasse,

5) die Nikolai- und Marien-
6) die St. Petri- } Kirchen-Armenkasse,
7) die St. Gertraudt-
8) das Presbyterium der Parochialkirche,
9) die reformirten Simultankirchen,
10) die St. Hedwigs-Kirchen-Armenkasse,
11) das französische Konsistorium,
12) das Schindlersche Waisenhaus,
13) das Kornmessersche Waisenhaus,
14) die Verwaltung der Reichwaldschen Stiftung,
15) die Verwaltung des Frohmüllerschen
16) — — — Krausenschen
17) — — — Nicolaischen } Legats,
18) — — — Reinbeckschen
19) — — — Daunschen
20) das Friedrichsstift,
21) das Luisenstift,
22) die Luisenstiftung,
23) die Wadzecks-Anstalt,
24) die Invaliden-Unterstützungs-Kommission,
25) der Verein von Großbeeren und Dennewitz,
26) der vaterländische Verein,
27) der Wohlthätigkeitsverein der Frau von Boguslavski,
28) die deutsche
29) die französische } Holz-Vertheilungs-Gesellschaft,
30) die Kämmerei-Hülfs-Kasse,
31) die Armenkasse der Kaufmannschaft,
32) die Gewerks-Armen-Kassen.

Sollten noch andere Vereine oder Stiftungen bestehen, welche Wohlthaten austheilen, die uns nicht bekannt geworden sind, so werden wir es dankbar erkennen, wenn sie uns die nöthigen Nachrichten mittheilen wollen, da die Verwalter derselben sich hoffentlich überzeugen werden, daß es für das Ganze nicht anders als ersprießlich seyn kann, wenn wir fortwährend in genaue Kenntniß alles dessen gesetzt werden, was von anderer Seite für einzelne Arme geschieht.

Jedoch nehmen wir hier ausdrücklich folgende Privatvereine aus, weil der Wirkungskreis derselben, obgleich er in der Hauptsache das Wohl der Armen betrifft, sich auf gewisse Personen beschränkt, die der Stadtarmenpflege sonst nicht anheim fallen, oder weil die von ihnen vertheilten Wohlthaten einzeln zu unerheblich sind, um ein Gewicht in die Waageschale zu legen:

a. das Bürger-Rettungs-Institut,
b. die Armen-Speisungs-Anstalt,
c. die Berliner Sontagsschulen,
d. den Luisenstädtischen Wohlthätigkeitsverein, welcher hauptsächlich dahin wirket, Kinder der Armen der Schule zuzuführen,
e. den Verein zur Unterstützung armer Kinder mit Schulbüchern,
f. den Prämienverein für arme fleißige Schulkinder,
g. die Direktion der hiesigen Erwerbschulen.

Neben diesen Anstalten bestehet hier noch der Verein zur Erziehung sittlich verwahrloseter Kinder. Dieser Verein vertheilt zwar keine Geldspenden, ist aber von dem entschiedensten Nutzen für das allgemeine Beste, indem er einem Bedürfnisse abhilft, das besonders der Armen-Verwaltung längst fühlbar war. Wenn nämlich dergleichen verwahrlosete Kinder als Verbrecher ins Arbeitshaus abgeliefert werden, so werden sie dort durch den nicht zu vermeidenden Umgang mit älteren Verbrechern und Vagabonden noch mehr verderbt, und man ist unter diesen Umständen fruchtlos bemüht, sie der Verwilderung zu entreißen, und zum Guten zurückzuführen.

Die Kommunal-Behörden hatten aus den Armenfonds vorläufig jährlich 200 Rthl. bewilligt, um dafür fünf verwahrlosete Knaben aus dem Arbeitshause in jenes Erziehungshaus zu versetzen, und im Jahre 1826 ist die Bewilligung auf 400 Rthl. erhöhet worden. Wir können nichts dringender wünschen, als daß der Verein zur Erziehung sittlich verwahrloseter Kinder fortwährend recht viele Theilnehmer finden möge, um wo möglich die Anstalt zur Aufnahme noch mehrerer Kinder erweitern zu können, da die jetzigen Stellen nicht einmal hinreichen, das hiesige Bedürfniß zu befriedigen.

§. 4.

Unterdrükkung der Haus- und Straßen-Bettelei.

Zu den Gegenständen, welchen wir unsre vorzügliche Aufmerksamkeit gewidmet haben, gehört die Unterdrückung der Haus- und Straßen-Bettelei.

Es fanden sich beim Uebergange der Armen-Verwaltung an die Kommune 12 sogenannte Armenwächter vor, welche zunächst unter der Aufsicht eines Wachtmeisters standen, und berufen waren, ein wachsames Auge auf die Haus- und Straßen-Bettelei zu haben, und jeden Bettler, den sie antrafen, an das Arbeitshaus abzuliefern *). Diese mußten fast alle wegen Alters und Hinfälligkeit entlassen werden, und beziehen ein hinreichendes Armengeld; dagegen wurden sie durch rüstige auf Kündigung angenommene Leute ersetzt, mit denen jedoch auch gewechselt wurde, sobald ihre Aufführung nicht tadelfrei war. Auf letztere wird durch den Wachtmeister sehr genau gesehen, so wie denn auch die äußere Haltung dieser Leute gegen sonst gewonnen hat.

Außer diesen Armenwächtern sind während der gegenwärtigen Verwaltung noch für jedes Polizei-Revier ein Sergeant, also 23 an der Zahl, angestellt worden, welche zwar zuvörderst die Botendienste bei den 61 Armen-Kommissionen versehen **), hierbei aber, da sie beim Einsammeln der Beiträge und bei den Vorladungen der Armen täglich sich auf der Straße befinden, und in den mehrsten Häusern Eingang haben, die beste Gelegenheit erhalten, auf die Haus- und Straßenbettler ein wachsames Auge zu werfen, und denen es daher zur Berufspflicht gemacht ist, solche festzunehmen, und an das Arbeitshaus abzuliefern.

---

*) Außerdem liegt den Armenwächtern noch ob, die Selbstmörder und die sogenannten Unglücksleichen, welche ohne Angehörige sind, zur Erde zu bestatten. Diese Funktionen können keinem andern Beamten übertragen werden, und auch deshalb ist die Beibehaltung der Armenwächter unerläßlich.

**) Siehe §. 13. des Abschnitts II. Armen-Kommissionen.

Daß alle diese Beamten ihre Schuldigkeit thun, darauf wird nach Möglichkeit gesehen; der Wachtmeister kontrollirt insbesondere die Armenwächter, ob sie sich auf den ihnen angewiesenen Straßen und Plätzen auch wirklich aufhalten, und über die von diesen und den Stadt-Sergeanten abgelieferten Bettler werden genaue Listen geführt, um zu sehen, was jeder derselben geleistet hat.

Es sind durch diese Beamten an Bettlern eingebracht worden:

im Jahre	1822	. .	359	Personen,
— —	1823	. .	555	—
— —	1824	. .	651	—
— —	1825	. .	677	—

Sehr zu bedauern ist es, daß die Sergeanten und Armenwächter fortwährend in der Ausübung ihrer zur Aufrechthaltung der öffentlichen Ordnung doch unentbehrlichen Amtsverrichtungen von einem Theil des Publikums große Hindernisse erfahren, und nicht selten wörtlich, ja thätlich beleidigt werden, obwohl Ruhestörer dieser Art jedesmal aufs nachdrücklichste bestraft werden. Andere, wahrscheinlich unbekannt mit den gesetzlichen Folgen, haben sich auch dadurch Strafe und Kosten zugezogen, daß sie den Bettlern in ihren Häusern Schutz gegeben, und die Auslieferung derselben an die Armenbeamten verweigert haben. Wir hoffen, daß unsere Mitbürger sich aus diesem unserm Bericht überzeugen werden, daß für alle wahrhaft Dürftige unsrer Stadt ausreichend gesorgt wird, und daß zahlreiche, in der ganzen Stadt zerstreute, Armenbeamte stets bereit seyn müssen, die nöthige Hülfe zu leisten. Es kann daher nur Trägheit und Völlerei, wie dies auch die tägliche Erfahrung lehrt, zur Bettelei die wahre Veranlassung geben, und es wird sich dieselbe nicht abstellen lassen, so lange der an sich rühmliche Wohlthätigkeitssinn unserer Mitbürger sich noch häufig genug verleiten läßt, Gaben der Milde ohne weitere Prüfung zu spenden, und dadurch die Bettler in der Fortsetzung ihres bequemen und einträglichen Gewerbes zu bestärken, das überdies oft nur von den Erwachsenen zum Deckmantel größerer Verbrechen gebraucht, der öffentlichen Sicherheit gefährlich, und für die Jugend eine Schule des Lasters wird. Ist jemand wirklich so bedürftig, daß er, wenn er seine größeren oder geringeren Kräfte anwendet, den nöthigen Unterhalt zu erwerben nicht im Stande ist, so werden unsere Armen-Beamten in allen Stadt-Bezirken die Bitten derselben entgegen nehmen; die Anmeldestube der Armen-Direktion ist täglich offen, und daselbst ein hierzu besonders bestimmter Beamter beschäftigt, den sich Meldenden entweder mit Rath an die Hand zu gehen, an wen sie sich zu wenden haben, um die erbetene Hülfe auf dem kürzesten Wege zu erhalten, oder, falls ihre Gesuche von der Art sind, daß die Armen-Kommissionen über ihre Befugnisse hinausgehen müßten, wenn sie solche gewähren wollten, bereit ist, ihre Anträge zu Protokoll zu nehmen, welches auch geschieht, wenn sie Beschwerde über angeblich verweigerte Hülfe Seitens der Armen-Kommissionen führen. Hiernach ist den Bedürftigen der Weg geöffnet, ohne alle Weitläufigkeiten und Kosten Gehör zu finden, und ohne daß sie nöthig haben, zu Winkelschreibern ihre Zuflucht zu nehmen, welche nicht selten ein Gewerbe daraus machen, die Armen zum Queruliren zu verleiten, obwohl wir diejenigen, welche sich dessen schuldig machen, unablässig beobachten, und sie der Polizeibehörde zur Bestrafung anzeigen.

Hierbei glauben wir noch anführen zu müssen, daß wir in Uebereinstimmung mit der Königl. Polizei-Intendantur auch ernstliche Maaßregeln gegen das sogenannte Neujahr-Gratuliren ergriffen haben. Dem Uebelstande, daß sonst am Neujahrstage ganze Schaaren von Bettlern in der Stadt umherzogen, weil sie an diesem Tage gleichsam privilegirt zu seyn glaubten, ist, wie wir hoffen, gänzlich abgeholfen; allein wir haben uns hiermit nicht begnügt, sondern auch die Armenwächter und solche Unterbeamte, welche durch ihr Gratuliren eben so lästig, wie die Bettler selbst sind, durch verhältnißmäßige Neujahrsgeschenke abgefunden, und glauben somit alles gethan zu haben, was billigerweise verlangt werden kann, um dem Betteln entgegen zu arbeiten.

§. 5.

Außer diesen Haupt-Gegenständen sind noch manche andere Verbesserungen in der Administration getroffen worden; wir übergehen solche hier aber, theils weil sie das allgemeine Interesse weniger in Anspruch nehmen, theils weil sich auch bei den folgenden einzelnen Abschnitten das Nöthige mit aufnehmen lassen wird.

II. Geschäfts-Verwaltung der Armen-Kommissionen.

§. 1.

Personal der Kommission.

Zu einer jeden Armen-Kommission gehören außer dem Bezirksvorsteher, welcher beständiges Mitglied ist, wenigstens noch fünf andere Mitglieder, welche unter sich einen Vorsteher wählen, jedoch kann die Anzahl der Mitglieder oder Deputirten, da, wo es die Menge der Arbeiten erfordert, auch vermehrt werden. Beim Abgange eines Mitgliedes bezeichnet die Kommission aus den achtbarsten Bewohnern des Bezirks der Armen-Direktion einen oder mehrere zum Nachfolger, von welchen wir denjenigen, welcher uns am geeignetsten scheint, der Stadtverordneten-Versammlung und dem Magistrat zur Wahl und resp. Bestätigung in Vorschlag bringen. Nachdem diese erfolgt ist, wird der Gewählte, wenn er das Amt annimmt, bei der Kommission eingeführt, von seinen Amts-Verrichtungen in Kenntniß gesetzt, und erhält eine bestimmte Abtheilung des Bezirks hinsichtlich der dort wohnenden Armen zur besondern Aufsicht, wobei jedoch das Verfahren beobachtet wird, daß ein Deputirter in der Regel nicht mehr als 10 bis 12 Almosen-Empfänger zu inspiciren hat.

§. 2.

Geschäfte der Armen-Kommission.

Der Armen-Kommission ist die Armenpflege in ihrem Bezirk übertragen.

Auf den Grund vorhergegangener genauer Prüfung bewilligt sie den Armen:

A. fortlaufende monatliche Almosen oder außerordentliche Geldunterstützungen in besondern dringenden Fällen, und

B. in Krankheitsfällen freie ärztliche Hülfe und Arzenei. Zugleich siehet sie darauf, daß den Armen auch diese Hülfe wirklich gereicht werde.

In Fällen, wo es auf Verabfolgung von Bruchbändern, Bandagen, Brillen, und der von den Medizinal-Beamten für nöthig geachteten künstlichen Bäder ankömmt, macht sie die nöthigen Anträge bei der Armen-Direktion, wogegen die gewöhnlichen warmen Wasserbäder von den betreffenden Badeanstalten auf Atteste der Kommission unmittelbar verabreicht werden.

C. Sie bewilligt im Winter die nöthige Unterstützung an Brennmaterial, entweder in natura, oder nach Maaßgabe der Verhältnisse der Armen durch Geldvergütigung.

D. Sie ertheilt Atteste zur Erlangung des freien Schul-Unterrichts für die schulfähigen Kinder, und wacht hiernächst darüber, daß letztere auch wirklich zur Schule angehalten werden.

E.

E. Sind in dem zu D. bezeichneten Falle den Kindern noch nicht die Schutzpocken eingeimpft, so veranlaßt sie nicht nur, daß solches geschehe, sondern thut dies auch überall, wo Arme, welche impfungsfähige Kinder haben, Unterstützung begehren.

F. Sie führt die Aufsicht über das geistige und leibliche Wohl der in ihrem Bezirk bei einzelnen Familien untergebrachten Kostkinder des Waisenhauses, so wie auf die den Wittwen belassenen Waisen, und zahlt das monatliche Kostgeld für Rechnung der Waisenhaus-Kasse an die Mütter oder Pflegeeltern.

G. Sie macht bei der Armen-Direktion Anträge zur Aufnahme von eltern- oder vaterlosen Waisen in das Waisenhaus, so wie

H. zur Aufnahme ganz erwerbunfähiger Personen in das neue Hospital.

I. In Sterbefällen ertheilt sie die Befugniß zum Begräbniß auf dem Armenkirchhofe, wenn solches begehrt wird.

K. Sie ertheilt ein Armuths-Zeugniß in allen Fällen, wo es erforderlich ist. Der Zweck des Zeugnisses wird aber jedesmal in demselben ausgedrückt, damit es nicht zum Betteln benutzt werde.

L. Sie prüft in Auftrag der Servis- und Einquartirungs-Deputation, so wie der Deputation der Königl. Gewerbesteuer, die Gesuche um Niederschlagung der Steuer, wenn sie auf vorgegebene Armuth gestützt worden, und

M. Sie siehet darauf, daß den gesetzlichen Bestimmungen gemäß der etwanige Nachlaß verstorbener Almosen-Empfänger eingezogen werde.

Endlich liegt der Kommission ob:

N. die freiwilligen monatlichen Armenbeiträge von den Bewohnern ihres Bezirks zu ermitteln, und gegen die von ihr auszustellenden Quittungen einzuziehen, den erforderlichen halbjährlichen Umgang zu halten, oder schriftliche Gesuche abzufassen, bei Wohnungs-Veränderungen der Beitragenden die betreffenden Armen-Kommissionen Behufs der fernern Einziehung zu benachrichtigen, und über das Ganze genaue Rechnung zu führen.

§. 3.

Geschäftsvertheilung unter die Mitglieder der Kommission. a. Vorsteher.

Der Vorsteher empfängt alle an die Kommission gerichteten Schreiben und Dekrete der vorgesetzten Behörden, und bei ihm müssen sich auch alle Armen, welche Unterstützung begehren, zunächst melden. Er überträgt den einzelnen Mitgliedern die ihnen zustehenden Untersuchungen, führt bei den monatlichen Berathungen den Vorsitz und das Protokoll, entwirft die erforderlichen Berichte rc., und hält die Akten in Ordnung. Er verwaltet die Kasse der Kommission, vollzieht alle von derselben ausgehenden Beschlüsse und Atteste gemeinschaftlich mit den betreffenden Deputirten, und fertigt diejenigen selbst aus, die nach allgemeinen Bestimmungen von dem Vorsteher ausgehen müssen; er führt das Hauptbuch über die eingezogenen Kollekten-Beiträge, und unterschreibt die Quittungen darüber gemeinschaftlich mit demjenigen Mitgliede, welchem die Einziehung in dem einzelnen Revier obliegt. Endlich bleibt derselbe für den ordnungsmäßigen Betrieb der Geschäfte im Allgemeinen verantwortlich, und ist, falls er seine Stellung recht erkennt, derjenige, welcher Geist und Leben in die Verwaltung seines Bezirks bringen muß.

Den einzelnen Mitgliedern liegt dagegen ob, die Untersuchungen der Armuths-Verhältnisse an Ort und Stelle vorzunehmen, die Aufführung der ihnen zur Aufsicht überwiesenen Almosen-Empfänger fortgesetzt und zu verschiedenen Zeiten zu beobachten, um über die Würdigkeit und Bedürftigkeit derselben zu einer gründlichern Ueberzeugung zu gelangen; sich möglichst genau um die in ihrem Revier befindlichen Waisenkostkinder zu bekümmern, und zu sehen, wie sie von ihren Müttern oder Pflegern gehalten werden, auch ob sie die Schule gehörig besuchen; nach näherer Verabredung mit dem Vorsteher die von ihnen ausgehenden Atteste auszustellen; die Kollektenquittungen für ihr Revier auszuschreiben, und für die pünktliche Einziehung der Gelder für ihren Theil zu sorgen, auch den halbjährlichen, oder sonst außer der Zeit beschlossenen Umgang Behufs einer Aufforderung zu milden Beiträgen zu halten; bei der jährlichen Kirchen-Kollekte die Einsammlung an den Kirchthüren zu übernehmen; und endlich in denjenigen Kommissions-Bezirken, wo sich eine Armenschule oder auch eine Parochialschule befindet, in welcher auf Kosten des Armenfonds Kinder unterrichtet werden, den Schulbesuch der letztern dahin zu kontrolliren, daß der Armen-Direktion Sicher- (b Mitglieder.)

heit gewährt werde, ob diejenigen Kinder, für welche bezahlt wird, auch wirklich an dem Unterricht Theil nehmen.

Jedoch wird dies letztere Geschäft oder vielmehr das Amt des sogenannten Schul-Verordneten in der Regel einem eigends dazu in der Kommission gewählten Mitgliede übertragen, welches dagegen von den übrigen Geschäften befreiet ist, falls der Vorsteher der Kommission nicht selbst diese Arbeit über sich genommen hat.

§. 4.

Es scheint uns zweckmäßig, einige Geschäftszweige der Armen-Kommissionen näher zu beleuchten, um unsern verehrten Mitbürgern wo möglich die Ueberzeugung zu verschaffen, einmal, es seyen überall solche Anordnungen getroffen, daß nur durch Zusammenstimmung mehrerer zu einer achtbaren Behörde vereinigten Männer die Unterstützungen für Arme bewilligt und ausreichend bestimmt, oder desfallsige Gesuche abgeschlagen werden, so daß von Willkür oder unrichtiger Ansicht des Einzelnen nicht die Rede seyn kann; zum andern, daß alles, so viel die Natur der Sache es erlaubt, möglichst einfach eingerichtet worden; und endlich, es sey bei den getroffenen Anordnungen auch darauf Rücksicht genommen, das Verfahren der Armen-Kommissionen möglichst kontrolliren zu können.

§. 5.

Verfahren bei der Prüfung von Beschlüssen der Ar-

Wenn ein Armer eine Unterstützung begehrt, so wird er zu dem Vorsteher der Kommission gewiesen. Dieser hört sein Begehren und die Gründe, welche die

Bitte unterstützen, erforschet in einer Unterredung die Lage und Verhältnisse des Supplikanten, und wenn sich aus dieser summarischen Vernehmung nicht ergiebt, daß das Gesuch sofort als unstatthaft zurückgewiesen werden muß, überträgt er demjenigen Mitgliede der Kommission unter dessen spezieller Aufsicht das Revier steht, in welchem die Wohnung des Supplikanten liegt, und außerdem einem zweiten von ihm zu ernennenden Deputirten die nähere Untersuchung an Ort und Stelle.

men=Kommissionen im Allgemeinen.

Beiden liegt die Pflicht ob, bei den Wirthen, Nachbarn, Brodherren und da, wo es nach Lage der Sache zweckmäßig erscheint, die genauesten Erkundigungen über den Bittsteller einzuziehen, und eben dasselbe in Hinsicht solcher Verwandten zu thun, welche gesetzlich zum Unterhalt des Verarmten beizutragen verpflichtet seyn möchten. Wohnen letztere in entfernten Stadtgegenden, so wird die betreffende Armen=Kommission requirirt, diese Prüfung zu übernehmen.

In den monatlichen Berathungen, wo sämmtliche Mitglieder der Kommission gegenwärtig seyn müssen, wird sodann über das Resultat der Untersuchung Bericht abgestattet, und durch gemeinschaftlichen Beschluß festgestellt, was geschehen soll; jedoch kann in schleunigen Fällen jedes Mitglied der Kommission in Uebereinstimmung mit dem Vorsteher derselben eine Unterstützung sofort bewilligen, nur muß bei der monatlichen Konferenz die Kommission nachträglich davon in Kenntniß gesetzt werden.

§. 6.

Verhörbogen. Hat ein Armer um Bewilligung eines fortlaufenden Almosens gebeten, und der Vorsteher bei der summarischen Abhörung gefunden, daß der Bittsteller, wenn die angegebenen Umstände richtig sind, sich hierzu wohl qualificiren möchte, so nimmt er mit ihm einen sogenannten Verhörbogen auf, in welchem nach Anleitung von 25 Fragen, die in einem gedruckten Schema aufgestellt sind, und von dem Almosen Suchenden beantwortet werden müssen, Auskunft ertheilt wird über dessen Alter, Gesundheitsumstände, Erwerbsfähigkeit, bisherige Erwerbsmittel, über die Ursache der Abnahme oder Verminderung derselben, über die Zahl, das Alter und die Erwerbsfähigkeit der Familienmitglieder, über die sonstigen zur Unterstützung gesetzlich verpflichteten Verwandten, ob er anderweitige Unterstützung genieße oder genossen habe, ob er nach den angenommenen Grundsätzen der Armenpflege der hiesigen oder einer andern Kommune angehöre, ob die minderjährigen Kinder bevormundet und ob ihnen die Schutzblattern eingeimpft seyen, auch ob die dem Alter nach fähigen zur Schule angehalten werden; endlich aber, ob ihm bekannt sey, daß der Armenkasse ein Erbrecht auf seinen Nachlaß zustehe, und ob er sich dieser gesetzlichen Bestimmung unterwerfe?

Diese Verhörbogen werden sodann den beiden zur Prüfung ernannten Deputirten, für welche auf der letzten Seite besondere Fragen zur Beantwortung aufgestellt sind, so wie auch, im Fall Kränklichkeit oder sonst physische Unfähigkeit vorgegeben wird, dem Armenarzt des Reviers zum Gutachten über diesen Punkt zugefertigt. Zuletzt wird auf den Grund des Berichts der Prüfungs-Kommissarien der Beschluß der Kommission in dem Verhörbogen niedergeschrieben, und von jden in der Konferenz anwesenden Mitgliedern vollzogen.

Diese Verhörbogen bilden die Grundlage eines Personal-Aktenstücks für jeden einzelnen Almosen-Empfänger, zu welchem alle Verhandlungen gebracht werden, welche den Armen betreffen; falls er seine Wohnung verändert, und sich bei dem Vorsteher der neuen Kommission als bisherigen Almosen-Empfänger meldet, läßt jener sofort die frühern Kommissions-Acten von der betreffenden Armen-Kommission abfordern, und verfügt dann in seinem Bezirk in gleicher Art eine nähere Untersuchung, als bei einem jeden Andern, der sich zum erstenmal um Unterstützung meldet. Es hängt dann lediglich von dem Resultat der neuerlichen Prüfung ab, ob die Unterstützung fortgesetzt, vermehrt, oder ganz oder theilweise gestrichen wird.

Diese Personal- oder Kommissions-Acten folgen also dem Almosen-Empfänger überall dahin, wohin er seine Wohnung verlegt, und je nachdem die prüfenden Deputirten der einen oder andern Kommission mehr oder weniger Eifer und Ernst, sowohl bei der Untersuchung selbst, als insbesondere bei der fortgesetzten Beobachtung beweisen, ergeben sich zuweilen ganz verschiedene Ansichten, weil jede Kommission mit ihren eigenen Augen siehet und sehen soll; jedenfalls dienen diese Kommissions-Acten, besonders wenn sich mehrere Untersuchungen in denselben befinden, dazu, die neue Kommission mit den Bittstellern ziemlich genau bekannt zu machen.

§. 7.

Verfahren bei Ertheilung von Anweisungen auf freie ärztliche Behandlung.

Da bei Krankheiten leicht Gefahr im Verzuge entstehen kann, so ist bestimmt, daß Arme, welche freie ärztliche Behandlung und Arzenei nachsuchen, sich nicht an den Vorsteher der Kommission, sondern unmittelbar an den Deputirten ihres Reviers zu wenden brauchen, damit dieser auf dem kürzesten Wege sich von der Hülfsbedürftigkeit des Bittenden überzeugen, und nach Beschaffenheit der Umstände sofort das nöthige Attest ausstellen kann. Der Arme bringt alsdann das letztere zum Vorsteher der Kommission, um es vollziehen und mit dem Stempel der Kommission bedrucken zu lassen. Der Vorsteher ist aber verpflichtet, wenn der Kranke ihm nicht schon als wirklich arm bekannt ist, durch eine kurze Vernehmung desselben sich von seinen Verhältnissen zu unterrichten, und danach zu beurtheilen, ob er er auf die nachgesuchte Wohlthat mit Recht Anspruch machen kann.

§. 8.

Verfahren bei der Brenn-Materialien-Vertheilung.

Beim Eintritt der strengern Kälte wird jeder Armen-Kommission theils eine verhältnißmäßige Anzahl von Anweisungen auf Holz und Torf in natura, theils eine Summe in baarem Gelde zur Vertheilung nach eigenem Ermessen überwiesen, und die Kommissionen haben bloß die Verpflichtung, nach beendigtem Geschäft eine spezielle Nachweisung, an wen diese Unterstützungen vertheilt worden sind, einzureichen.

Da mehrere Kommissionen aber dringend wünschten, der Torf-Vertheilung überhoben zu seyn, weil Mißbräuche dabei nicht zu vermeiden waren, so ist seit dem Jahre 1824 kein Torf weiter vertheilt, sondern der Geldbetrag dafür angewiesen worden, damit die Kommissionen auf den ihnen zunächst belegenen Abladeplätzen selbst den Torf kaufen, und unmittelbar von den Kähnen abtragen lassen können.

Wir können nicht von diesem Geschäftszweige sprechen, ohne anzuführen, wie sehr viele Armen-Kommissionen durch eine zweckmäßige Betreibung desselben sich ausgezeichnet haben. Ihre Vorsicht ist in besonderen Fällen so weit gegangen, daß sie den Schlafwirthen derjenigen Armen, welche keine eigene Wohnung haben, wöchentlich die verabredete Vergütigung gezahlt haben, um den Armen die warme Stube für die Dauer des Winters zu sichern.

Andere Kommissionen haben das Aufsetzen des Holzes auf den Holzplätzen in Achteln verbeten, und das Holz unter Aufsicht der Deputirten in Vierteln abgefahren, wodurch der Einzelne allerdings bedeutend an Maaß gewinnt, woraus aber für die Kommissionen die Mühe erwächst, das Holz unter die darauf angewiesenen Empfänger selbst zu vertheilen.

Noch andere Kommissionen, in deren Mitte sich Deputirte befanden, welche Fuhrwerk halten, haben das Anfahren des Brennmaterials kostenfrei bewirkt. Die Mehrsten haben die Gespann haltenden Bewohner ihres Bezirks zu gleicher Theilnahme angeregt, und so mit dem Gelde, das hie und da zu den Anfuhrkosten hätte verwendet werden müssen, desto weiter gereicht.

Gern benutzen wir diese Gelegenheit, den Mitgliedern der Armen-Kommissionen und denjenigen geachteten Einwohnern, welche auf diese Weise sich um die Armen verdient gemacht haben, öffentlich zu danken.

Eine rühmliche Erwähnung verdient es ferner, daß die Löbliche Gesellschaft deutscher Nation zur Vertheilung des freien Brennholzes in dem letztern Jahre durch ein freundliches Entgegenkommen zu einer ordnungsmäßigern Betreibung dieses Geschäftes mitgewirkt hat, indem durch sie den Kommissionen diejenigen Familien oder Personen, welche von ihnen bedacht werden würden, schon vorher bezeichnet worden sind. Wenigstens haben dies mehrere der Herren Kommissarien dieser Gesellschaft gethan, auch außerdem in vollkommenem Einverständnisse mit den Armen-Kommissionen ihrer Distrikte gehandelt, und die Vorschläge der letztern, so weit es ihre Mittel erlaubten, beachtet. Eigentlich ist es aber auch nur durch ein solches gemeinschaftliches Zusammenwirken möglich, dem Zudrange derer zu wehren, welche durch ihre Dreistigkeit und Unverschämtheit sich an mehreren Orten zugleich Vortheile zu verschaffen wissen, und dadurch ärmeren Familien dasjenige entziehen, worauf diese häufig viel gerechtere Anspruch als jene haben.

§. 9.

Kontrolle des Schulbesuchs der Armenkinder.

Mit dem Anfange des Jahres 1823 wurde die Aufsicht über den Schulbesuch einzelnen aus der Bürgerschaft gewählten Männern übertragen, die unter dem

Namen von Schulverordneten darauf sehen sollten, ob diejenigen Kinder, welche auf Kosten des Armenfonds in den Parochialschulen Unterricht erhalten, denselben auch wirklich benutzen, um auf solche Weise die Richtigkeit der monatlichen Liquidationen der Schullehrer attestiren zu können. Sie sollten ferner die Eltern derjenigen Kinder, welche die Schule nicht regelmäßig besuchen, zur Ordnung anhalten, auch die Beschwerden der Eltern und Lehrer gegeneinander in erster Instanz annehmen, und so viel als möglich ausgleichen. Allein die Erfahrung hat späterhin gelehrt, daß es zweckmäßiger sey, den Armen-Kommissionen, als solchen, dies Geschäft zu überweisen, und ihnen dagegen zu überlassen, eines ihrer Mitglieder speziell mit der Schul-Aufsicht zu beauftragen. Wenn nämlich dieses Mitglied, was nicht selten geschieht, Veranlassung findet, die Eltern wegen unregelmäßigen Schulbesuchs ihrer Kinder zur Verantwortung zu ziehen, so macht nicht nur die desfallsige Ermahnung einen tiefern Eindruck, indem sie bei Gelegenheit der Monats-Konferenz in Gegenwart der ganzen Kommission geschieht, sondern letztere hat auch Mittel, ihren Worten Nachdruck zu geben, sofern der Vorgeforderte außerdem noch Unterstützung aus den Armenfonds bezieht. Es wird daher gegenwärtig in den Fällen, wo einer der Herren Schulverordneten seiner sonstigen Verhältnisse wegen Entlassung wünscht, der Armen-Kommission, in deren Bezirk die betreffende Schule liegt, die Kontrolle des Schulbesuchs übertragen.

§. 10.

Monats-Konferenz.

Da hier nur die Absicht ist, zu zeigen, wie man die vorkommenden Gegenstände bei den Kommissionen im Allgemeinen behandelt, so können wir, um nicht zu weitläufig zu werden, die übrigen Geschäftszweige übergehen. Dagegen erwähnen wir billig der Monats-Konferenzen. Diese werden am Schlusse jedes Monats abgehalten, und in denselben die im Laufe des Monats eingegangenen Verfügungen der Armen-Direktion zum Vortrag gebracht. Hiernächst wird zur Beurtheilung der Verhältnisse der vorhandenen Almosen-Empfänger geschritten, und dann werden die neuen Unterstützungsgesuche berathen. Jeder Deputirte muß natürlich vorbereitet seyn, außer dem von ihm bereits schriftlich abgegebenen Gutachten nunmehr noch gründlicher über die Verhältnisse der Supplikanten Auskunft zu geben. Auf den Grund des gemeinschaftlichen Beschlusses werden dann Zulagen oder neue Almosen oder außerordentliche Unterstützungen sofort bewilligt. Die Beschlüsse werden unter Vollziehung der anwesenden Mitglieder in den Kommissions-Akten niedergeschrieben, oder es wird in geeigneten Fällen der erforderliche Bericht verabredet, und den Deputirten wird das für jeden ermittelte Geldquantum zur Befriedigung der Armen überwiesen. Ferner statten die Deputirten mündlich Bericht ab, wie sie die in ihren Revieren untergebrachten Waisenkostkinder gefunden; und zuletzt setzt der Vorsteher durch Vorlesung des Journals über die ertheilten, nicht in Gelde bestehenden, Unterstützungen (Arzeneischeine, Freischul-Bewilligungen rc.) die Kommission in Kenntniß dessen, was die Deputirten einzeln in Gemeinschaft mit dem Vorsteher im Laufe des Monats bewilligt haben.

Da der Tag und die Stunde der Konferenz jedesmal den Armen-Medizinal-Beamten des Bezirks vom Vorsteher vorher angezeigt wird, so findet sich hier Gelegenheit, wenn der Arzt oder Wundarzt erscheint, auf dem kürzesten Wege und unter Vermeidung aller weitläufigen Korrespondenzen dasjenige mündlich mit ihnen zu besprechen, wozu gegenseitige Beschwerden vielleicht Veranlassung gegeben haben.

§. 11.

Konferenz-Protokolle.

Ueber das, was in der Monats-Versammlung abgehandelt worden, wird von dem Vorsteher ein Konferenz-Protokoll aufgenommen, worin unter andern alle Veränderungen, welche bei den Geldbewilligungen gegen den vorhergegangenen Monat vorgekommen, herausgehoben, und durch Beifügung der Personal-Akten, worin die betreffenden Beschlüsse verfaßt worden, justificirt werden müssen.

Dies Protokoll, begleitet mit dem Journal über die bewilligten, nicht in Gelde bestehenden, Unterstützungen und der Geld-Liquidation, in welcher zur Vermeidung des wiederholten Abschreibens der Namen, der Geldbetrag in 12 neben einander stehenden Kolonnen für sämmtliche Monate des Jahres aufgeführt steht, wird allmonatlich der Armen-Direktion zur Revision eingereicht. Das Protokoll bleibt bei den Akten der Direktion, das Journal und die Liquidation aber werden bei Ertheilung der Zahlungs-Anweisung sofort zurückgesendet. Erst beim Jahresschlusse werden auch diese beiden zurückbehalten. Durch diese Einrichtung wird das Geschäft im Ganzen ungemein vereinfacht.

§. 12.

Geschäfts-Formulare.

Bei dem den Armen-Kommissionen angewiesenen Geschäfts-Umfange war es die Pflicht der Armen-Direktion, darauf zu denken, wie den Vorstehern und Mitgliedern der Kommissionen die Arbeit nach Möglichkeit erleichtert werden möchte; und daher wurde alles, was bei dem Schreibegeschäfte irgend wiederkehret und was sich in ein Formular passen ließ, gedruckt. Außerdem aber wurde

§. 13.

Stadtsergeanten.

für jedes der 23 Polizei-Reviere ein besoldeter Stadtsergeant angestellt, welcher bei sämmtlichen innerhalb dieses Reviers liegenden Bezirks-Armen-Kommissionen die Stelle eines Boten versiehet, und sich zu dem Ende täglich bei sämmtlichen Vorstehern und Mitgliedern, desgleichen bei dem Armenarzte des Reviers einfindet, um die für ihn bestimmten Aufträge entgegen zu nehmen. Auch soll der Stadtsergeant dazu dienen, den Mitgliedern der Kommissionen zur Hand zu seyn, um beim Andringen unverschämter Armen diese nöthigenfalls mit Gewalt zu entfernen, die Eltern der auf der Straße sich umhertreibenden schulfähigen Kinder auszumitteln, sie den Vorstehern der Kommissionen anzuzeigen, und endlich, damit der Haus- und Straßen-Bettelei gewehrt werde, die Bettler zum Arbeitshause abzuliefern.

Um diese mehr polizeilichen Zwecke mit Erfolg zu erreichen, war es um so nothwendiger, den Stadtsergeanten ein passendes äußeres Abzeichen zu geben, als die Erfahrung lehrt, daß beim Aufgreifen der Bettler nur zu leicht ein Auflauf entsteht, der es besonders den Armenwächtern sehr schwierig macht, die Bettler zur Haft zu bringen. Es wurde daher den Stadtsergeanten mit höchster Genehmigung eine Uniform gleich der der Polizeisergeanten mit Säbel und Porteépée bewilligt, nur mit dem Unterschiede, daß, statt die Polizeisergeanten dunkelrothe Kragen und Aufschläge tragen, die Uniform der Stadtsergeanten mit hellblauem Kragen und Aufschlag, und bloß mit einem dunkelrothen Vorstoße versehen ist.

Da die Armen-Kommissionen die Stadtsergeanten zugleich zum Einkassiren der Kollekten-Beiträge gebrauchen, so ist auch für diesen Zweck die Uniform sehr passend, indem sie sogleich äußerlich erkennen läßt, daß derjenige, welcher die Gelder einsammelt, auch dazu berechtigt ist.

§. 14.

Aufsicht der Armen-Direktion über das Verfahren der Kommissionen.

Wenn wir im §. 4. dieses Kapitels unsere Absicht angedeutet haben, näher auszuführen, wie der Geschäftsgang bei den Armen-Kommissionen theils so eingerichtet sey, daß Willkühr nach Möglichkeit vermieden werde, theils, daß alles so einfach angeordnet worden, als es die Umstände erlauben, so hoffen wir in dem Vorstehenden hierzu einigermaßen Beweise geliefert zu haben, und es bleibt uns nur noch übrig, näher anzuzeigen, auf welche Weise wir das Verfahren der Armen-Kommissionen kontrolliren.

Rechnungsführung der Armen-Kommissionen.

a. Einnahme.

Was zuvörderst die Geld-Einnahme betrifft, welche durch die Kommissionen geht, so fertigt der Vorsteher beim Anfange des Jahres auf den Grund der Verzeichnisse von den Beitragenden, welche die einzelnen Mitglieder der Kommission für ihre Reviere gemacht haben, ein Heberegister an. Sobald nun die Monats-Einnahme geschlossen ist, reicht die Kommission mit dem Gelde einen Lieferzettel ein, welchem zur Justifikation sowohl die Verzeichnisse der Deputirten als das Heberegister selbst beigefügt sind. Die Deputirten und der Vorsteher, welche die Quittungen für die Beitragenden gemeinschaftlich ausstellen, kontrolliren sich also gegenseitig, und die Armen-Direktion, indem sie sich allmonatlich das Register und die Ablieferungsscheine der Deputirten im Original vorlegen läßt, welche nach geschehener Revision auf der Stelle zurückgegeben werden, erhält auf die einfachste Weise eine Uebersicht des ganzen Details.

b. Ausgabe.

Von ganz anderer Art ist dagegen das Ausgabegeschäft. Hier mußte vor Allem ebenfalls darauf gedacht werden, ohne der Sache selbst zu schaden, die Kommissionen mit einer künstlichen Rechnungsführung zu verschonen, und sie nicht durch lästige Formen und Abschreibereien zu ermüden. Man verlangt daher gar keine Jahresrechnungen, sondern mit der Liquidation,

die,

die, wie schon gedacht, so eingerichtet ist, daß sie das ganze Jahr hindurch benutzt werden kann, ist alles abgemacht, was um so leichter geschehen kann, als man gänzlich darauf Verzicht geleistet hat, von den Armen selbst über die erhaltenen Zahlungen Quittungen zu verlangen, die bei weitem in den mehrsten Fällen doch nur sehr unzuverlässige Belege seyn würden. Man läßt bloß die Deputirten in dem Kassenbuche der Vorsteher über die von denselben zur weitern Aushändigung erhaltenen Gelder quittiren, und geht hierbei von der Ansicht aus, daß, da die Mitglieder der Kommissionen aus den achtbarsten Bewohnern der Stadt bestehen, ihre Zeugnisse über erhaltene Zahlungen aus den Armenfonds als vollgültige Belege dienen müssen, und daß es für die Kommunal-Behörden ausreichend sey, wenn jene Männer bezeugen, daß sie zur weitern Aushändigung Zahlung erhalten haben.

In Betreff der fortlaufenden Almosen sind aber sogenannte Almosenzettel eingeführt, welche der Arme in Händen behält, und worin der betreffende Deputirte die Zahlungen, so oft er dergleichen leistet, abschreibt. Mit einem solchen Almosenzettel, worauf eine Kommission früher die Abmeldung bescheinigt hat, legitimirt sich der Arme, sobald er die Wohnung verändert, bei dem Vorsteher der neuen Kommission, welcher ihm alsdann den Zettel abnimmt und zu den Personalakten bringt. Außerdem aber werden von allen Almosen-Empfängern am Schlusse des Jahres die Almosenzettel eingezogen, und entweder zu den Personalakten gebracht oder bei uns Almosenzettel.

eingereicht, so daß wir im Grunde doch übersehen können, ob der Arme das Geld empfangen, und was für ihn verausgabt worden, ohne daß jedoch die Zettel als wirkliche Rechnungsbelege gebraucht werden.

Verifikation der Ausgaben bei den Kommissionen.

Wenn hiernach die revidirende Behörde sich mit den General-Quittungen der Kommissionen über die verabreichten Almosen und mit den besondern Quittungen derselben über außerordentliche den Armen gezahlte Unterstützungen begnügen muß, so kann dagegen von den Kommissionen nichts verausgabt werden, ohne daß wir selbst die genauste Kenntniß von den Details haben sollten. Denn was die wirklichen Almosen betrifft, so werden sie nur auf Grund der §. 6. näher beschriebenen Verhörbogen und motivirten Beschlüsse gezahlt, welche uns bei jedem neu eintretenden Empfänger, und eben so, wenn ihm Almosenzulage oder außerordentliche Unterstützung bewilligt wird, oder wenn er in einen andern Bezirk ziehet, mit dem betreffenden Monatsbericht vorgelegt werden. Gleichfalls müssen auch die Beschlüsse der Kommissionen über solche Unterstützungen an Nicht-Almosenempfänger, welche die Kommissionen innerhalb der Grenze ihrer Befugnisse ertheilen, vorgelegt werden. Bedeutendere Unterstützungen und auch selbst kleinere, in Fällen, wo nach den bestehenden Grundsätzen wir uns selbst die Entscheidung vorbehalten haben, werden dagegen nur auf umständliche Berichte der Kommissionen von uns angewiesen. Wir sind also im Stande, da wo es erforderlich seyn möchte, in jedem Augenblick durch Vorlegung entweder der in unserer Registratur vorhandenen Special-Unterstützungs-Akten oder der bei den Armen-Kommissionen befindlichen Personalakten nachzuweisen, wie viel jedem Armen gezahlt worden, und welche Gründe die Zahlung rechtfertigen.

Aufsicht im Allgemeinen.

Wird nun auf vorbeschriebene Weise das Geldgeschäft mit aller Genauigkeit kontrollirt, so ist auch dafür gesorgt, daß die Liquidationen allmonatlich pünktlich eingehen, und wir nicht durch Verzögerung der Mittel beraubt werden, sofort einzuschreiten, wenn eine Kommission nach den bestehenden Grundsätzen in einem einzelnen Falle zu weit gegangen seyn sollte. Denn wenn die Kommissionen nicht zu rechter Zeit die Verwaltungs-Berichte einreichten, so könnte auch die Erstattung der verausgabten Almosen nicht erfolgen, und den Kommissionen würden alsdann die Mittel zur nächsten Almosenzahlung fehlen.

Außerdem aber versäumen wir auch nicht, den Gang der Arbeiten überhaupt sorgfältig zu beobachten. Dazu dienen besonders die eingeführten Konferenz-Protokolle, in welchen unter andern auch als stehende Artikel aufgenommen werden müssen, wie die Deputirten im Laufe des Monats die Haltung der Waisenkostkinder gefunden haben, ob gegen die Armen-Medizinal-Beamten Beschwerden vorgekommen sind, wie die Führung der Stadt-Sergeanten beschaffen gewesen 2c. Wir ersehen sogar aus den Protokollen, welche Mitglieder und aus welchen Gründen sie in der Konferenz gefehlt haben.

§. 15.

Schluß. Wohl möchte mancher Leser dieses Abschnitts die Frage aufwerfen: ob bei dem Geschäftsumfange der Armen-Kommissionen die Zeit, namentlich der Vorsteher, nicht zu sehr in Anspruch genommen, und überhaupt bei diesen Männern ein solcher Grad von Geschäftsbildung vorausgesetzt werde, der billigerweise von Bürgern nicht verlangt werden kann.

Allerdings war es keine leichte Aufgabe, eine so große Anzahl aus sehr verschiedenen Elementen zusammengesetzter Behörden zu bilden; und von diesen zu fordern, daß sie sich sofort in einer Sphäre bewegen sollten, wo der gute Wille allein nicht hinreicht, sondern wo die Fähigkeit, sich mit Leichtigkeit schriftlich auszudrücken, so wie die Kenntniß von dem Mechanismus des ganzen Geschäfts und der Grundsätze, von welchen in dem Verfahren ausgegangen werden muß, vorausgesetzt wird.

Darum bemühten wir uns, wie schon an einem andern Ort gesagt ist, die Kommissionen dahin zu leiten, daß sie bei der ersten Einrichtung fast in allen Bezirken geachtete Staatsdiener zu Vorstehern wählten. Mit Hülfe derselben ist es aber gelungen, die ersten Schwierigkeiten zu überwinden, und es ist den Kommissionen ein fortwährender Vortheil dadurch erwachsen, daß sie durch die Theilnahme jener Männer mit der richtigen Geschäftsform selbst vertraut gemacht worden sind. Jetzt ist es eine wahre Freude, die wohlgeordneten Arbeiten der Kommissionen vor sich zu sehen, und wahrzunehmen, mit welcher Leichtigkeit die Räder dieser großen Maschine in einander greifen. Fast ein Drittel aller Kommissionen haben gegenwärtig Bürger an ihrer Spitze, die uns den Wechsel gar nicht haben bemerken lassen, und die Einführung der Städteordnung hat auch hier gezeigt, wie leicht es ist, gebildete Bürger mit den doch nun einmal nöthigen Formen bekannt zu machen; jedoch dürfen wir auch nicht verschweigen, daß einige Kommissionen selbst bei ihrer ersten Einrichtung von Bürgern geleitet worden sind, ohne daß wir Ursache gehabt haben, eine Veränderung zu wünschen.

Hiernach beantwortet sich die im Eingang dieses §. aufgeworfene Frage von selbst. Denn wenn es bisher gelungen ist, wackere Männer zum Vorsteheramte zu gewinnen, so wird die Arbeit so lästig nicht seyn, daß man nicht hoffen dürfte, besonders da, wo Bürgersinn herrscht, und wo man in dem eigenen Bewußtseyn eine Belohnung dafür findet, zum Besten einer guten Sache recht wesentlich beigetragen zu haben, auch fortwährend Männer zu finden, welche geneigt sind, ein solches wahres Ehrenamt zu übernehmen.

Mit lebhaftem Vergnügen dürfen wir hier anzeigen, daß nicht nur der größere Theil der würdigen Männer, welche das Vorsteheramt bei der ersten Einrichtung der Kommissionen übernommen, es noch jetzt (also zum Theil seit länger als 4 Jahren) mit gleichem Eifer fortführen, sondern daß sogar zwei Vorsteher, welche wegen Wohnungs-Veränderung ihr Amt niederzulegen genöthigt waren, nachdem in den neuen Bezirke die Wahl sich wieder auf sie lenkte, diese freundlich angenommen haben.

Wir fügen in der Beilage A. das Verzeichniß sämmtlicher Vorsteher und Mitglieder der Armen-Kommissionen, wie solches beim Schlusse des Jahres 1825 gestanden, bei.

A.

Dritter Abschnitt.

Armen-Krankenpflege.

Diese hat seit dem 1. Oktober 1823 eine sehr verbesserte Einrichtung erhalten. Das allgemeine Krankenhaus, die Charité, ist theils nicht geräumig genug, um alle armen Kranken aufzunehmen, theils können viele von ihnen oft besser in ihren Wohnungen geheilt, und brauchen dann nicht so lange von den Ihrigen und ihrem Gewerbe entfernt zu werden. Daher wurde in einem von den Kommunal-Behörden genehmigten

Armen-Kranken-pflege.

Reglement für die Stadt-Armen-Krankenpflege

näher bestimmt, wie es Behufs der unentgeltlichen Heilung armer Kranken außerhalb der Charité gehalten werden soll. Dieses ist durch den Druck nicht nur zur Kenntniß sämmtlicher Kommunal-Behörden gebracht, sondern es sind auch denselben die besondern Geschäfts-Anweisungen für sämmtliche Armen-Medizinal-Beamten, ferner die Vorschriften zur Benutzung der Bäder für die Stadt-Armen-Kranken und für den Transport derselben nach der Charité beigefügt worden.

Es sind nämlich gegen Remuneration
zwölf Aerzte
zwölf Wundärzte *)
zwei Augenärzte
ein Geburtshelfer **)
angestellt, und dies Personale den Armen-Kommissionen dergestalt zugetheilt, daß sich daraus eine Eintheilung der Stadt und ihrer Umgebung in 12 Medizinal-Bezirke ergiebt. Ferner sind 6 stellvertretende Aerzte und 3 stellvertretende Wundärzte im Voraus ernannt, um bei Krankheiten oder sonstigen Abwesenheiten der angestellten Medizinal-Beamten deren Pflichten zu übernehmen.

Pflichten der Gesundheits-Beamten.

Jeder Armen-Arzt und Wundarzt ist verpflichtet, in dem ihm anvertrauten Bezirke zu wohnen, und die ihm von den Armen-Kommissionen überwiesenen Kranken seines Bezirks selbst, und zwar mit eben der Sorgfalt zu besuchen und zu behandeln, welche er andern Kranken, die seiner Hülfe bedürfen, widmen würde, ohne von den Kranken Gebühren zu fordern, oder die ihm gebotenen oder gemachten Geschenke anzunehmen. Wichtige lebensgefährliche, hitzige Kranke muß derselbe täglich, und diejenigen, welche an langsam verlaufenden Krankheiten leiden, und sich außer Stande befinden, zu

*) Jetzt 13 Wundärzte.

**) Nach dem Reglement sollten zwar auch 12 Hebammen angestellt werden, allein bei näherer Erwägung hat man es doch bei der bisherigen Einrichtung belassen, wonach die der armen Kreißenden zunächst wohnende Hebamme verpflichtet ist, die Hülfe für den taxmäßigen Satz aus der Armenkasse zu leisten.

ihm zu kommen, wöchentlich wenigstens zweimal besuchen. Außerdem ist derselbe verbunden, täglich eine Stunde festzusetzen, in welcher Kranke seines Bezirks, welche im Stande sind, ohne Nachtheil ihre Wohnung zu verlassen, sich bei ihm in seinem Hause Raths erholen können.

Medikamenten-Lieferung.

Die Medikamente werden gegen die von den Armen-Kommissionen auszustellenden Qualifications-Atteste in der zunächst gelegenen Apotheke geliefert, wogegen die Apotheker die Kosten dafür unter Einreichung der Rezepte, denen jene Atteste als Belegsstücke beiliegen müssen, vierteljährlich liquidiren, und nach vorgängiger Revision und Festsetzung aus der Haupt-Armen-Kasse bezahlt erhalten.

Diätetische Heilmittel.

Auch steht es den Armen-Aerzten frei, in dazu geeigneten Fällen den armen Kranken veränderte oder verbesserte Nahrungsmittel als Heilmittel zu verordnen (Fleisch, Fleischbrühe, Wein ꝛc.), welche die Armen-Kommissionen auf Speisewirthe, mit welchen sie Contracte geschlossen, anweisen.

Welche Kranke zur Charité zu befördern.

Wichtige, für sich und andere gefährlich werdende, an Geisteszerrüttungen leidende, aus medizinisch-polizeilichen Gründen von dem Publikum zu trennende, oder bedeutende chirurgische Operationen verlangende, ferner alle solche Kranke, die gar keine Wartung, oder die zu ihrer Kur wesentlich erforderliche nicht in ihrer Wohnung haben können, werden zur Charité befördert.

Art des Transports.

Ueber den Transport derselben sind besondere Vorschriften ertheilt, nach welchen binnen möglichst kurzer Frist, d. h. höchstens nach 1 bis 2 Stunden, der Kranke in einer bequemen Kutsche nach dem Krankenhause geschafft wird. Außerdem aber sind zum Transport solcher Kranken, welche die erschütternde Bewegung des Fahrens nicht würden ertragen können, zwei gehörig verdeckte und sonst zweckmäßig angefertigte Tragekörbe vorhanden, wovon der eine im deutschen Dom am Gens-d'armen Markt, der zweite im neuen Hospitale an der Waisenbrücke aufbewahrt wird.

Verabreichung von Bruchbändern

Da so viele arme Kranke an Brüchen leiden und die Vernachläßigung derselben oft lebensgefährlich werden kann, jedenfalls aber die durch einen Bruch zu vielen Arbeiten unfähig gewordenen Personen durch die Bewilligung einer zweckmäßigen Bandage wieder arbeitsfähig werden, so ist diesem Gegenstande eine besondere Aufmerksamkeit gewidmet und seit dem Jahre 1823 eine bedeutende Verbesserung des bisherigen Verfahrens bewirkt worden. Es ist im neuen Hospital eine eigene Stube eingerichtet und mit einem Vorhang versehen, hinter welchem die Anlegung der Bandagen auf einem mit stets reinlichem Ueberzuge versehenen Ruhebette vollführt wird. Zwei Tage der Woche sind zu diesem Geschäft bestimmt, und die bedürftigen Patienten finden sich alsdann dort ein, um mit dem Benöthigten versehen zu werden. Ein remunerirter Stadt-Wundarzt besorgt die Anlegung, und der gleichfalls remunerirte Mechanikus, welcher die Bänder und sonstigen künstlichen Maschinen liefert, ist stets gegenwärtig, um den etwanigen Mängeln abzuhelfen. Der Letztere ist auch verpflichtet, denjenigen Armen, welche nicht nach dem Hos-

und deren Anlegung.

pitale sich begeben können, die Bandagen in ihren Wohnungen mit Zuziehung des betreffenden Revier-Armen-Wundarztes anzulegen. Ueberdies ist der Königl. Charité-Administration ein eiserner Bestand übergeben, um bei Entlassung armer zur hiesigen Kommune gehöriger Kranken aus der dortigen Anstalt, denselben die nöthig befundenen Bruchbandagen, Stelzfüße ꝛc. sofort verabreichen zu können.

Verabreichung von Brillen.

Für diejenigen Armen, welche Brillen bedürfen, ist dadurch ebenfalls gesorgt, daß sie auf Atteste der Armen-Kommissionen durch die Armen-Augenärzte dergleichen erhalten.

Bewilligung freier Bäder

Eben so werden auf Veranlassung der Armenärzte den Armen die benöthigten Bäder unentgeltlich bewilligt. Den hiesigen Bade-Anstalten der Herren Welper und Pochhammer ist von Staatswegen für die ihnen zur Anlegung ihrer Anstalten gereichte ansehnliche Beihülfe zur Pflicht gemacht, auf 12 hintereinander folgende Jahre täglich 3 Freibäder zu halten, welche von den Armen das ganze Jahr hindurch vom Morgen bis zum Abend benutzt werden dürfen. Außerdem aber ist mit der Pochhammerschen Anstalt noch das Abkommen getroffen, daß, gegen Bezahlung aus der Haupt-Armen-Kasse, solchen Armenkranken, welche dessen bedürfen, tragbare Bäder bei Tag und Nacht in ihre Wohnung gebracht werden können.

auch künstlicher Bäder.

Selbst künstliche Bäder, als Russische-, Dampf-, Schwefel-, Kräuter-Bäder, werden auf den Antrag der Armen-Medizinal-Beamten bewilligt, und wenn gleich vorzugsweise die vorher genannten beiden Badeanstalten benutzt werden, so sind doch auch schon in einzelnen Fällen sowohl gewöhnliche als Russische Bäder solchen Kranken, welche von jenen Badeorten sehr entfernt wohnen, auf ihnen näher liegende Badehäuser, z. B. in der Rosenthaler Vorstadt gegen besondere Vergütigung aus der Haupt-Armen-Kasse bewilligt worden. Ferner ist auf unsere Empfehlung selbst die hiesige Soltmannsche Trinkanstalt von künstlichen Mineralwassern von einigen Armen unentgeltlich benutzt worden. Die Güte des geehrten Herrn Besitzers, welche wir dankbar anerkennen, läßt uns hoffen, daß auch künftig den Armen der Zutritt zu dieser heilbringenden Anstalt werde verstattet werden. Endlich aber haben wir in besondern Fällen den Stadtarmen den Gebrauch der Badekur in vaterländischen Heilquellen und selbst den Gebrauch des Seebades in Swinemünde vermittelt, und es ist sonach von dieser Seite Alles geschehen, was die Kranken-Verpflegung billigerweise erfordert.

Benutzung der hiesigen Trinkanstalt von fremden Mineral-Wassern.

Benutzung auswärtiger Bäder.

Ferner ist im Arbeitshause ein sogenannter Rettungskasten aufgestellt, in welchem sich der zur Lebensrettung plötzlich verunglückter Personen erforderliche Apparat aufbewahrt findet.

Kontrolle der zu bewirkenden Krankenpflege.

So wie den Armen-Kommissionen die Pflicht gegen die Armen-Medizinal-Beamten obliegt, die von den letztern gegebenen Vorschriften wegen besserer Pflege der Kranken ꝛc. zu befolgen, so haben andrerseits die Armen-Kommissionen sich die Ueberzeugung zu verschaffen, daß den hülfsbedürftigen Kranken ärztlicher Beistand geleistet und ihnen billigerweise kein Anlaß zu Beschwerden gegeben werde. Auf geschehene angemessene Aufforderung des Vorstehers jeder Armen-Kommission ist daher der betreffende Gesundheits-Beamte verpflichtet, sich über die Behandlung des Beschwerde führenden armen Kranken näher auszulassen, und somit die Kommission in den Stand zu setzen, sich von seiner Pflichtmäßigkeit zu überzeugen.

Mit Vergnügen dürfen wir hier anführen, daß bei weitem die mehrsten der gegen die Gesundheits-Beamten hie und da bisher angebrachten Beschwerden ganz ungegründet befunden, und in der Regel nur dadurch veranlaßt worden sind, daß die armen Kranken entweder unbillige oder ganz unzulässige Forderungen machten, oder daß sie überall unbescheiden oder unverschämt gegen die Aerzte waren. Es bleibt in der That eine merkwürdige Erscheinung, daß der Arme im Ganzen weit mehr Anforderungen an die Aerzte macht, als jeder andere, der auf eigene Kosten den Arzt honorirt, sich je erlauben wird, gleichsam als ob der Armenarzt nur für sie ganz allein besoldet würde; und anstatt, daß der Arzt als ein Helfer in der Noth von einem dankbaren Gemüthe fast auf Händen getragen wird, ist hier in der Regel das Gegentheil bemerkbar, und bestätigt somit die längst gemachte Erfahrung, daß dasjenige, was dem Menschen kein Opfer kostet, auch wenig oder gar nicht geachtet wird.

Resultate der Kranken-pflege.

Die Armen-Gesundheits-Beamten sind verpflichtet, nach einem vorgeschriebenen Schema monatlich eine vollständige Uebersicht der von ihnen behandelten Kranken mit Angabe der Geheilten, der Ungeheilten, der Gestorbenen, der an Heilanstalten Abgegebenen, mit den erforderlichen Erlauterungen versehen, der Armen-Direktion zu übersenden. Außerdem müssen sie alle die zu ihrer Kenntniß gekommenen Fälle ihres Bezirks, die ein polizeiliches oder gerichtliches Interesse haben und erhalten könnten, als: Fälle von wahrscheinlich ansteckenden Krankheiten, besonders hitziger Art, Fälle von plötzlich Verunglückten, von Vergiftungen, Pfuschereien ꝛc. der Polizei-Behörde schleunigst, und in ihren monatlichen Medizinal-Uebersichten der Armen-Direktion nachträglich anzeigen.

Aus diesen Uebersichten ergiebt sich, daß

im Jahre 1824

439 Kranke aus dem Jahre 1823 übergegangen,
11,104 hinzugekommen,

11,543 Summa.
von diesen aber
7682 als geheilt entlassen,
1558 zur Charité befördert,
1242 aus der Kur geblieben,
595 gestorben,
11,077

mithin 466 in der Kur geblieben.

Transp. 466 in der Kur geblieben.

Im Jahr 1825

10,591 Kranke hinzugekommen,

11,057 Summa.

Davon

7542 als geheilt entlassen,

1425 zur Charité gesandt,

991 aus der Kur geblieben,

650 gestorben,

10,608

mithin 449 für das Jahr 1826 zu übertragen sind.

An Bruchbändern und Bandagen sind verabreicht:

im Jahre 1822	. .	219	Stück,
— — 1823	. .	299	—
— — 1824	. .	364	—
— — 1825	. .	303	—

An künstlichen Bädern sind bewilligt:

im Jahre 1822

455 russische Dampfbäder,

30 Schwefelbäder;

im Jahre 1823

560 russische Bäder,

60 Schwefelbäder,

12 Salzbäder,

im Jahre 1824

623 russische Bäder,

66 Schwefelbäder,

11 Kräuterbäder;

im Jahre 1825
744 russische Bäder,
21 Schwefelbäder.

Kosten der Krankenpflege.

Die Kosten der Krankenpflege haben betragen:

in den Jahren	1822.			1823.			1824.			1825.		
	rthl.	gr.	pf.	rthl.	gr.	pf.	rthl.	gr.	pf.	rthl.	gr.	pf.
a. Besoldung der Aerzte	2150	—	—	2900	—	—	4408	10	—	4558	10	—
b. für Arznei . . .	8192	3	4	7360	16	2	9209	16	6	6890	16	8
c. Entbindungskosten .	4	15	—	6	—	—	3	—	—	7	22	6
d. für Bruchbänder, Bandagen u. s. w. . .	373	22	6	511	14	—	669	—	—	657	25	—
e. für Brillen . . .	—	—	—	6	15	—	14	—	—	33	—	—
f. für künstliche Bäder	165	—	—	202	—	—	212	25	—	270	5	—
g. für diätetische Verpflegungsmittel . . .	—	—	—	5	29	5	60	7	9	86	23	8
h. für den Transport armer Kranken nach der Charité	290	2	6	329	21	—	336	—	—	326	2	6
i. Begräbnißkosten . .	101	23	9	134	28	9	158	11	9	158	15	11
k. Insgemein . . .	—	—	—	—	—	—	54	28	—	—	—	—
Summa	11277	7	1	11457	4	4	15126	9	—	12989	1	3

Die hier aufgestellten Zahlenverhältnisse geben schließlich noch zu folgenden Bemerkungen und Erläuterungen Veranlassung:

zu a. Da mit dem 1. Oktober 1823 das neue Reglement für die Stadt-Krankenpflege in Wirksamkeit getreten ist, mithin von da ab sämmtliche angestellte Medizinal-Beamte remunerirt worden sind, statt daß früher nur 4 Aerzte und 11 Wundärzte besoldet wurden, so findet die Erhöhung dieser Rubrik hierin ihren Grund. Daß pro 1825 wiederum mehr als pro 1824 unter dieser Rubrik verausgabt worden, rührt hauptsächlich daher, daß der Armenarzt des 12ten Medizinal-Bezirks, welcher außer dem 14ten Polizei-Revier auch die Rosenthaler und Oranienburger Vorstadt zu inspiciren hatte, allzu-sehr belastet war, und deshalb für diesen Medizinal-Bezirk noch ein zweiter Armenarzt hat angestellt werden müssen. Hierzu haben insbesondere die von Wülknitzschen Familienhäuser vor dem Hamburger Thore beigetragen, weil bloß in diesen 5 Häusern zwischen 3 und 4000 Seelen wohnen. Durch diese Ueberfüllung, indem in sehr vielen, vielleicht in den meisten Stuben, sich mehrere Familien zusammengedrängt befinden, und wo dies nicht ist, doch von dem Hauptmiether Schlafleute gehalten werden, entstehet natürlich schon an und für sich eine verdorbene Luft, die aber dadurch noch übler wird, daß eines Theils die Bewohner das Oeffnen der Thüren und Fenster sorgfältig vermeiden, und daß andern Theils, mit wenigen Ausnahmen, keine Küchen vorhanden sind, mithin alle unreinlichen Geschäfte der Haushaltung in den Stuben verrichtet werden müssen. Rechnet man hierzu noch die Ausdünstung von Kranken und den gänzlichen Mangel an Liebe zur Reinlichkeit bei den mehrsten Leuten dieser Art, so läßt es sich nicht nur erklären, weshalb die Anzahl der Kranken in diesen Häusern allein größer ist, als in jedem der übrigen Medizinal-Bezirke, sondern man kann sogar noch von Glück sagen, daß sich bis hieher noch keine contagiösen Ansteckungen von dort verbreitet haben.

Zu b. für Arzenei.

Hier ist zuvörderst zu bemerken, daß von den pro 1822 verausgabten Summen 1281 Rthl. 3 Gr. 5 Pf. abzurechnen sind, welche für das 4te Quartal 1821 gezahlt, jedoch erst pro 1822 zur Ausgabe gekommen sind. Dagegen sind pro 1825 annoch die pro 4tes Quartal 1825 liquidirten 1930 Rthl. 9 Pf. hinzuzusetzen, welche wegen des späten Eingangs der Apotheker=Rechnungen erst pro 1826 haben verausgabt werden können. Alsdann stellen sich die Ausgaben folgendermaßen:

pro 1822	. .	6910 Rthl.	29 Sgr.	11 Pf.
— 1823	. .	7360 —	16 —	2 —
— 1824	. .	9209 —	16 —	6 —
— 1825	. .	8820 —	17 —	5 —

Obgleich die Medikamente mit 25 pro Cent Abzug nach der Medizinal=Taxe bezahlt werden, so ist der Gegenstand hienach doch von Bedeutung; daher lassen wir es uns eine angelegentliche Sorge seyn, diesen Geschäftszweig nach Möglichkeit zu controlliren. Dies geschiehet auf der einen Seite dadurch, daß wir uns allmonatlich von den Armen=Kommissionen die von ihnen geführten Journale über die ertheilten Arzeneischeine vorlegen lassen, um genau zu ersehen, welchen einzelnen Personen diese Begünstigung zu Theil geworden, auch in welchem Verhältniß zum Ganzen eine jede Kommission bleibt. Auf der andern Seite haben die neuen Einrichtungen und ganz gewiß auch der Umstand, daß gegenwärtig vereidete und besoldete Armenärzte angestellt sind, die sich hierdurch die Pflicht auferlegen, unsern Anordnungen Folge zu leisten, einen entscheidenden Einfluß auf das Ganze gehabt und unfehlbar dazu beigetragen, den früher Statt gefundenen Arznei=Mißbrauch zu verhindern. Ueberdies aber giebt die eingeführte Revision der armenärztlichen Recepte bei Festsetzung der Apotheker-Rechnungen nicht bloß Gelegenheit, den Ansatz nach der Medicinal-Taxe zu prüfen, sondern sie macht auch eine Controlle darüber möglich, in wiefern die in den Dienst-Instructionen der Armenärzte für die dazu geeigneten Krankheitsfälle empfohlene Verordnung einfacher und inländischer Arzneien, die so häufig zusammengesetzte und ausländische ersetzen können, Statt gefunden hat. Von welchem großen Einfluß dies aber für das Interesse der Kommune gewesen ist, wird sich ergeben, wenn wir bemerken, daß in den letzten 16 Monaten der Verwaltung des Königl. Armen-Directorii, nämlich vom 1. September 1818 bis ult. Dezember 1819 der Geldbetrag für gelieferte Medikamente 24578 Rthl. 10 Gr. 8 Pf. betragen hat, welches für ein Jahr die bedeutende Summe von

18433 Rthl. 20 Gr.

mithin noch einmal so viel beträgt, als in dem Jahre 1824 vorstehend ausgegeben worden ist.

Zu c. Entbindungskosten.

Diese erscheinen zwar sehr unbedeutend, allein sie belaufen sich doch etwas höher, als hier angegeben ist, weil die Armen-Kommissionen in der Regel das, was sie zu diesem Zwecke ausgeben, in ihren monatlichen Liquidationen mit zur Ausgabe stellen. Der Betrag davon wird folglich bei dem Titel zur Armenpflege mit verrechnet.

Zu d. für Bruchbänder ꝛc.

Daß in den Jahren 1824 und 1825 der Betrag

gegen die beiden vorhergegangenen Jahre sich circa um 150 Rthl. vermehrt hat, rührt hauptsächlich daher, daß seit jener Zeit dem Wundarzt und dem Mechanikus für Abhaltung des wöchentlichen zweimaligen Termins im Hospital zur Anlegung der Bandagen Remunerationen haben bewilligt werden müssen.

Zu e. bis i. bedarf es keiner Bemerkung.

Zu k. Die unter „Insgemein" verausgabten 54 Rthl. 28 Gr. sind die Kosten für einen sogenannten Rettungsapparat und für einen Tragkorb zum Transport der Kranken nach der Charité.

Wir hoffen durch vorstehende kurzgefaßte Darstellung unsern geehrten Mitbürgern die Ueberzeugung zu verschaffen, daß von uns alles dasjenige, was eine wohlgeordnete Krankenpflege billig fordert, vollständig geleistet werde, daß aber auch sowohl auf die möglichste Sparsamkeit, als darauf gesehen werde, daß ein jeder der mit dem Geschäft Beauftragten seine Pflicht erfülle, weshalb wir zugleich auf den Abschnitt II. über die Armen-Kommissionen Bezug nehmen. Ueberdies aber gewähret die jetzige Einrichtung im Allgemeinen den erheblichen Vortheil, daß wir in den Stand gesetzt sind, der obersten Medizinal-Behörde durch das Königl. Polizei-Präsidium über das Krankheits- und Mortalitäts-Verhältniß der hiesigen Armenkranken in bestimmten Terminen einen vollständigen und zuverläßigen Bericht zu erstatten, was bei der frühern Unvollständigkeit der ärztlichen und wundärztlichen Rapporte gar nicht möglich war.

Vierter Abschnitt.

Verwaltung des Kapital-Vermögens der Armen-Anstalten.

Das Kapital-Vermögen der Armen-Anstalten hat nach den Büchern beim Uebergange der Verwaltung an die Kommune bestanden:

1) bei der sogenannten Administrations-Kasse in	84,716 Rthl.	20 Sgr.	= Pf.
2) bei der Armen-Schul-Kasse in	21,700 —	= —	= —
3) bei der Kasse des Waisenhauses in . . .	11,116 —	20 —	= —
4) bei der Kasse des Arbeitshauses in . . .	86,055 —	= —	= —
5) bei der Kasse des neuen Hospitals in . . .	4,175 —	= —	= —
6) bei der Haupt-Armen-Kasse in	47,663 —	22 —	= —
	255,427 Rthl.	2 Sgr.	= Pf.

Dagegen hatten Seitens der vorigen Verwaltungs-

Transport	255,427 Rthl.	2 Sgr.	= Pf.
Behörde in den unglücklichen Kriegsjahren die am besten flüssigen Kapitalien nothgedrungen theils selbst angegriffen werden müssen, theils waren sie Behufs der zinsbaren Aufnahme von Kapitalien verpfändet worden, und es fanden sich überhaupt vor an Passivis	80,676 —	7 —	4 —
nach Abrechnung derselben blieben am Schlusse des Jahres 1819 noch übrig	174,750 Rthl.	24 Sgr.	8 Pf.

Mit Zustimmung der Kommunal-Behörden wurde nun zuvörderst als Grundsatz festgestellt, daß aus den vorgefundenen Kapitalien diejenigen, deren Zinsen von den Legatarien den Armenfonds zu bestimmten Zwecken überwiesen worden, für ewige Zeiten als unantastbar erklärt, mithin nicht nur die Kapitalien, welche das Vermögen der früher sogenannten Administrations-Kasse gebildet hatten, hergestellt, und unter dem Namen: Stiftungs-Kasse von den Kassen-Beamten der Armen-Direction, jedoch in ganz abgesonderten Büchern, fortgeführt, sondern dieser Stiftungs-Kasse auch diejenigen Kapitalien überwiesen werden sollten, welche, obwohl sie bisher bei den Instituten oder der Haupt-Armen-Kasse verwaltet worden, dennoch die Natur von Stiftungs-Kapitalien an sich trugen. Ferner wurde beschlossen, daß ausgemittelt werden sollte, welche den einzelnen Instituten zustehenden Kapitals-Summen in frühern Zeiten zur Armenkasse vereinnahmt worden, ohne dem Kapital-Vermögen der Anstalten zugeschrieben worden zu seyn, und darauf Bedacht zu nehmen, diese Kapitalien sobald als möglich durch Ersparnisse wieder zu beschaffen und zinsbar zum Besten derjenigen Institute unterzubringen, zu welchen sie gehören.

Vorläufig konnte natürlich aber nur aus dem vorhandenen Vermögen geschöpft werden, und diesem gemäß erhielten also ihre Befriedigung:

a. die Stiftungs-Kasse mit .	84,716 Rthl.	20 Sgr.	
Nachdem aber davon . . .	850 —	= —	
als nicht hierher gehörig resp. der Haupt-Armen- und der Waisenhaus-Kasse überwiesen worden, blieben	83,866 —	20 —	
dagegen wurden von den bis dahin beim Waisenhause aufgeführten Kapitalien das Albrechtsche Legat ad	8,000 —	= —	
und das für drei Bürgerwaisen gestiftete Vermächtniß ad . .	2,891 —	20 —	
der Stiftungs-Kasse überwiesen, so daß deren Antheil sich nunmehr belief auf	94,758 —	10 —	

Latus per se

Transport	94,758 Rthl.	10 Sgr.	= Pf.
b. die Armen=Schul=Kasse erhielt	21,700 —	= —	= —
c. das Waisenhaus erhielt nach Abrechnung der ad a. gedachten der Stiftungs=Kasse überwiesenen beiden Kapitalien à 8000 Rthl. und 2891 Rthl. 20 Sgr. die übrig bleibenden	1,125 —	= —	= —
d. das Arbeitshaus, welches verhältnißmäßig am mehrsten verschuldet war, konnte nur erhalten	33,860 —	= —	= —
e. das neue Hospital erhielt die ihm gebührenden	4,175 —	= —	= —
und sonach blieben f. der Haupt=Armen=Kasse noch übrig . .	19,132 —	14 —	8 —
von welchen jedoch 2350 Rthl. der Armen=Schul=Kasse gehören und derselben verzinset werden.			
sind obige	174,750 Rthl.	24 Sgr.	8 Pf.

Hiernach sind also die Stiftungs=Kasse, die Armen=Schul=Kasse, das Waisenhaus und das neue Hospital vollständig befriedigt worden.

Daß der Haupt-Armen-Kasse wirklich noch so viel, als oben angegeben worden, verblieb, konnte früher als bis die sämmtlichen Rechnungen des vorigen Rendanten gelegt worden, nicht mit Gewißheit übersehen werden.

Das Kapital-Vermögen der Armen-Anstalten hat bis ult. Dezember 1825 sich vermehrt um

	34,938 Rthl.	10 Sgr.	= Pf.
so daß solches mit Zurechnung der vorgedachten	174,750 —	24 —	8 —
gegenwärtig aus	209,689 Rthl.	4 Sgr.	8 Pf.
bestehet, wovon gebühren			
der Haupt-Armen-Kasse	30,785 Rthl.	24 Sgr.	8 Pf.
der Stiftungs-Kasse .	110,618 —	10 —	= —
der Armen-Schul-Kasse	21,925 —	= —	= —
der Kasse des Arbeitshauses	33,860 —	= —	= —
der Kasse des Waisenhauses	6,825 —	= —	= —
der Kasse des Neuen Hospitals	5,050 —	= —	= —
der Kasse des Dorotheen-Hospitals	525 —	= —	= —
der Kasse des Koppenschen Hospitals	100 —	= —	= —
sind obige	209,689 Rthl.	4 Sgr.	8 Pf.

Was nun die Sicherstellung des Kapital-Vermögens anlangt, so ist die Einrichtung getroffen, daß alle Documente ohne Ausnahme zum Kämmerei-Depositorio Sicherstellung.

abgeliefert werden; von dort aber dürfen sie nicht einseitig zurückgenommen werden, sondern die Herausgabe kann nur auf Verfügung des Magistrats geschehen, welchem vorher die Gründe angezeigt werden müssen, aus denen sich die Herausgabe eines oder des andern Documents rechtfertigt. Dagegen aber erhebt zur Vereinfachung des Geschäftsganges die Haupt-Armen-Kasse die Zinsen von sämmtlichen Kapitalien, mit Ausnahme der Stiftungs-Kasse, und berechnet den Kassen der Institute dasjenige, was ihnen an Zinsen zukommt. Der vorstehend angegebene Zugang von Kapitalien pro 18$\frac{20}{1}$ zerfällt folgendermaßen auf die einzelnen Institute:

a. Haupt-Armen-Kasse . . .	11,653 Rthl.	10 Sgr.
b. Stiftungs-Kasse	15,860 —	—
c. Armen-Schul-Kasse . . .	225 —	—
d. Kasse des Waisenhauses .	5,700 —	—
e. Kasse des N. Hospitals .	875 —	—
f. Kasse des Dorotheen-Hospitals	525 —	—
g. Kasse des Koppenschen Hospitals	100 —	—
sind die gedachten	34,938 Rthl.	10 Sgr.

Aus welchen einzelnen Zugängen die Posten sub c. bis g. bestehen, wird bei den besondern Abschnitten, welche diesen Instituten gewidmet sind, nachgewiesen werden, dagegen ist hier der Ort, wo der Zuwachs, welchen die Haupt-Armen-Kasse selbst gehabt, speziell genannt werden muß.

Legate und Geschenke

Es sind folgende Kapitalien hinzugekommen:

1) Legat des Obersten v. Sobbe . . 2000 Rthl.

Transport	2000	Rthl.
(Außerdem noch ein Legat von 4000 Rthl., welches beim Waisenhause als Zugang nachgewiesen wird)		
2) Geschenk des Handlungs=Hauses Walter von Asten	200	—
3) Legat des Kriegsraths Schwitzky .	100	—
4) Legat des Kaufmanns Kupfer . .	1000	—
5) Legat des Kaufmanns Lesser . .	125	—
6) Legat der Wittwe Mylius . . .	200	—
7) Legat des Kaufmanns Ebart . .	200	—
8) Legat des Rentiers Truckenbrot .	100	—
9) Legat des Banquiers Goltz . . .	1000	—
10) Legat des Rendanten Glauflügel	275	—
11) Legat des Kaufmanns Normann .	100	—
12) Geschenk des Herrn Prorectors Seidel	100	—
13) Legat des Kaufmanns Beerbaum	275	—
14) Legat der Wittwe Obermann . .	1350	—
(Außerdem kommt beim Koppenschen Hospital von dieser Wohlthäterin noch ein Legat von 100 Rthl. vor).		
15) Legat des Ober=Inspectors Astmann	125	—
16) Legat des Rentiers Oehmigke . .	250	—
17) Legat des Kaufmanns Kersten . .	100	—
18) Legat des Rentiers Kahlert . . .	550	—
19) Legat der Wittwe Bella Salomon	125	—
20) Legat des Fräuleins v. Below . .	100	—
21) Aus dem Berbigschen Nachlaß . .	50	—
Latus	8325	Rthl.

welche den Armen zugefallen.

	Transport	8325 Rthl. = Sgr.
Hierzu kommen noch		
22) die aus den Zinsen der Caution des in Untersuchung begriffenen vormaligen Rendanten gesammelten und bei der Bank belegten	. . . .	120 — = —
23) ein auf vortheilhafte Bedingungen acquirirtes Leibrenten-Kapital	. . . .	2100 — = —
24) die aus dem Gewinn beim Umsatz mehrerer Kapitalien in Staatspapieren gesammelten	.	1108 — 10 —
		11653 Rthl. 10 Sgr.

Hierbei muß vor Allem bemerkt werden, daß von den Kommunal-Behörden auf unsern Vorschlag genehmigt worden ist, alle dem Armen-Fonds zugewendeten Geschenke und Vermächtnisse, sobald sie die Summe von 100 Rthl. und darüber erreichen, und deren sofortige Verwendung von den Geschenkgebern und Testatoren nicht ausdrücklich angeordnet ist, nicht für das laufende Bedürfniß aufzuwenden, sondern solche zu Kapital zu schlagen und zinsbar gegen gesetzliche Sicherheit unterzubringen, damit auf solche Weise denjenigen, welche der Armen mit Liebe gedacht haben, für immer ein ehrendes Denkmal gesetzt werde, und die Anstalten dadurch allmählig die Mittel gewinnen, ihre Existenz selbstständig sicher zu stellen. Aber auch hiermit hat man sich nicht begnügt, sondern es ist von den Kommunal-Behörden auch wohlwollend genehmigt worden, daß selbst kleinere Geschenke, welche den Instituten, als dem Waisenhause, Hospital, Arbeitshause oder den Armenschulen zugehen, und die wegen ihrer Geringfügigkeit nicht zum Kapital geschlagen werden können, unter einem besondern Titel in Einnahme und Ausgabe verrechnet, und auf eine der Anstalt nützliche und den Pflegebefohlenen erfreuliche Weise, die aber das beschränkte Maaß des gewöhnlichen und etatsmäßigen Bedürfnisses überschreitet, verwendet werden mögen.

Aus diesen Fonds wurden z. B. die kleinen Weihnachtsgaben bestritten, welche den verlassenen Waisenhaus-Zöglingen so gern zu gönnen sind; es wurden daraus die Kosten des sogenannten jährlichen Milchfestes gewonnen, wo die Kinder im Sommer einen ganzen Tag aufs Land geführt werden, und dort zu allerlei ländlichen Vergnügungen Gelegenheit finden, und es könnte, wenn die Zuflüsse es erlaubten, bei den gewöhnlichen Spaziergängen den Kindern wohl auch zuweilen eine Erquickung gewährt, so wie der Schul- und Lehr-Apparat aus diesem Fonds mitunter verbessert werden.

Doch was in dieser Beziehung wirklich geschehen ist, gehört zu den Abschnitten von den einzelnen Instituten; es sollte hier bloß im Zusammenhang angedeutet werden, wie gern und sorgsam die Kommunal-Behörden dasjenige, was Menschenliebe zur Erleichterung der Noth freundlich darbot, in eine Quelle wiederkehrender Freude verwandelt und im edlen Sinne der Geber genutzt haben. Dank daher den Wohlthätern, welche, wie das vorgedachte Verzeichniß näher ergiebt, der Armen zum Theil so reichlich gedacht haben. Möge die Bekanntmachung dessen, was geschehen ist, eine eifrige Nachfolge erwecken! Möge besonders denjenigen, welche Gott mit zeitlichen Gütern gesegnet und zu Stellvertretern seiner Huld ausersehen hat, der fromme Sinn in dem Augenblick nie fehlen, wo sie daran denken, über ihren dereinstigen Nachlaß zu verfügen. Eine sehr dankbare Erwähnung verdient hier, daß die Königl. Immediat-Kommission zur Vertheilung von Prämien auf Staats-Schuldscheine den wohlthätigen Beschluß gefaßt hat, ein Kapital von 7200 Rthl. in Staats-Schuldscheinen, welche aus den nicht erhobenen und präcludirten Prämien der 2ten Ziehung angeschafft worden, sobald die zunächst beabsichtigte Unterstützung zweier unbemittelter Beamten-Familien aus den Zinsen dieser 7200 Rthl. erreicht seyn wird, den hiesigen Armen-Fonds zuzuwenden.

Bevor wir den Abschnitt von dem Vermögen der Armen-Anstalten schließen, scheint es uns nicht überflüssig, anzuführen, daß wir auch außerdem bemüht gewesen sind, aus den erhaltenen Kapitalien möglichst hohe Zinsen zu ziehen. Es sind daher besonders zu der Zeit, wo der niedrigere Cours der Staatspapiere solches räthlich machte, die der Kasse zugeflossenen Kapitalien theils in Stadt-Obligationen, theils in Staats-Schuldscheine verwandelt worden, weil kleine Summen unter 1000 Rthl. sich überdies nicht leicht auf Hypotheken unterbringen lassen. Da ferner späterhin eine

Verloosung der Stadt-Obligationen und Staats-Schuldscheine eintrat, so wurde das daraus gelösete baare Geld theilweise wieder zum Ankauf von Staats-Schuldscheinen verwendet; und durch diese Operationen ist es denn möglich gewesen, nicht nur die unter dem Zuwachs sub No. 24 erwähnten 1108 Rthl. 10 Sgr. an Kapital zu gewinnen, sondern die Legaten-Kapitalien sind an und für sich selbst dadurch hie und da erhöhet worden. Inzwischen wurde von der Kommune beschlossen, daß die ferner baar und durch Verloosung eingehenden Kapitalien in der Regel nur auf pupillarisch sichere Hypotheken, jedoch nicht unter 4½ Prozent untergebracht werden sollen, wonach denn auch verfahren worden ist.

Fünfter Abschnitt.

Stiftungs-Kasse.

Stiftungs-Kasse. Unter welchen Bedingungen die Errichtung der sogenannten Stiftungs-Kasse geschehen ist; daß alle derselben zugehörigen Kapitalien, so weit sie der Armen-Direktion bekannt wurden, hergestellt, und sämmtliche Dokumente darüber zum Magistrats-Depositorio abgeliefert worden sind, ist im vorigen Abschnitt schon angeführt. Mit Hinzurechnung der seit 1820 bis ult. Dezember 1825 hinzugekommenen Kapitalien und dessen, was durch Umsatz einiger Legate in Staatspapiere gewonnen worden, bestehet gegenwärtig dieser Fonds aus 110,618 Rthl. 10 Sgr., dessen Zinsen nach der Bestimmung der edeln Geber verwendet werden, und zwar:

1) Legat der Ober-Inspektor-Wittwe Lehmann zu Holz-Unterstützung an 15 arme Frauen zu Michaelis jeden Jahres à 5 Rthl.	1500 Rthl.
2) Geschenk Königs Friedrichs II. Majestät zu Holz	6000 —
Latus	7500 Rthl.

3)

Transport	7500 Rthl.
3) Legat des Oberst-Lieutenants v. Froben zu gleichem Zweck	450 —
4) Legat der Wittwe des Kommissarii Leitner, geb. Poppe, zur Unterstützung hiesiger deutscher Armen mit Winterholz, vorzüglich bedürftiger Verwandten des Leitner	12000 —
5) Legat des Herrn Essigbrauers Henschel zu Holz und monatlichen Mieths-Unterstützungen	7000 —
6) Geschenk Königs Friedrichs II. Majestät zu Unterstützung alter und armer Leute	12500 —
7) Legat des Seidenwirker-Meisters Herrn Koehler zur Unterstützung alter und armer Bürger und deren Wittwen in monatlichen Raten à 2 Rthl. . . .	12225 —
8) Legat des Herrn Stadtrichters Hofraths Hetzer zur Unterstützung hiesiger Bürgersleute, vornemlich der Neustadt, der Friedrichsstadt und des Friedrichswerders in ratis nicht unter 10 Rthl. zu Weihnachten jeden Jahres . . .	4000 —
9) Legat des Herrn Kriegsraths Hoffmann zur Unterstützung 8 armer Wittwen zu Michaelis jeden Jahres à 5 Rthl.	1000 —
Latus	56675 Rthl.

Transport	56675 Rthl.
10) Legat der Wittwe Krause, geb. Wernicke, zur Unterstützung armer Wittwen des Nikolai-Kirch-Sprengels (die Zinsen werden dem jedesmaligen Propst in Berlin zur Vertheilung gezahlt)	2130 —
11) Legat des Banquiers Herrn Scheel zur Unterstützung verarmter Kaufleute und deren Wittwen, wo möglich in jährlichen Raten à 25 Rthl.	4230 —
12) Legat des Herrn Johanniter-Ritters Friedrich August v. Alvensleben zur Vertheilung unter Hausarme, Wittwen und Waisen am Sterbetage des Erblassers	2000 —
13) Legat des Herrn Assessors Gregory zur Unterstützung bürgerlicher Kranken, so in ihren Häusern bleiben	1000 —
14) Legat des Dr. med. Herrn Pappelbaum	1000 —
15) Legat des Herrn Justizraths Eckard für erblindete Personen bürgerlichen Standes	600 —
16) Legat der Demoiselle Johanne Catharine Manitius zur Unterstützung der Armen	10000 —
17) Legat des Herrn v. Roebel zur Unterstützung der Armen	2300 —
Latus	79935 Rthl.

Transport	79935 Rthl.	=	Sgr.
18) Donation des Geheim-Secretairs Herrn Christoph Bekker zur Unterstützung schamhafter Armen und Wiederaufhülfe verarmter Familien . . .	7000 —	=	—
19) Legat des Kriegsraths Albrecht ursprünglich à 8000 Rthl. zur Unterstützung für Mädchen, deren Väter Staatsdiener oder ohne ihre Schuld verunglückte Kaufleute waren à 40 Rthl. jährlich. Außerdem sollen die Ersparnisse zur Ausstattung solcher Waisen (wie vorgedacht) welche Civilisten heirathen, in Summen von 100 Rthl. verwendet werden. Das Kapital besteht jetzt in	8950 —	=	—
20) Stiftung eines unbekannten Wohlthäters zur Unterstützung von Bürgerwaisen	2908 —	10	—
21) Legat der verwittweten Frau Director Rhode zur Vertheilung an sechs arme Wittwen bürgerlichen Standes deutscher Nation, deren Ehemänner das hiesige Bürgerrecht gewonnen,			
Latus	98793 Rthl.	10	Sgr.

Transport	98793 Rthl.	10 Sgr.	
und bis zu ihrem Absterben hier ihren Wohnsitz gehabt haben, am Sterbetage der Erblasserin .	6000 —	= —	
22) Legat der verwittweten Frau Direktor Rhode zur Unterstützung solcher Leute, welche wegen Miethsschulden unter Execution stehen	1500 —	= —	
23) Legat des Handlungsdieners Herrn Rothe, wovon die Hälfte zu Holzunterstützungen bestimmt worden	225 —	= —	
24) Legat des Herrn Reichsgrafen v. Schafgotsch zur Unterstützung der Armen . . .	1350 —	= —	
25) Legat des Herrn Stadtraths Barthelemy für Nothleidende in Theilen von 5 Rthl. jährlich	675 —	= —	
26) Geschenk der Erben des Herrn Kaufmanns Koenig für Arme, unter der Bedingung, daß diese nicht verbunden seyn sollen, deshalb von ihrem Nachlaß etwas für die Armen-Anstalt zurück zu lassen	1050 —	= —	
27) Geschenk der Erben der Frau Gräfin v. Dönhoff zu Holz-Unterstützungen	1000 —	= —	
Latus	110593 Rthl.	10 Sgr.	

	Transport	110593 Rthl. 10 Sgr.
28) Zur Ablösung eines Grundzinses à 1 Rthl. von dem Koppenschen Armen-Kirchhofe	.	25 — = —
	Summa	110618 Rthl. 10 Sgr.

Wie viel den Armen aus den Zinsen dieser Kapitalien gezahlt worden, ergiebt der beigefügte General-Extract sub B *) für die 4 Jahre 1822 bis incl. 1825, nach welchem

pro 1822	. . .	5421 Rthl.	16 Gr.	10 Pf.
— 1823	. . .	5203 —	6 —	3 —
— 1824	. . .	5699 —	18 —	6 —
— 1825	. . .	5767 —	1 —	11 —

haben verabreicht werden können.

Zur Erläuterung dieses Extracts dürfte noch zu bemerken nöthig seyn und zwar:

1) ad Tit. V. der Einnahme

daß die hier aufgeführten 608 Rthl. 15 Sgr. bestehen

a. in einer Summe von jährlich 600 Rthl., welche die Haupt-Armen-Kasse als ein Vermächtniß der höchstseligen Königin Elisabeth Christine unter den 75000 Rthl. empfängt, die aus Staats-Kassen als Beitrag zur hiesigen Armenpflege bis ult. Dezember 1825 gezahlt worden sind.

b. In jährlichen 8 Rthl. 15 Sgr. die aus der Polizei-Haupt-Kasse zu dem Bürgerwaisen-Fonds, dessen sub 20 der Geschenke gedacht ist, fließen.

---

*) S. Beilage B.

c. Daß um deswillen die Einnahme nicht vollständig verausgabt, und ein nicht unbedeutender Bestand von 862 Rthl. 6 Gr. 10 Pf. verblieben ist, weil bei mehreren Legaten den Erfordernissen, unter welchen nach den Bestimmungen des Geschenkgebers gezahlt werden soll, nicht immer vollständig genügt werden kann. In solchen Fällen werden die Bestände eines jeden Legats in die folgende Rechnung übertragen, bis sie Statutenmäßig verwendet werden können.

2) Die pro 1825 sub Tit. VIII. vereinnahmten 395 Rthl. 17 Gr. 5 Pf. sind aus der Haupt-Armen-Kasse der Stiftungs-Kasse für solche Zahlungen ersetzt worden, welche in den vorhergegangenen Jahren indebite aus der letztern Kasse verabreicht waren, und in Gefolge der Rechnungs-Revision nach einem erfolgten Beschlusse haben ersetzt werden müssen.

Wir hoffen durch die gegenwärtige Darstellung der Verhältnisse der Stiftungs-Kasse dem Publikum die Ueberzeugung zu verschaffen, daß demjenigen edeln Menschenfreunde, welcher sich veranlaßt finden möchte, zu milden Zwecken ein Legat zu bestimmen, bei der eingeführten Verfassung sichere Gewähr geleistet werde, seine Anordnungen getreu befolgt zu sehen, ohne daß es der Bestellung eines besondern Curatorii bedarf, was in der Regel oder doch häufig mit besondern Ausgaben verknüpft ist.

Sechster Abschnitt.

Armen-Schulwesen.

Die in der Einleitung zu dem gegenwärtigen Berichte erwähnte Druckschrift, welche die Herren Stadtverordneten über die Verwaltung der Kommunal-Angelegenheiten herausgegeben haben, enthält über das Armen-Schulwesen, wie es bis zum Schlusse des Jahres 1821 bestand, eine ausführliche Nachricht, und zeigt Seite 197 bis 221 bis zu welcher Entwickelungsstufe dieser wichtige Gegenstand an der Hand mannigfaltiger Erfahrungen fortgeführt worden war. Als das Wesentlichste der damals festgestellten Einrichtung ist hier heraus zu heben, daß die Ueberweisung der Freischüler in die verschiedenen Schulen von einem einzigen Beamten besorgt wird, der es in allen Fällen zu beurtheilen vermag, wie sich die Zahl der von einem Schullehrer unterrichteten armen Kinder zu der ihm zu übergebenden Normalzahl verhält, und daß der Betrag des dafür zu bezahlenden Schulgeldes durch ein vertragsmäßiges Abkommen regulirt ist. Anknüpfend an die in der gedachten Druckschrift genannten Ergebnisse, können wir uns hinsichtlich dessen, was in den Jahren 1822 bis 1825 geschehen ist, kürzer fassen.

Aufnahme der Freischüler.

Da gegenwärtig überall Armen-Kommissionen eingerichtet sind, so hat ein regelmäßigeres Verfahren bei Aufnahme der Freischüler hergestellt werden können. Findet eine Armen-Kommission, daß die Eltern und verpflichteten Verwandten nicht im Stande sind, den Elementar-Unterricht eines Kindes, welches das siebente Jahr zurückgelegt hat, zu bezahlen, so stellt sie darüber ein Zeugniß aus. Dieses wird mit den Scheinen über Taufe und Impfung des Kindes dem Inspektor des Waisenhauses zugebracht, welcher die Anweisung auf Freischule ertheilt, und das Kind einer der zunächst gelegenen Schulen zuweiset, mit deren Lehrern ein Abkommen zur Aufnahme solcher Kinder getroffen ist. Ziehen die Angehörigen des Kindes mit demselben in eine Gegend, welche von der angewiesenen Schule zu weit entfernt ist, so wird ihnen von der Waisenhaus-Inspektion auf Begehren eine ihrer neuen Wohnung näher gelegene Schule angewiesen. Und da einer unserer geehrten Mitbürger, welchem die Armen-Direktion wegen seiner langjährigen höchst wirksamen Theilnahme an der Armen-Verwaltung die größte Verpflichtung schuldig, und dessen Wohnung vor dem Oranienburger Thore belegen ist, sich hat bereit finden lassen, die desfallsigen Geschäfte zu übernehmen, so ist es möglich geworden, den Bewohnern der Rosenthaler und Oranienburger Vorstadt den Weg nach dem Waisenhause zu ersparen, und sie erhalten für ihre Kinder dort die Zuweisung an die betreffende Schule.

Von der Waisenhaus-Administration wird über die Aufnahme der Freischüler und deren Vertheilung in die verschiedenen Schulen Buch geführt, wodurch die genaue Revision der Schulgeld-Liquidationen möglich wird, auf deren Grund die Zahlung aus der Armen-Schul-Kasse erfolgt. Kontrolle.

Um zur Kenntniß zu gelangen, wie die Wohlthat des freien Unterrichts benutzt wird, ist im Jahre 1822 die Wahl von besondern Schul-Verordneten für die Armenschulen und diejenigen Parochialschulen, in welche Freikinder geschickt werden, bei den Kommunal-Behörden nachgesucht und von denselben bewilligt worden. Eine eigene Instruktion hat den Wirkungskreis und die Obliegenheiten dieser Schulverordneten bestimmt, und durch die von ihnen vierteljährlich zu erstattenden Berichte sollte die Armen-Direktion von dem Gange jeder einzelnen der besagten Schulen und von dem Schulbesuche jedes Kindes unterrichtet werden. Die Einrichtung trat mit dem 1sten Januar 1823 ins Leben und zeigte bald segensreiche Früchte; jedoch ist späterhin aus den im §. 9. des Abschnitts: Armen-Kommissionen angeführten Gründen beschlossen worden, die Beaufsichtigung über den Schulbesuch der Freischulkinder derjenigen Armen-Kommission, in deren Bezirk die Schule liegt, zu übertragen, falls einer der Herren Schulverordneten, deren Bemühungen wir sehr dankbar erkennen, ausscheiden sollte. Beaufsichtigung des Schulbesuchs.

Schulen. Die Zahl der Schulen, mit denen wir in Verbindung gestanden haben, war im Jahre 1822: 31, nämlich 8 Armen-, 21 Parochial- und 2 Privat-Schulen. Im Jahre 1823 traten wir mit noch 4 andern Schullehrern in Verbindung, wogegen eine in der Fischerstraße vorhanden gewesene Armenschule nach dem Tode des Lehrers einging, dafür aber zwei andere Armenschulen durch Errichtung einer zweiten Klasse und Anstellung von Hülfslehrern bedeutende Verbesserung erhielten. Im Jahre 1824 wurde eine neue Schule in der Linienstraße No. 63 errichtet, und mit einem Lehrer und einem Hülfslehrer versehen. Bei der Verlegung einer andern Armenschule aus der Ackerstraße nach der Gartenstraße wurde diese durch eine zweite Klasse und einen Hülfslehrer erweitert. Der Bau eines neuen Schulhauses für diese Schule wurde begonnen, und der Antrag auf Errichtung einer größern und für das Bedürfniß hinreichenden Anzahl von Armenschulen gemacht, weil die Erfahrung bewiesen hatte, daß in den Parochialschulen durch Weigerung der Lehrer der Schulbesuch der Armenkinder nicht hinlänglich controllirt werden konnte. Im Jahre 1825 wurde das neue Armen-Schulhaus in der Rosenthaler Vorstadt vollendet; es ist geräumig, und zweckmäßig eingerichtet, und mag für künftig zu erbauende Armenschulen als Muster dienen. Bau und Einrichtung haben gegen 6000 Rthl. gekostet. Die Armenschule Landsberger Straße No. 27 wurde mit einer zweiten Klasse und einem Hülfslehrer vermehrt.

Am Ende des Jahres 1825 bestanden folgende Armenschulen:

		Kinder
1)	Poststraße No. 17 (gemiethet) für	150
2)	Markgrafenstraße No. 106 (gemiethet) für .	120
3)	Luisen Kirchgasse No. 20 (gemiethet) für . .	150
4)	Landsberger Straße No. 27 (eigenes Haus) für	100
5)	Linienstraße No. 63 (gemiethet) für . . .	150
6)	Ackerstraße No. 57 (eigenes Haus) für . .	150
7)	Invalidenstraße (eigenes Haus) für	200

Außer diesen allein für Armenkinder bestimmten Schulen gab es noch zwei sogenannte Stiftsschulen, in welchen nur einer gewissen Anzahl armer Kinder freier Unterricht ertheilt wurde, nämlich:

1) Lindenstraße No. 67 (eigenes Haus) für 40 Kinder
2) Jüdenstraße No. 7 (gemiethet) für . . 50 —

und wir standen ferner mit 37 Parochial- und Privat-Schulen in Verbindung, von denen etwa 2500 Kinder gegen ein monatliches Schulgeld von 7½ bis 10 Sgr. und angemessene Holz-Vergütigung unterrichtet werden.

Am Ende des Jahres 1825 waren alle Armenschulen mit den erforderlichen Lehrmitteln, als: Bibeln, Gesangbüchern, Lesebüchern, Papier, Federn und Tafeln versehen, so daß die Angehörigen der Kinder für keinen dieser Gegenstände zu sorgen hatten. Für jede dieser Schulen ist ein fester Lehrplan angenommen. Der Unterricht wird ertheilt in Religion, Lesen, Schreiben, Rechnen, Singen, und ist von den nöthigen Gedächtniß- und Verstandes-Uebungen begleitet. Die Mädchen erhalten auch Anweisung zu weiblichen Handarbeiten. Es werden jährlich Prüfungen der Kinder (um Michaelis 1825 zum erstenmal) veranstaltet.

Zahl der Schüler.

Die Zahl der Freischüler war am

Ende Dezember 1821	. .	1210
1822	. .	1387
1823	. .	1927
1824	. .	2467
1825	. .	3548

Werden aber zu den Freischülern, welche in den Armen- und Parochialschulen unterrichtet worden sind, die in dem Waisenhause und in dem Arbeitshause unterwiesenen Kinder zugerechnet, so ist die Zahl sämmtlicher auf Kosten unserer Wohlthätigkeits-Anstalten unterrichteten Kinder gewesen:

am Ende des Jahres 1821	. .	1284
1822	. .	1567
1823	. .	2101
1824	. .	2642
1825	. .	3733

Wenn diese steigenden Zahlen zwar einen reger werdenden Sinn der untern Volksklasse für den Unterricht ihrer Kinder andeuten, zum Theil aber auch in den Bemühungen der Armen-Kommissionen, die Armenkinder in die Schulen zu bringen, ihren Grund haben, so fehlt doch noch viel, daß alle Armenkinder im schulfähigen Alter zur Schule kommen. Viele Eltern benutzen ihre Kinder sehr früh zum Broderwerb im Hause oder schikken sie in Fabriken; bei einigen ist sogar eine augenscheinliche Sorglosigkeit vorhanden, und wie in Ansehung dieser uns keine Zwangsmittel zu Gebote stehen, so würden sie in Ansehung jener schwerlich ausführbar seyn. Inzwischen hat die große Aufmerksamkeit, welche diesem wichtigen Theile des Gemeinwohls in den letztern Jahren geschenkt worden ist, dargethan, wie viel dafür noch zu thun übrig bleibt. Aber auch bei dem besten Willen der Behörden müssen die Kräfte der Kommune zu Rathe gezogen werden, und dem vorgesteckten Ziele kann man sich nur allmählich nähern.

Die Fonds der Armen-Schul-Kasse bestehen: Fonds der Armen-Schul-Kasse.

1) in Zinsen vom Kapital-Vermögen.

Unsere Akten ergeben nämlich, daß die Armen-Schulen ihr Entstehen und ihren Fortgang fast lediglich milden Beiträgen und Vermächtnissen edler Wohlthäter zu verdanken haben. Eine Frau v. Spaen geb. v. Flemming legte im Jahre 1699 den ersten Grund, indem sie bei ihrem Leben jährlich 200 Rthl. zu diesem Behufe aussetzte; allein das hinterlassene Testament besagte, daß das Kapital dem Waisenhause zufallen sollte, und beim Uebergang der Armen-Verwaltung fanden sich folgende Kapitalien vor, von welchen die Armen-Schul-Kasse noch gegenwärtig die Zinsen beziehet:

a. das Dörfflingsche Legat	3000 Rthl.
b. das Legat des Banquiers Scheel .	1100 —
c. das Legat der Demoiselle Marie Luise Horch	5450 —
Latus	9550 Rthl.

Transport	9550 Rthl.	= gGr.	
d. das Geschenk eines ungenannten Schulfreundes	5000 —	=	—
e. das Legat des Hofraths und Kämmerers Walter . . .	1600 —	=	—
f. das Legat der Frau v. Münchow	100 —	=	—
g. das Legat der Jungfer Jensen	100 —	=	—
h. das Legat des Banquiers Frohmüller	300 —	=	—
i. das Legat des Geheimeraths Dr. Cothenius	1000 —	=	—
k. das Legat der Wittwe des Küchenmeisters Kretschmann .	1000 —	=	—
l. das Legat des ehemaligen Assessors des Armen-Direktorii Gregory	1350 —	=	—
m. das Legat des Kaufmanns Spatzier	212 —	6	—
n. das Legat des Kaufmanns Westermann	17 —	18	—
o. das Legat der Jungfer Friederike Elisabeth Gregory	200 —	=	—
p. Aus den ersparten Zinsen waren kapitalisirt	1020 —	=	—
q. Geschenk eines unbekannten Wohlthäters	250 —	=	—

Hierzu ist im Jahre 1824 noch gekommen ein Geschenk des Herrn

Latus 21700 Rthl. = gGr.

	Transport	21700 Rthl. = gGr.
Grafen v. Dönhoff auf Hohendorff in Preußen, wofür in Staats-Schuldscheinen angekauft worden sind		225 — = —
so daß das Kapital-Vermögen überhaupt bestehet in		21925 Rthl. = gGr.

Ruhm und Preis dem Andenken der Edlen, welche durch ihre Gaben den Keim zu so vielem Guten gelegt haben, der immerwährend Früchte tragen wird.

2) In Miethen von Grundstücken.

Eine gleiche rühmliche Erwähnung verdienen die Wohlthäter, welche dem Armen-Schulfonds Grundstücke geschenkt haben, indem theils wegen der in der neuern Zeit so bedeutend gestiegenen Miethe die Einkünfte aus den Häusern die Zinsen der Kapitalien noch übertrafen, theils der Kasse die Miethe erspart wird, welche sie für Unterbringung der Schulen sonst zahlen müßte. Der Accise-Direktor und Assessor des Königl. Armen-Direktorii Herr Stanislaus Rückert hat in seinem Testament vom Jahre 1733

a. das Haus No. 27 in der Landsberger Straße,

b. das Haus an der Linden- und Kommandantenstraßen-Ecke

den von ihm selbst errichteten Schulen legirt, damit darin die Schulhalter wohnen, die Armenschulen gehalten, und aus den Miethen der Häuser, nach Abzug des Gehalts an die Schullehrer, die Gebäude selbst in baulichem Stande erhalten werden sollen.

c. Das Haus in der breiten Straße No. 10 wurde von dem Herrn Geheimenrath Pültz in einem Codicill vom Jahre 1785 der Freischul-Kasse dergestalt legirt, daß aus den Miethen jährlich 100 Rthl. an den Direktor des Friedrichs-Werderschen Gymnasii zu Anschaffung der Prämien-Bücher für fleißige Schüler gezahlt, das Residuum aber Behufs der Freischulen verwendet, und das Haus, als ein der Haupt-Freischul-Kasse gehöriges, nie veräußert werden sollte.

d. Das Haus in der kleinen Wallstraße gehört mit zu dem Nachlaß des Geheimen Kriegsraths und ersten Kriegs-Zahlmeisters Herrn Johann George Grüne, welcher nach einem im Jahre 1789 publicirten Testamente seine Ehefrau und seine einzige Tochter zu Erben eingesetzt, mit deren Bewilligung aber auch zugleich bestimmt hatte, daß nach dem Ableben derselben, und wenn die Tochter unverheirathet stürbe, der Nachlaß zur Hälfte an das Waisenhaus und zur andern Hälfte an die Armenschulen fallen sollte. Als aber die Tochter mit Tode abgegangen war, fand sich ein Testament vor, welches der vorgedachten wohlthätigen Bestimmung entgegen disponirt hatte, weshalb es zum Prozeß gedieh, der im Jahre 1825 noch nicht beendigt war. Einstweilen ist die Sache so regulirt worden, daß 6000 Rthl. Kapital für Rechnung des Waisenhauses bei der Haupt-Armen-Kasse verwaltet, und dem ersteren ein Fixum von 180 Rthl. jährlich gewährt wird, die Miethen des Hauses aber zur Armen-Schul-Kasse eingezogen werden. Erst nach erfolgter richterlicher Entscheidung wird sich finden, wie viel den Legatarien gezahlt werden muß, auch hängt es von Beendigung der Untersuchung gegen den vorigen Rendanten ab, welcher Ersatz von demselben für die aus diesen Legaten-Fonds zurück behaltenen Kapitalien zu erwarten ist.

e. Ein auf Kosten der Armen-Schul-Kasse in frühern Zeiten gekauftes Haus in der Ackerstraße No. 12 hat keinen Ertrag gewährt, da es wegen seiner Baufälligkeit einige Zeit unbewohnt geblieben, demnächst aber sowohl wegen seines schlechten Zustandes als wegen seiner unzweckmäßigen Lokalität im Jahre 1826 verkauft worden ist.

f. Von dem erkauften Hause in der Ackerstraße No. 57 und

g. von dem im Jahre 1825 neu erbauten Hause in der Invalidenstraße sind keine Miethen eingegangen, da ersteres lediglich zu der darin befindlichen Schule benutzt, letzteres aber erst im Jahre 1826 bezogen worden ist.

3) In Wachsgeld von den Gewerken.

Diese Gelder, welche die Lehrburschen verschiedener Gewerke bei ihrer Einschreibung erlegen müssen, und sonst an die Kirchen geliefert wurden, sind seit dem Jahre 1721 zum Fonds der Armenschulen überwiesen worden.

4) Die Splittgerbersche Donation à 50 Rthl. jährlich wird seit dem Jahre 1767 aus der Zuckersiederei-Kasse als ein bestimmter Beitrag für die Freischulen gezahlt.

5) Wohlthäter, welche monatlich bestimmte Beiträge zur Armenschul=Kasse zahlen, giebt es gegenwärtig nur vier, von denen aber schon seit mehrern Jahren zusammen 10 Rthl. jährlich eingehen.

6) Was außerdem zur Bestreitung der Kosten für die Armenschulen fehlt, muß Seitens der Kommune als Zuschuß aus der Haupt=Armen=Kasse ersetzt werden.

Einnahme und Ausgabe.

Die Einnahme und Ausgabe der Armen=Schul=Kasse in den Jahren 1822 bis 1825 ergiebt der General=Extract der Armen=Schul=Kasse *). Einer besonderen Erläuterung desselben wird es nicht bedürfen, da die Einnahme=Positionen vorstehend schon ihre Erklärung finden; allenfalls ist zum Tit. 2 der Ausgabe zu bemerken, daß die bedeutenden Reste des Jahres 1824 in Einquartierungskosten des Pültz schen Hauses aus den Kriegsjahren 180$\frac{6}{7}$ bestehen, welche wegen obwaltender Differenzen erst jetzt in Abrechnung gebracht, und von den Miethern bei Abtragung der Miethen (Tit. 3 der Einnahme) kompensirt worden sind.

*) S. Beilage C.

Siebenter Abschnitt.

Waisenhaus.

Der Bericht der Stadtverordneten an ihre Mitbürger vom August 1822 hat über diese Anstalt keine Auskunft gegeben, weil die Angelegenheiten derselben bereits in mehrern Druckschriften erörtert, und damals höhern Orts einer nähern Prüfung unterworfen worden waren, wovon die Resultate zu erwarten standen. Seitdem hat die Anstalt wesentliche Veränderungen erlitten; es ist also nöthig, diesen wichtigen Gegenstand jetzt ausführlich zu beleuchten. Einleitung.

§. 1. Frühere Geschichte.

Das große Friedrichs-Hospital, jetzt Friedrichs-Waisenhaus, ist nach dem Könige Friedrich I. also benannt, der schon als Churfürst im Jahre 1697 den Platz und Baumaterialien aller Art dazu schenkte, nach und nach auch viele andere reiche Beiträge dazu gab. Ursprung.

Die ursprüngliche Bestimmung des Hauses war die Verpflegung städtischer Armen, zu welchen später arme Soldatenkinder und Soldatenarme kamen. Erste Bestimmung.

Orange-Waisen.

Im Jahre 1712 wurde die Orange-Stiftung für 12 reformirte Waisen mit dem großen Friedrichs-Hospital verbunden *).

---

*) Die kurze Geschichte dieser Stiftung ist folgende. Der König Friedrich I. hatte am 1. August 1701 gewisse Einnahmen, namentlich Succumbenz-Gelder, zur Errichtung eines neuen Waisenhauses angewiesen, und dazu im Jahre 1708 das Orellische Crepon-Fabriken-Haus, dem Schlosse gegenüber, ankaufen lassen, jedoch die Vermiethung zum Besten des Fonds bis dahin, wo das Institut eingerichtet werde, befohlen. Durch die Verordnung vom 14. September 1709 wurden diesem Fonds noch die Annaten aller Präbenden der hohen und niedern Stifter in der Monarchie überwiesen. Auch wurde aus demselben das im Havelländischen Kreise gelegene Gut Sucro, und im Jahre 1711 das Müllersche, nachmals Neumeistersche Haus in der heil. Geiststraße angekauft. Ein an den Bischof Ursinus erlassener Befehl vom 27. Dezember 1711 setzte fest, daß auf Kosten dieses Waisenhauses vorerst und bis die Einkünfte sich mehrten, einige besondere Gemächer im Friedrichs-Hospital angewiesen, und darin 15 bis 20 Kinder unter des Bischofs Aufsicht genommen und verpflegt werden sollten. Diese Bestimmung wurde am Krönungstage 1712, aber nur mit 12 Waisenkindern, in Vollziehung gesetzt. Der König Friedrich Wilhelm I. änderte diese Stiftung durch die Ordre vom 25. April 1713 dahin ab, daß ihr sämmtliches Eigenthum und ihr jährliches Einkommen zwischen der Kasse Montis pietatis und dem neuen Arbeitshause getheilt, die Verpflegung der 12 Waisenkinder aber dem von der ersten Gemahlin des großen Churfürsten, einer Herzogin von Nassau-Oranien, in Oranienburg gestifteten Waisenhause überwiesen werden sollten. Die letztere Bestimmung kam jedoch nicht zur Ausführung, weil die Inspectoren des Oranienburger Waisenhauses sich nicht mit dem auf 40 Rthl. jährlich für jedes Kind festgesetzten Kostgeld begnügen wollten. Die Waisen blieben

König Friedrich I. hatte im Jahre 1696 in der Stadt Lindow ein Waisenhaus für 24 vater- und mutterlose Waisen von reformirten Eltern, besonders zum Besten der in der dortigen Gegend angesiedelten Schweizer, gestiftet. Auch diese Stiftung wurde im Jahre 1726 mit dem hiesigen Friedrichs-Hospital vereinigt, wogegen dieses die Bestimmung jener zu erfüllen hatte. Lindower Waisen.

In das Hospital wurden ferner muthwillige Bettler und Vagabonden, Kranke und Gebrechliche, irre und tolle Personen aufgenommen. Erst als Berlin für verschiedene Klassen von Nothleidenden verschiedene Anstalten erhalten hatte, und nachdem die in dem Friedrichs-Hospital verpflegten Alten theils ausgestorben, theils an das im Jahre 1798 gestiftete sogenannte neue Hos-

---

also im Friedrichs-Hospital, sollten jedoch ganz nach den Grundsätzen des Oranienburger Waisenhauses behandelt werden. Die Kosten wurden eine Zeitlang von beiden Stiftungen, welche das Vermögen erhalten hatten, zu gleichen Theilen getragen. Späterhin setzte jedoch der König Friedrich Wilhelm I. durch den Befehl vom 25. März 1721 fest, daß die Kasse Montis pietatis die Bestreitung derselben allein übernehmen, und außer den 240 Rthl. die es bisher dazu gezahlt, noch jährlich 500 Rthl. entrichten solle, doch mit der Nebenbestimmung, daß das, was für die Waisen nicht aufgehe, ein Zuschuß für die Armen des Friedrichs-Hospitals sey. Dieser Zuschuß wurde in demselben Jahre mittelst besondern Abkommens auf 260 Rthl. normirt, so daß für die Verpflegung der 12 Waisenkinder 480 Rthl. ausgesetzt blieb, welche Summe aus der Kasse Montis pietatis an die mit dem Friedrichs-Waisenhause verbundene Orange-Stiftung gezahlt wird.

pital abgegeben waren, wurde das große Friedrichs-Hospital bloß als Waisenhaus benutzt. Es sind aber auch Kinder verhafteter Verbrecher und entwichener Eltern in dasselbe aufgenommen worden.

Spätere Bestimmung.

Zahl der Pfleglinge in verschiedenen Zeiten.

Die Zahl der von unserm Waisenhause verpflegten Kinder belief sich im Jahre 1713 auf 200; 1721 auf 400, späterhin soll sie 500 betragen haben; im Jahre 1784 waren nur 309 Kinder vorhanden, wovon 100 im Hause, die übrigen auswärts in Kost. Im Jahre 1806 betrug die Zahl der Pfleglinge 700, wovon die größere Hälfte in Kost ausgethan war; am 18. März 1810 war sie auf 1440 gestiegen, von welchen 367 im Hause sich befanden. In der Hälfte Dezembers 1812 war sie 1079 und hiervon 285 im Hause.

Vorgeschlagene Aufhebung der Anstalt.

Damals wurde der Vorschlag gemacht, das Waisenhaus als solches ganz aufzuheben, und die Kinder insgesammt bei Pflegeeltern unterzubringen; diesem Plane haben sich aber die erheblichsten Bedenken entgegengestellt, und die Anstalt ist geblieben.

Zustand im Jahre 1820.

Sie stand früher unter dem Königl. Armen-Direktorium. Nachdem aber die allgemeine Armenpflege der Kommunal-Verwaltung anvertraut worden war, wurde dieser auch, am 10. Januar 1820, das Waisenhaus übergeben. Der Bestand war damals:

im Hause . . .	Knaben	211
	Mädchen	150
außer dem Hause,	Knaben	374
	Mädchen	422
		1157 Kinder.

Neben dem Waisenhause war in Berlin, unter der Aufsicht des Magistrats, eine besondere Stiftung von geringem Umfange für Bürger-Waisenkinder. Der Ursprung und die Zeit der Entstehung dieser Stiftung ist ungewiß. Außer den geringen Einkünften wurde auch in einer Büchse wöchentlich zweimal bei den Hausbewohnern im Berliner Stadtviertel durch die Waisenmutter und in einer andern Büchse bei Hochzeiten in der Nicolai-, Marien-, Georgen- und Sophien-Parochie durch einen eigenen Collectanten eingesammelt. Stiftung für Bürger-waisen Frühere Einrichtung derselben.

Als aber auch mit dieser Beihülfe nicht drei Waisenknaben unterhalten werden konnten, wurde im Jahre 1810 durch eine Vereinigung zwischen dem Magistrat und dem Königl. Armen-Direktorium die Anstalt für Bürger-Waisenkinder zwar als eine gesonderte Einrichtung beibehalten, jedoch der Leitung des Armen-Direktoriums untergeben und dem Friedrichs-Waisenhause coordinirt, welches das Deficit der Einnahme zu decken übernahm. Die Collekte bei Hochzeiten wurde damals beibehalten, die Einsammlung in dem Berliner Viertel aber abgeschafft. Im Jahre 1820 wurde mit Beistimmung der Stadtverordneten-Versammlung auch das Einsammeln bei Hochzeiten für diesen Zweck aufgehoben, und die Bürger-Waisenkinder-Kasse nebst ihren Kapitalien und einigen Inventarien-Stücken dem großen Friedrichs-Waisenhause übergeben, wogegen dieses, außer der Stiftungslast, die Pensionirung des Collectanten und einer als Waisenmutter für die Bürger-Waisen- Aenderungen darin.

kinder angestellten Hospitalitin aus dem heiligen Geist-Hospital übernahm.

§. 2. Beobachtung dessen, was durch die alten Stiftungen festgesetzt ist.

Warum sie geschieht.

Die jetzige Verwaltung glaubt nicht die Frage:

was die Stifter etwa Besseres hätten verordnen können,

sondern nur die:

was sie verordnet haben,

sich stellen zu dürfen. Eine frühere Ansicht:

alle in das große Friedrichs-Waisenhaus aufgenommenen Kinder nach gleichen Grundsätzen zu behandeln,

ist aus Achtung für die Stifter und deren Wohlthaten verlassen worden, und die Lindowschen und Orange-Waisen erhalten einige ihnen durch die Stiftungen, welchen sie angehören, zugedachte besondere Vortheile.

Eigenthümlichkeiten der Stiftungen.

Für jedes derselben wird nämlich an monatlichen Kostgeldern 2 Rthl. bis zum zurückgelegten sechzehnten Jahre bezahlt oder sie werden auch ins Haus zur Erziehung aufgenommen. Außerdem erhalten die Zöglinge der Lindower Stiftung nach erfolgter Großjährigkeit, wenn sie sich verheirathen, 20 Rthl. Ausstattungsgelder. Zur Lindower Stiftung gehören 24, zu der Orange-Stiftung 12 Zöglinge, theils männlichen, theils weiblichen Geschlechts. Drei ausgezeichnete und besonders hülfsbedürftige Waisenknaben hiesiger Bürger von ehelicher Geburt werden im Waisenhause, statt in der ehemaligen Bürgerwaisen-Stiftung, erzogen; sie tragen ein Schild auf dem linken Arm und erhalten, wenn sie in die Lehre kommen, nach den Kräften der Kasse eine Ausstattung.

Alle diese Kinder sind in den unten vorkommenden Zahlen der Pfleglinge mitbegriffen; auf sie hat aber keine Anwendung, was von der Pflege überhaupt gesagt wird, in sofern solches mit dem oben Bemerkten nicht übereinstimmt. Für die Einheit des Verfahrens entstehen daraus freilich einzelne kleine Störungen, aber dem Ganzen ist diese Einrichtung nicht nachtheilig.

§. 3. Verwaltung der Waisenanstalt im Allgemeinen.

Die Verwaltung des Ganzen steht unter der Aufsicht des Magistrats und der Stadtverordneten-Versammlung in Gemäßheit der Städte-Ordnung; sie wird durch uns und speziell durch das aus unserer Mitte gewählte und aus 3 Mitgliedern bestehende Curatorium der Anstalt geleitet, und hat zur Bearbeitung der Einzelnheiten eine aus besoldeten Beamten zusammengesetzte Administration. Geschäfts-leitung.

§. 4. Curatorium.

Von den 3 Mitgliedern der Armen-Direction, welche zuerst das Curatorium übernahmen, legte eins am Ende des Jahres 1821 seine Stelle nieder, und es trat ein anderes in dieselbe ein. Aber diese drei Curatoren, welche zu Anfang des Zeitabschnittes, von welchem wir Rechenschaft geben, fungirten, traten im Jahre 1822 aus, und es wurden neue ernannt, die noch jetzt in Thätigkeit sind. Hat gleich unter den Letztern sich manches anders gestaltet, so sind wir doch den Erstern die dankbare Anerkennung schuldig, daß sie Curatorium.

sich einem schwierigen Geschäfte, welches keine andere Belohnung gewährt, als das Bewußtseyn, Gutes gewirkt zu haben, mit Eifer und persönlicher Aufopferung hingegeben haben.

§. 5. Administration.

Personal. Der Inspektor und der Controlleur bilden die Administration der Anstalt; ihnen ist ein Registratur-Assistent beigegeben.

Besoldungen. Außer ihnen, den beiden Predigern, dem Arzte, den Wundärzten und den Lehrern stehen noch 26 Personen auf dem Besoldungs-Etat, und der Gesammtbetrag dieser Besoldungen (ohne Emolumente) ist nach dem Etat

pro 1825	5,365 Rthl.	20 Sgr.	= Pf.
nach dem Etat von 180$\frac{6}{7}$ war er	3,277 —	18 —	3 —
jetzt also mehr	2,088 Rthl.	1 Sgr.	9 Pf.

Bemerkungen darüber. Dieser Mehrbetrag hat theils in der großen Ausdehnung des Geschäfts und der Vermehrung des untern Dienstpersonals, theils darin seinen Grund, daß in dem letztgedachten Jahre die Besoldungen offenbar zu gering waren, und in der ganzen Monarchie seitdem die Besoldungen der Beamten durchgehends erhöhet worden, die Löhnungen auch allgemein gestiegen sind.

Es finden in der Regel wöchentlich zwei Conferenzen statt; die eine hält das Curatorium mit der Administration, den Predigern und dem Arzte der Anstalt, die andere halten die Beamten unter sich. In der erstern kommen die generellen Angelegenheiten der Anstalt zur Sprache; die Kostkinder mit ihren Müttern oder Pflegeeltern werden in dazu geeigneten Fällen vorgeladen, und die Gegenstände werden erörtert und geschlichtet. Die anderen Conferenzen betreffen die speziellen Angelegenheiten .und die Disciplin der Kinder. Die Armen-Direktion erhält wöchentlich eine gedrängte Uebersicht von dem Stande der Anstalt, und jährlich einen ausführlichen Hauptbericht über die Verwaltung des zurückgelegten Jahres.

§. 6. Allgemeine Bemerkungen über die Verwaltung während der Jahre 1822 bis 1825.

Mehrere Umstände, z. B. von verschiedenen Seiten her aufgestellte verschiedene Fragen und Ansichten im Jahre 1821, das Austreten der ersten Curatoren, die Anordnung einer Königlichen Commission zur Uebernahme der Verwaltung, die Bearbeitung eines neuen Verwaltungsplans im Jahre 1822, hatten in dem jetzt besagten Jahre die Verwaltung in einen interimistischen Zustand gebracht, der keine wesentlichen Verbesserungen zuließ. Jahr 1822.

Im Anfange des Jahres 1823 ging von dem hohen Ministerium der Geistlichen-, Unterrichts- und Medizinal-Angelegenheiten die Bestimmung ein, daß der Kommune die Verwaltung des Waisenhauses einstweilen verbleiben solle. Von da an begann ein neues Leben der Anstalt und alle folgenden Angaben über die jetzigen Einrichtungen sind theils dem entworfenen neuen Verwaltungsplane gemäß, theils sind sie Folge der Jahr 1823 und folgende.

neuen Gestaltung, welche das Armenwesen überhaupt unter der städtischen Direction angenommen hat.

§. 7. Aufnahme der Kinder in die Waisenanstalt.

Welche Kinder werden aufgenommen?

Zur Aufnahme in das Waisenhaus selbst oder zur Theilnahme an den Wohlthaten desselben außer dem Hause sind als berechtigt und geeignet erklärt:

1) wirklich vater- und mutterlose arme Kinder bürgerlichen Standes, christlicher Religion, und wenn sie nicht zur französischen Gemeinde gehören, die ihre eigene Waisenanstalt hat;

2) arme Kinder, deren Eltern zwar noch am Leben, die aber entweder wegen längerer und gefährlicher, vorzüglich ansteckender Krankheit, oder wegen Versunkenheit in grobe Laster, oder als Verhaftete ganz ungeeignet sind, den Zweck der Erziehung ihrer Kinder zu erreichen, in welchen beiden letzten Fällen jedoch die Aufnahme nur auf Requisition der betreffenden vormundschaftlichen oder polizeilichen und gerichtlichen Behörde, und auf die Dauer des angegebenen Zustandes der Eltern bewirkt wird.

3) Arme Kinder, deren Mütter zwar noch leben, deren Väter aber gestorben sind, in sofern erstere zu der Klasse 2 gehören, und für solche von der vormundschaftlichen, polizeilichen oder gerichtlichen Behörde anerkannt worden sind. Gehören die Mütter nicht zu der Klasse 2, sind aber zu arm, ihre Kinder ernähren zu können, so tritt bloß eine Geldunterstützung ein.

Außerdem findet

4) in allen unvorhergesehenen und dringenden Fällen, welchen Namen sie auch immer haben mögen, besonders aber bei Findlingen, eine Aufnahme auf so lange Statt, als nicht für das anderweitige Unterbringen des Kindes durch die betreffende Ortsobrigkeit ꝛc. gesorgt ist.

Alle diese Kinder müssen aufgenommen werden, in welchem physischen oder moralischen Zustande sie sich auch befinden.

Förmlichkeiten der Aufnahme.

Auf die Anmeldung eines Kindes zur Aufnahme werden die obwaltenden Umstände sofort an Ort und Stelle durch einen zuverlässigen Untersuchungs-Kommissarius ermittelt, und von diesem durch Vorlegung einer desfallsigen protocollarischen Verhandlung der Armen-Direktion zur weitern Prüfung und endlichen Entscheidung vorgelegt. Auf den Fall der Annahme des Kindes wird thunlichst bald dessen Taufschein und Impfungsattest herbeigeschafft, die Bevormundung und nach Maaßgabe der gesetzlichen Bestimmungen die Ausstellung der Erbentsagungs-Akte veranlaßt, auch die Impfung, wenn diese noch nicht Statt gehabt hat, bewirkt.

Akten über jedes Kind.

Ueber jedes aufgenommene Kind wird ein eigenes Aktenheft angelegt, in welchem alle die Person, die Familienverhältnisse und das Vermögen des Kindes betreffenden Nachrichten zusammengetragen werden.

§. 8. Verschiedenheit der Pflege.

Die aufgenommenen Kinder werden verpflegt, entweder im Waisenhause selbst (Hauskinder), oder außer dem Hause (Kostkinder), bei ihren Müttern (Mutterkinder), oder bei Pflegeeltern (Pflegekinder).

§. 9. Stationen im Hause.

Die Kinder im Hause sind in fünf Stationen getheilt, nämlich:

1) die Quarantaine;

2) die Einrichtung für die kleinen Kinder, oder das kleine Institut;

3) die Knaben in drei Abtheilungen, jede unter einem Kindervater;

4) die Mädchen in einer Abtheilung unter einer Kindermutter;

5) das Lazareth.

Die Quarantaine und das Lazareth sind von den übrigen Räumen getrennt, und haben ihren besonderen Aufgang.

§. 10. Quarantaine.

Wozu sie eingerichtet ist.

Die Pfleglinge, in der Regel aus den untersten Klassen der bürgerlichen Gesellschaft, zum Theil von ganz sittenlosen und entarteten Eltern abstammend, haben oft entweder von der Geburt an schon den Keim des größten physischen Verderbnisses bei sich geführt, oder es ist ihnen ein solches Verderbniß nach der Geburt durch schlechte Nahrungsmittel, inficirte Wohnung und Kleidung, fehlerhafte Behandlung oder gänzliche Vernachlässigung beigebracht worden. Viele derselben treten also in die Anstalt ein, die einen, mit bösartigen Ausschlägen behaftet, ganz krank, die andern höchst unsauber, elend und verkümmert. Sie können dann weder in dem Hause zu gesunden Zöglingen gesellt, noch an Pflegeeltern ausgegeben werden, weil beides Ansteckung befördern könnte; sie können aber auch aus gleichem Grunde und um nicht selbst der Ansteckung bloß gestellt zu seyn, nicht an das Lazareth des Hauses abgegeben werden. Sie werden darum sogleich nach ihrer Ankunft in eine eigene Abtheilung des Hauses, die den Namen Quarantaine führt, gebracht, hier gereinigt, gepflegt, und so lange aufbehalten, bis eine hinlängliche Untersuchung und Beobachtung ausgewiesen hat, ob sie als gesund der Gesellschaft übergeben werden können, oder in die Kranken-Anstalt gebracht werden müssen. Die Quarantaine dauert in der Regel 14 Tage. Während dieser Zeit werden sie täglich von dem Wundarzt und abwechselnd auch von dem Arzte der Anstalt, nach dem obwaltenden Bedürfnisse, behandelt. Ist nach zurückgelegter Quarantaine-Zeit die Einverleibung des Kindes in die Gesellschaft unbedenklich, so zeigt einer der Wundärzte solches dem Inspektor an, der dann das Kind in eine bestimmte Abtheilung der Gemeinde weiset, oder in Pflege unterbringt. Behandlung.

§. 11. Zahl der Hauskinder.

Die große Zahl der an die Waisenanstalt gewiesenen Kinder machte es schon lange unmöglich, sie alle im Hause zu verpflegen, und wenn man auch zu einer gewissen Zeit nahe an 400 derselben im Hause gehalten hat, so war diese Zahl doch viel zu groß für die Räume desselben. Die traurigen Folgen der Ueberfüllung waren auch nur zu sichtbar. Als nach dem Uebergange des Waisenhauses an die städtische Verwaltung das da- Abwechslung in verschiedenen Zeiten.

malige Curatorium bei einer vorgenommenen Untersuchung die bei weitem größte Zahl der außer dem Hause untergebrachten Kinder gut gepflegt und unterrichtet fand, und durchgehends besser als die im Hause zurückgebliebenen, suchte es die Zahl der Kinder im Hause möglichst zu vermindern. Die kleine Zahl der Zurückgebliebenen erregte aber bei den höhern Behörden Bedenklichkeiten. Der neue Verwaltungsplan wählte das Mittel zwischen zuviel und zuwenig, und indem er das Haus seiner eigentlichen Bestimmung wiedergab, setzte er die in demselben zu verpflegenden Kinder auf die den räumlichen Verhältnissen angemessene Zahl von 250 und einigen fest, und zwar so, daß $\frac{3}{5}$ der Gesammtzahl Knaben und $\frac{2}{5}$ Mädchen seyn sollen. Da aber die angegebene Zahl als ein Maximum der ins Haus Aufzunehmenden bestimmt ist, so hat die Zahl der darin Vorhandenen dieses Maximum nie erreichen dürfen, weil auch für unvorhergesehene Fälle jederzeit in den verschiedenen Stationen Platz offen gehalten werden muß, indem oft Kinder bei plötzlich eintretender gänzlicher Hülflosigkeit augenblicklich in das Haus aufgenommen werden müssen, oder demselben von Criminal- und Polizei-Behörden ohne Weiteres zugeschickt werden, auch in Ansehung der Pflegekinder zuweilen ein physisches oder ein moralisches Ereigniß bald auf Seiten der Pflegeeltern, bald auf Seiten der Kinder sich begiebt, welches eine augenblickliche Rücknahme der Letztern in das Haus nöthig macht.

Festsetzung der Zahl.

Berücksichtigungen.

Die

Statt gehabte Veränderungen.

Die Zahl der im Hause verpflegten Kinder betrug am letzten Dezember 1821: 57; das Lokal war damals nur für 140 eingerichtet; die Mädchenstation war ganz eingegangen. Im Jahre 1822 wurden 67 Kinder aus der Pflege ins Haus zurückgenommen, und die Mädchenstation wurde neu eingerichtet. Im Jahre 1823 während des Baues konnten nicht alle Kinder im Hause behalten werden, darum bezogen die Mädchen und die kleinen Kinder das der Commune zugehörige Weidingersche Haus auf dem Alexanderplatze, kehrten aber schon im Herbste desselben Jahres zur Hauptanstalt zurück.

§. 12. Aufsicht über die Hauskinder.

Kleine Kinder.

Alle Kinder unter 7 Jahren sind weiblicher Wartung und Pflege anvertraut. Ihre Zahl war im Durchschnitt 21 bis 22 täglich.

Uebrige Kinder.

Kindervåter und Kindermütter.

Die besondere Aufsicht über die übrigen Kinder in der Anstalt außer den Lehrstunden wird durch die Kindervåter und Kindermütter geführt. Der Kindervater speiset, wohnt und schläft mit den ihm zugewiesenen Knaben, hält mit ihnen Repetitionen, in sofern solche nicht einem Lehrer übertragen sind, begleitet sie bei ihren Spaziergängen, beobachtet ihr sittliches Betragen, und ist ihr beständiger Führer. Ein Gleiches findet bei der zur Beaufsichtigung der Mädchen angestellten Kindermutter Statt; diese hat außerdem die Mädchen nach Beendigung des Schulunterrichts zur Erlernung weiblicher Handarbeiten anzuführen.

Fernere Hausordnung. Beide Geschlechter sind überall strenge von einander gesondert.

In der Regel ist es den Kindern nicht gestattet, ihre Angehörigen zu besuchen, dagegen dürfen diese die Kinder, unter Beaufsichtigung eines Kindervaters, oder der Kindermutter, sprechen. Nur in besondern, der Berücksichtigung der Administration anheim gegebenen Fällen wird es gut gesinnten und erwachsenen Kindern erlaubt, sich aus der Anstalt zu ihren Vormündern oder Angehörigen zu begeben.

§. 13. Verpflegung im Hause.

Allgemeine Grundsätze. Anlangend die Sorge für das körperliche Wohl der Kinder, so wird alles Fleißes dahin gesehen, daß sie 1) reinlich, warm und auf eine der Gesundheit überhaupt zusagende Weise gekleidet; 2) mit gesunder und hinreichender Kost gesättigt und insonderheit mit wohl ausgebackenem Brode versehen; 3) zur Erhaltung der Gesundheit wöchentlich gebadet, so oft als nöthig gekämmt, wenigstens zweimal wöchentlich vor das Thor geführt, und täglich auf die Höfe der Anstalt frei gelassen; 4) bei Krankheiten gehörig behandelt und mit den nöthigen Arzeneien und zusagender Krankenkost versehen werden.

Kleidung. Die Knaben tragen Schuhe und blautuchene Mützen; im Winter grautuchene Beinkleider, blautuchene Jacken; im Sommer beim Ausgehen und Sonntags blau und weiß gestreifte leinene Beinkleider, im Hause grauleinene Jacken und Beinkleider. Die Mädchen:

Kamisöler und Röcke von grüner Serge mit roth und weiß gestreiften Schürzen und bunten Halstüchern. Die kleinen Kinder, Knaben und Mädchen, bis zu ihrem siebenten Jahre: flanellene Polröcke und darüber Röcke von buntgewürfeltem baumwollenem Zeuge und bunte Halstücher; auch Ueberröcke von grüner Serge im Winter. Die Kinder in dem Lazareth und der Quarantaine haben lange buntleinene Röcke, jedoch mit einiger Verschiedenheit, um Verwechselung zu vermeiden. Sämmtliche Kinder tragen Sommer und Winter leinene Strümpfe.

Die Kost ist: des Morgens Mehlsuppe; Mittags um 12 Uhr Gemüse mit Brod und dreimal in der Woche Fleisch, Nachmittags um 4 Uhr Brod mit Salz; an Fest= und Feiertagen in der Regel Milchreis und Braten; täglich Abends Suppe und Brod, mit Ausnahme der Ausführtage, an denen sie das Brod mit auf den Weg erhalten. Kost.

Die Schlafstellen sind: eiserne Bettstellen, ein Strohsack, ein Laken, ein mit Pferdehaaren gestopftes Kopfkissen, eine wollene mit blau und weiß gewürfeltem Bettzeuche überzogene Bettdecke. Im Winter erhalten die Kinder eine doppelte Decke. Schlafstellen.

Das Baden geschieht im Sommer im fließenden Wasser in dem dazu vorhandenen im Jahre 1824 neu erbauten Badeschiffe auf der Spree; im Winter im Innern des Hauses in heizbaren Stuben. Baden.

Ein innerer Hofraum und ein freier Platz am Wasser dienen den Kindern zu jugendlichen Spielen und zu allerhand körperlichen Uebungen und Bewegungen in Bewegung in frischer Luft.

frischer Luft während ihrer Erholungsstunden, wenn sie nicht vor's Thor geführt werden. Dieser Platz ist im Jahre 1825 einen Zoll hoch mit Kies bedeckt, gestampft, geebnet, und dadurch zum Spielplatz zweckmäßig eingerichtet worden.

§. 14. Gottesdienst und Religions-Unterricht.

Kirche. Die bei dem Waisenhause und für dasselbe bestehende Kirche ist im Jahre 1716 eingeweiht worden; es sind damals bei derselben ein lutherischer und ein reformirter Prediger angestellt gewesen, und auch der Gottesdienst, so wie der Religions-Unterricht wurde nach der Verschiedenheit der Confessionen eingerichtet.

Prediger. Die Prediger wechseln dabei in ihren Amts-Verrichtungen, und unterstützen sich nach Bedürfniß; die Knaben werden von den Kindervätern, die Mädchen von der Kindermutter in die Kirche geführt. Den Predigern liegt der Religions-Unterricht der Confirmanden ob, und zwar einem jeden von ihnen zwei Stunden wöchentlich.

§. 15. Schulunterricht.

Verbesserungen. Noch am Ende des Jahres 1822 bestand nur eine Knaben- und eine Mädchenklasse, jede mit zwei Abtheilungen; jetzt giebt es drei Knaben- und eine Mädchenklasse. Damals waren nur zwei ordentliche und zwei Stundenlehrer; jetzt sind vier ordentliche und zwei Stundenlehrer angestellt. Zwei der Lehrer sind stiftungsmäßig Candidaten der Theologie.

Direction des Unter. Die nächsten Vorgesetzten der Lehrer, so wie der Kinderväter und der Kindermutter Hinsichts des Unterrichts und der Disciplin, und überall die eigentlichen Erziehungs-Directoren sind, nach dem Verwaltungsplan, die beiden Prediger der Anstalt, von welchen halbjährlich ein Lehrplan entworfen wird. In demselben darf von den Lehrern durchaus keine Abweichung vorgenommen werden. Außerdem haben die Lehrer monatlich sogenannte Applications- und Conduiten-Listen über die Kinder anzufertigen, und dem Curatorium der Anstalt vorzulegen. Halbjährlich wird eine öffentliche Schulprüfung vorgenommen. richts und der Erziehung.

Die Kinder werden unterrichtet in der Religion, im Lesen, Schreiben, Rechnen, in gemeinnützigen Kenntnissen, Verstandes-Uebungen, in der deutschen Sprache und im Singen, die Mädchen außerdem in weiblichen Handarbeiten. Unterrichts-Gegenstände.

Nach dem für den Zeitraum von Michaelis 1825 bis Ostern 1826 angenommenen Lehrplan waren die Schulstunden wöchentlich in der Schulstunden.

1sten Knabenklasse 23 und Katechumenen-Unterricht
2ten — 25
3ten — 19

Mädchenklasse 23 und Katechumenen-Unterricht für die einzusegnenden Mädchen.

§. 16. Beschäftigung der Kinder außer den Schulstunden.

Außer den Schulstunden beschäftigen sich die Kinder, vorzüglich die größeren, theils mit ihren Unterrichts-Gegenständen, theils werden sie, nach Maaßgabe ihrer Kräfte, in abwechselnder Ordnung zu allen häuslichen Beschäftigung im Allgemeinen.

Geschäften angeführt; insonderheit verfertigen die Mädchen zum Theil ihre Kleider und die Kleider der kleinen Kinder, stricken sämmtliche Strümpfe und besorgen die ganze Flickwäsche.

Folgendes ist die Uebersicht, was die Mädchen im Jahre 1823, dem ersten der Einführung des neuen Verwaltungsplans, sodann in den Jahren 1824 und 1825 sonst noch verfertigt haben.

Verfertigte Arbeiten.

Jahr 1823	Jahr 1824	Jahr 1825	
88	—	—	Röcke } von grüner Serge,
88	—	—	Camisöler } von grüner Serge,
11	—	—	bunt leinene Lazarethröcke,
34	—	—	ginghangne Kleider,
35	—	—	flanellene Polröcke,
150	61	246	Schürzen,
72	114	132	Halstücher gesäumt,
144	330	468	Schnupftücher gesäumt,
10	17	24	Hauben,
36	278	647	Handtücher,
203	360	283	Hemden,
24	22	7	Strohsäcke,
653	1032	785	Paar Strümpfe,
—	55	45	Bettziechen,
—	63	65	Kopfziechen,
—	23	—	Kopfkissen,
—	—	103	Laken.

§. 17. Kinderfeste.

Allgemeine Bemerkung.

Der Familienfeste, die auf das jugendliche Gemüth so wohlthätig wirken, auf die das Kind im Voraus sich freuet, an die es mit Lust sich erinnert, die, um nicht davon ausgeschlossen zu werden, es sich zum Sporn seyn läßt, sich sittlich gut zu verhalten, dieser Feste würden unsre Waisen entbehren, wenn nicht einsichtsvolle und wohlthätige Menschen schon seit lange darauf bedacht gewesen wären, den Mangel zu ersetzen. Durch ihre Fürsorge hat auch das Waisenhaus, dessen Angehörige sich als eine große Familie betrachten, seine Feste und seine häusliche Freuden.

1) Das Milchfest wird jährlich im Sommer gefeiert, bald an diesem bald an jenem ländlichen Orte in der Nähe der Stadt; es ist eigentlich eine große Landparthie, die den ganzen Tag dauert, und an der das ganze Haus Theil nimmt. Dieses Fest ersetzt zugleich das Stiftungsfest, und erweckt in den Kleinen ein dankbares Andenken an ihre ersten Wohlthäter. a. Gewöhnliche Feste.

2) Eine feierliche Veranlassung zur Dankbarkeit gegen ihren größten Wohlthäter, der durch seine milde Vaterhand so viel Segen verbreitet, giebt in jedem Jahre der dritte August. Wenn kirchliche Reden und Gottesdienst in den kindlichen Seelen die Liebe zum Vaterlande, die Liebe zum Vater des Vaterlandes und dem angestammten Regentenhause erweckt haben, so verherrlichen festliche Speisung, muntere Spiele und Gesang den schönen Tag, dem Preußen seinen König verdankt.

3) Das Weihnachtsfest, auf das alle Kleinen sich freuen, ist für die unsrigen in den vier Jahren, von welchen wir reden, nie ohne zahlreiche Freuden vorübergegangen. Ein Theil der Geschenke besteht gewöhnlich in Büchern, Spielen, Baukasten und anderen Gegenständen, mit denen sich die Kinder in ihren Freistunden besonders im Winter, gemeinsam, sowohl zur Belehrung, als zur Belustigung, beschäftigen können. Die hierbei angeschafften Bücher haben Gelegenheit zu einer

Kinderbilbliothek gegeben, welche in der Anstalt vorhanden ist.

Kosten. Die Kosten dieser Feste werden theils aus den dazu bestimmten Legaten des Kaufmanns Rochlitz und des Rendanten Kraatz, theils aus freiwilligen Gaben genannter und ungenannter Wohlthäter bestritten. Die Anstalt hat nur wenig dazu beigetragen.

b. Außerordentliche Feste. Im Jahre 1822. Außer den vorgenannten drei gewöhnlichen Jahresfesten, giebt es auch außerordentliche Feste. So im Jahre 1822 am 17. November bei der 25jährigen Regierungs-Jubelfeier, die in unsern Kleinen um so größern Jubel erweckte, als sie am 21. August noch durch eine auf Kosten Seiner Majestät des Königs bewirkte festliche Speisung in Schönhausen auf dem Landgute des Banquiers Herrn Brose erfreut worden waren, und als der Jubeltag selbst eine neue Stiftung ins Leben rief, zu künftiger Unterstützung ausgeschiedener Waisenkinder.

1823. Am 28. und 29. November 1823, den Tagen des Einzugs und der Vermählung Ihrer Königlichen Hoheit der Frau Kronprinzessin, hatten auch unsere Waisen an der allgemeinen Freude Berlins ihren Theil.

1824. Am 18. August 1824 wurde durch einen Wohlthäter in der Hasenhaide den Kindern ein Fest bereitet.

1825. Am 18. Juni 1825, dem Jahrestage der Schlacht bei Belle Alliance, wurde den Kindern, aus einem Geschenk Ihrer Königlichen Hoheit der Prinzessin Luise von Preußen in Moabit ein Fest gegeben.

§. 18. Moralität der Kinder.

Ueber die Moralität der Kinder war während der Jahre 182⅖ im Ganzen keine erhebliche Klage zu führen. Strafen hatten nur selten und in geringem Grade Statt. Moralität.

Nur leichte Strafen können sofort von den Lehrern, Kindervätern und der Kindermutter vollzogen werden, empfindlichere nur in Folge desfalls in den öffentlichen Conferenzen zu fassender Beschlüsse, wenn nicht Besorgniß bei dem Verzuge ist, in welchem Falle der betreffende Lehrer, Hausvater oder die Hausmutter dem Inspektor der Anstalt es sofort anzeigt. Erhebliche Vergehen der Kinder, und alle solche, welche durch Absonderung des Thäters von den andern Kindern und durch eine mäßige körperliche Züchtigung nicht hinlänglich bestraft erachtet werden, müssen dem Curatorium angezeigt werden. Strafen.

§. 19. Gesundheits-Zustand und Krankenpflege im Hause.

Im Jahre 1822 hatte sich der Gesundheits-Zustand der Kinder im Hause gegen frühere Zeiten ganz außerordentlich gebessert; Augenkranke, sonst zahlreich, waren in besagtem Jahre äußerst wenige, und das Uebel hatte keinen bösartigen Charakter mehr. Im Jahre 1822 hatte es noch acht Krätzkranke gegeben, vier davon gingen auf 1823 über, aber schon im März dieses Jahres war die Krätzstation geleert. Ueberhaupt war in diesem Jahre die Zahl der Kranken sehr unbedeutend. Größer war sie im Jahre 1824, wo im April, wie in ganz Gesundheits-Zustand.

Berlin, so auch im Waisenhause, das Scharlachfieber herrschte. Es wurden davon 57 Kinder befallen, von denen vier starben. Im Herbste 1824 herrschten im Hause sechs Wochen lang die Masern, von welchen 30 Kinder befallen wurden.

Lazareth.

Allgemeine Bestimmung.

Das Königliche Hohe Ministerium der geistlichen, Unterrichts- und Medizinal-Angelegenheiten hat in den Jahren 1820 und 1821 ausdrücklich untersagt, kranke Waisenkinder nach der Charité zu senden, wenn nicht vorher die ausdrückliche Genehmigung der (damaligen) Königlichen Regierung (jetzt des Polizei-Präsidiums) extrahirt worden sey, die nur ertheilt werden könne, wenn in einzelnen außerordentlichen Fällen die Heilung nur bei den in der Charité befindlichen Einrichtungen, die in einem Privathause nicht zu veranstalten sind, möglich sey. Die Armen-Direktion glaubte damals, daß ansteckende und zugleich lebensgefährliche Kranke, z. B. am Nervenfieber, Scharlach, Masern u. s. w. Leidende, ferner ansteckende Augenkranke, aus dem Waisenhause entfernt werden müßten, weil ihr Verbleiben darin bei der größten Vorsicht für die übrigen gesunden Kinder lebensgefährlich werde.

Krankenpflege.

Alle kranke Kinder werden in eine eigene Abtheilung des Hauses, das Lazareth genannt, gebracht, hier verpflegt, ärztlich behandelt, und mit den erforderlichen Arzneimitteln versehen.

Durchschnittszahl der Kranken in einem Monat.

Nach einem vierjährigen Durchschnitte sind monatlich 14 bis 15 in dem Lazarethe verpflegt und behandelt worden.

§. 20. Dauer des Aufenthalts im Hause.

Wie die Theilnahme an der Anstalt überhaupt, so dauert auch der Aufenthalt im Hause nur bis zum zurückgelegten vierzehnten Lebensjahre der Kinder, kann jedoch, nach Umständen, verlängert werden. Dauer des Aufenthalts.

Der Austritt aus dem Hause erfolgt erst, wenn die Kinder confirmirt sind. Die Knaben werden dann, mit Berücksichtigung ihrer Kräfte, Anlagen und Neigungen, und nach Maaßgabe der sich darbietenden Gelegenheiten, zur Erlernung eines Gewerbes, die Mädchen zu Hausdiensten bei Familien untergebracht. Handwerker oder andere Gewerbtreibende, welche einen Lehrling, Frauen, welche ein Dienstmädchen, oder Aushülfe in weiblichen Handarbeiten, oder ein Mädchen zur Erlernung eines bürgerlichen Geschäfts suchen, melden sich oft dazu in dem Waisenhause, und es wird ihnen die Wahl unter den vorhandenen Kindern, mit Berücksichtigung der oben angezeigten Umstände, überlassen. Austritt. Unterbringung der Kinder.

Die im Waisenhause erzogenen Kinder erhalten bei ihrer Entlassung aus demselben einen ganz vollständigen Anzug, eine Bibel, ein Gesangbuch und seit dem Jahre 1824 einen Koffer zur Aufbehaltung ihrer Sachen. Die Bibel wird mit dem Namen Götze versehen, zum Andenken an den Kaufmann Götze, welcher der Anstalt ein Kapital geschenkt hat, aus dessen Zinsen den Kindern die Bibeln gegeben werden sollen. Die Entlassung geschieht gewöhnlich zu Ostern. Was sie beim Austritt erhalten. Götze's Stiftung.

Die Unterbringung geschieht auf eine Probezeit von vier Wochen; zuletzt wird unter Zuziehung des Vor- Schließliche Verfügungen.

mundes ein schriftlicher Contract mit den Lehrmeistern geschlossen, und der vormundschaftlichen Behörde angezeigt, wohin der Zögling gebracht worden.

§. 21. Kostkinder.

Die außer dem Hause verpflegten Kinder, Kostkinder genannt, sind von zweierlei Art: Mutterkinder und Pflegekinder.

§. 22. Mutterkinder.

Mutterkinder sind vaterlose Kinder, deren Mütter zwar noch leben, auch in physischer und moralischer Hinsicht fähig, jedoch nur mit Hülfe einer Unterstützung im Stande sind, ihre Kinder zu erhalten. Die Unterstützung wird ihnen als Kostgeld aus der Waisenhaus-Kasse gezahlt.

Zu erwartende Bestimmung.

Einer nähern reifern Erwägung und Berathschlagung ist es vorbehalten, über die Frage zu bestimmen, ob nicht die Pflege der Mutterkinder ganz von dem Waisenhause abgenommen, und die dürftigen Mütter, wie die gewöhnlichen Armen, den Bezirks-Armen-Kommissionen überwiesen werden sollen.

§. 23. Pflegekinder.

Schwierigkeit der Unterbringung.

Eine schwierige Aufgabe ist es, für die große Zahl der außer dem Hause unterzubringenden Kinder geeignete Pflegeeltern zu finden. Möchten doch alle Armen-Kommissionen und alle einzelne Armenbeamten ihre Aufmerksamkeit auf diesen Punkt heften, und der Waisenhaus-Administration Kenntniß davon geben, wo sie geeignete Subjekte dazu auffinden! Möchte doch kein recht-

Aufforderung.

licher Mensch von dem edeln Berufe, zum Glücke eines Mitmenschen etwas beizutragen, sich ausgeschlossen wähnen, oder selbst ausschließen!

Wohin die Kinder ausgethan werden.

Damit die Kinder von dem Curatorium und der Administeation, den Armen-Kommissionen, dem vormundschaftlichen Gericht, den Vormündern und den Angehörigen in steter Aufsicht erhalten werden können, werden sie nur bei hiesigen Einwohnern in Pflege gethan. Aeußerst selten wird von dieser Regel eine Ausnahme gemacht, nur in besonders günstigen Fällen, und unter Anzeige an das vormundschaftliche Gericht. Die bis zum Jahre 1822 außerhalb untergebrachten Kinder sind zurückberufen worden, in sofern sie nicht als der Anstalt entwachsen, von derselben entlassen worden sind.

Welche Kinder?

Wenn zwar auch Kinder des zartesten Alters ins Waisenhaus aufgenommen werden, so erfordert doch das Wohl dieser Kinder selbst, daß sie bald wieder guten Müttern außerhalb desselben übergeben werden, da die Hauseinrichtung zu zweckmäßiger Pflege von Säuglingen und ganz kleinen Kindern nicht geeignet ist.

Pflegegeld und sonstige Leistungen.

Für jedes Pflegekind wird monatlich von der Waisenhaus-Kasse 1¼ Rthl. bezahlt, wenn nicht wegen zarten Alters oder körperlicher Constitution eines Kindes eine höhere Vergütung angemessen erscheint. Der Vorsteher der Armen-Kommission des Bezirks, in welchem das Kind sich aufhält, fertigt die Liquidation an, die bei der Administration revidirt wird. Den Pflegeeltern wird ein Kostgeldzettel eingehändigt, in welchem die monatliche Zahlung angemerkt wird, auch ihnen auf Verlangen vom siebenten Jahre ab die freie Schule angewiesen. In Krankheits-Fällen wird es auf Veranstaltung der Armen-Kommission von den Armenärzten und Wundärzten unentgeltlich behandelt, und auf Kosten der Haupt-Armen-Kasse mit freier Arznei versehen. Zur Bekleidung Behufs der Einsegnung wird den Pflegeeltern nach Umständen eine angemessene Beihülfe gewährt. Dem den Pflegeeltern eingehändigten Kostgeldzettel ist eine Anweisung beigefügt, wie es mit der Verpflegung und Erziehung der Kinder, und besonders mit deren Behandlung in Krankheitsfällen zu halten ist.

Unentgeltliche Pflege.

Unentgeltlich sind in Pflege untergebracht worden:

Im Jahre	Hauskinder.	Kostkinder.	Zusammen
1822	12	3	15
1823	10	6	16
1824	1	3	4
1825	—	—	—
Gesammtzahl	23	12	35

Nach dem neuen Verwaltungsplan soll das unentgeltliche Austhun der Kinder gar nicht mehr oder nur unter besondern dem Curatorium anzuzeigenden wohlgeprüften Umständen Statt finden.

§. 24. Aufsicht über die Kostkinder.

Mutterkinder.

Auf die Mutterkinder hat man geglaubt, eine spezielle Aufsicht der Armenbehörde nicht anwenden zu können, sondern diese Kinder, nach dem Natur- und Civilrechte, der Fürsorge ihrer Mutter und ihrer Vormünder überlassen zu müssen, da die für diese Kinder gegebenen Pflegegelder nur ein Almosen zur Unterstützung der Mutter sind. Sie stehen also nur in sofern unter der allgemeinen Aufsicht der Armen-Beamten, als jeder Almosen-Empfänger derselben unterworfen ist.

Die Pflegekinder sind dagegen der fortwährenden Aufsicht der Armen-Kommissionen, in deren Bezirk sie wohnen, empfohlen; jeder Armen-Deputirte muß die in seinem Revier befindlichen Pflegekinder monatlich wenigstens einmal besuchen, um sich zu überzeugen, ob jedes Kind gut gehalten werde. Die Pflegeeltern eines schulfähigen Kindes können das Pflegegeld nur empfangen, gegen Beibringung eines Zeugnisses des Schullehrers, daß das Kind während des verflossenen Monats die Schule regelmäßig besucht habe. Bei der Auszahlung des Kostgeldes muß das Kind persönlich vorgestellt werden, damit der Armen-Beamte sich von dem Aeußern desselben überzeuge. Pflegekinder.

Außerdem finden noch zweierlei Revisionen Statt. Die eine ist eine jährliche Lokal-Untersuchung von Seiten der Armen-Kommissionen, welche die Haltung und Erziehung der Kinder vermittelst Aufsuchung derselben in ihren Wohnungen genau erforschen, und dem Curatorium des Waisenhauses darüber Nachricht geben. Nach Erforderniß finden aber auch noch außerordentliche Vorstellungen der Kinder im Waisenhause Statt, und überall werden diejenigen, welche nicht gut aufgehoben befunden werden, zurückgenommen. Revisionen.

§. 25. Ergebniß der von der Waisenhaus-Verwaltung vorgenommenen Revisionen der Pflegekinder.

Seit dem 1. Januar 1822 bis zu einer im Anfange 1823 von dem Curatorium und der Administration des Waisenhauses vorgenommenen Lokal-Revision der Pflegekinder hatten bereits 86 Kinder, wegen dringender Veranlassungen, die größtentheils ihren Grund in der Untauglichkeit oder zweideutigen Beschaffenheit der Pflegeeltern hatten, aus ihrer Pflege fortgenommen werden müssen. Die ferner veranstalteten Lokal-Revisionen ergaben Folgendes:

Im Jahre	Zahl der revidirten Kinder.	Es waren aufgehoben.			
		vorzüglich gut.	gut.	ziemlich gut.	schlecht.
1823	268	85	116	43	24
1824	300	25	249	15	11
1825	373	30	315	13	15
	941	140	680	71	50

Die schlecht aufgehobenen Kinder wurden sofort ins Haus zurückgenommen; die nur ziemlich gut aufgehobenen wurden unter schärfere fortdauernde Controlle gestellt, und mehrere derselben nach und nach auch ins Haus aufgenommen.

§. 26. Ausscheiden der Pflegekinder.

Nach zurückgelegtem 14. Jahre scheiden die Kinder aus der Aufsicht und Pflege der Anstalt, und werden der fernern Obhut ihrer Vormünder, unter Anzeige an das vormundschaftliche Gericht, überlassen.

§. 27. Verpflegungskosten.

Die Durchschnitt-Berechnung, was ein Kind in einem Jahre der Anstalt kostet, ändert sich nach Maaßgabe der Zahl der Kinder, der Preise der Lebensmittel und anderer eintretenden Umstände. Wirkliche Verpflegungskosten.

In dem Jahre 1823 war die Durchschnittzahl der Kostkinder 844, und die Ausgaben dafür ohne Administrations-Kosten . . . 13856 Rthl. 21 Sgr. 7 Pf. Berechnung.

beträgt für jedes Kostkind jährlich ohne Administrationskosten	16 —	12 —	6 —
Die Durchschnittszahl der Hauskinder war 172, und die Ausgabe ohne Administrationskosten .	8883 —	24 —	1 —
beträgt für jedes Hauskind, ohne Administrationskosten, jährlich	51 —	19 —	6 —
Die Administrationskosten belaufen sich auf . .	4719 —	26 —	5 —
beträgt bei 1016 Kindern, im Durchschnitt für das Kind	4 —	19 —	4 —

Nun kann angenommen werden, daß ein Kostkind der Administration ungefähr ein Drittel so viel Mühe macht, als ein Hauskind. Wird

also ein Kostkind zu $3\frac{1}{2}$ Rthl. Administrationskosten angenommen, so ist der Betrag	2954 Rthl.	= Gr.	= Pf.
ein Hauskind dagegen zu $10\frac{1}{3}$ Rthl. macht . . .	1777 —	= —	= —
	4731 —	= —	= —
wodurch die Administrationskosten sich decken. Ein Kostkind erfordert also jährlich:			
Verpflegung, Unterricht ꝛc.	16 —	12 —	6 —
Administrationskosten . .	3 —	15 —	= —
	19 —	27 —	6 —
Ein Hauskind:			
Verpflegung, Unterricht, ꝛc.	51 —	19 —	6 —
Administrationskosten . .	10 —	10 —	= —
	61 Rthl.	29 Sgr.	6 Pf.

Durchschnitt.

Oder, um es in runden Zahlen zu sagen:

es kostet ein Kostkind . . 20 Rthl.

ein Hauskind . . 62 —

Die Benutzung des Hauses ist nirgends in Anschlag gebracht.

Rückzuerstattende Verpflegungsgelder.

Durch einen im Februar 1822 gefaßten Beschluß der Stadtverordneten-Versammlung ist festgesetzt worden, daß die Verpflegungskosten eines im Waisenhause erzogenen Kindes den zur Erstattung Verpflichteten nur mit 40 Rthl. jährlich, wie es früher üblich war, berechnet werden sollen; jedoch hat die Kommune sich hierbei vorbehalten, in besondern Fällen, z. B. bei notorischer Wohlhabenheit, die wirklichen Kosten zu berechnen. Auch ist dieser Beschluß nicht unwiderruflich, vielmehr hat die Commune sich in dieser Hinsicht ihre aus dem Gesetze hervorgehenden Rechte vorbehalten. Für die Kostkinder wird nur das wirklich gezahlte Verpflegungsgeld zurück gefordert.

§. 28. Zahl aller Pfleglinge.

Da die Zahl der Pfleglinge durch Ab- und Zugänge sich in jeder Woche ändert, auch die Kinder bald aus dem Hause in die Kost gegeben, bald aus der Kost in das Haus zurückgenommen werden, so kann die Uebersicht der Zahl der Haus- und der Kostkinder in jedem Jahre nur durchschnittlich geliefert werden, um zu große Einzelnheiten zu vermeiden.

Durchschnittlich waren:

Wirklich Verpflegte.

Im Jahre.	im Hause.	in der Kost.	überhaupt.
1822	110	760	870
1823	172	844	1016
1824	210	944	1154
1825	211	1057	1268
Zusammen.	703	3605	4308
Durchschnitt von 4 Jahren	$175\frac{3}{4}$	$901\frac{1}{4}$	1077

Ausgeschiedene.

Ausgeschiedene:

Im Jahre.	Hauskinder.	Kostkinder.	Zusammen.
1822	31	124	155
1823	41	149	190
1824	54	183	237
1825	59	228	287
Gesammtzahl	185	684	869
Durchschnitt von 4 Jahren	46¼	171	217¼

Reste.

Es befanden sich:

	im Hause.			in der Kost.			Haupt-Summe
	Knaben	Mädchen	Zusammen	Knaben	Mädchen	Zusammen	
Am 31. Dezbr. 1822	105	47	152	355	408	793	945
1823	136	57	193	423	473	896	1089
1824	164	61	225	471	518	989	1214
1825	156	63	219	530	562	1092	1311

§. 29. Sterblichkeit.

Zahl der Gestorbenen.

Gestorben sind:

Im Jahre.	Im Hause.	In der Kost.	Zusammen.
1822	6*)	13	19
1823	1	12	13
1824	7	28	35
1825	3	12	15
Gesammtzahl	17	65	82
Durchschnitt von 4 Jahren	4¼	16¼	20½

*) Hierunter ist ein Kind, welches zur Heilung des sogenannten St. Veitstanzes nach der Charité gebracht wurde, und daselbst starb.

Diese Zahlen können aber als richtiger Maaßstab zur Beurtheilung des gegenseitigen Verhältnisses der Sterblichkeit nicht angenommen werden: denn unter den im Hause Verstorbenen befanden sich mehrere, die krank aus der Stadt ins Haus gebracht worden waren, nämlich im Jahre 1822 — 4; im Jahre 1823 — 1; im Jahre 1824 — 2; im Jahre 1825 — 2. Werden diese von der Zahl der im Hause Verstorbenen abgezogen und der Zahl der in der Kost Verstorbenen zugerechnet, so ist die Gesammtzahl der während der angegebenen vier Jahre Verstorbenen folgende: im Hause 8, in der Kost 74. Vergleicht man diese beiden Zahlen mit der im vorigen §. angegebenen Gesammtzahl der Hauskinder und Kostkinder, so ergiebt sich ein nachtheiliges Resultat für letztere, nämlich: nach einem Durchschnitt von vier Jahren ist die Sterblichkeit jährlich bei den Hauskindern ungefähr $1\frac{1}{8}$, bei den Kostkindern ungefähr $2\frac{1}{5}$ von 100. Gegenseitiges Verhältniß.

Aber dadurch, daß das zarteste Alter allgemein der größten Sterblichkeit unterliegt, daß im Hause nur selten Kinder von diesem Alter gehalten werden, daß von den verstorbenen acht Hauskindern keines, von den 74 Kostkindern 29 unter einem Jahre waren, mindert sich der anscheinliche Unterschied so sehr, daß man in den genannten vier Jahren die Sterblichkeit bei den Hauskindern und bei den Kostkindern fast als gleich annehmen kann. Ausgleichung.

§. 30. Vermögen der Kinder.

Verwaltung.

In Folge eines Beschlusses der Stadtverordneten-Versammlung vom 12. Februar 1822 wird den Kindern alles Vermögen, das sie in die Anstalt bringen, oder das ihnen während ihres Aufenthalts in derselben zufällt, von da an aufbewahrt und bei ihrem Austritt aus der Anstalt dem vormundschaftlichen Gerichte übergeben; die inzwischen davon verfallenen Zinsen behält die Anstalt als Vergütung der Verpflegung, insofern sie die Verpflegungskosten nicht übersteigen. Dies gab Veranlassung, solches Vermögen, oder den sonstigen Erwerb der Kinder, z. B. Lotterie-Douceur-Gelder *) und andere Geschenke, auf Sparkassenbücher zu belegen, und mit den bereits vorhandenen in eine Sparkassenbücher-Rechnung zu verbinden. Das ganze den Pfleglingen unsrer Anstalt gehörige Vermögen betrug am Ende des Jahrs 1825:

Bestand am Ende des Jahres 1825.

in	206 Sparkassenbüchern	1968 Rthl.	19 Sgr.	2 Pf.
—	1 Stadtobligation	. 200 —	= —	= —
—	1 Staatsschuldschein	. 50 —	= —	= —
	Summa	2218 Rthl.	19 Sgr.	2 Pf.

§. 31. Wohlthaten für die Anstalt.

Zweifache Bestimmung.

In den Jahren 182$\frac{2}{5}$ hat die Waisen-Anstalt sich zahlreicher und bedeutender Wohlthaten zu erfreuen ge-

*) Die Ziehungen der Königlichen Lotterien geschehen theilweise durch Zöglinge des Waisenhauses, und jedem Kinde wird für jeden Ziehungstag ein halber Thaler gegeben, außer den außerordentlichen Geschenken, welche ihnen günstige Gewinner aussetzen.

habt; einige davon haben eine besondere Bestimmung, andere kommen der ganzen Anstalt zu Gute. Wir wollen von jenen zuerst reden.

Zur Erinnerung an die Jubelfeier der fünf und zwanzigjährigen Regierung Sr. Majestät des Königs wurde aus der Einnahme der an diesem Tage aufgeführten Oper Titus und aus verschiedenen andern Beiträgen ein Fonds von 2000 Rthl. gebildet, wovon die Zinsen in Raten von 60 Rthl. an ausgeschiedene Hauskinder, die durch musterhaftes Betragen sich auszeichnen, vertheilt werden. Die Individuen werden von den Curatoren der Anstalt den Directoren der Stiftung in Vorschlag gebracht. Im Jahre 1824 fand die erste und im Jahre 1825 die zweite Vertheilung Statt, jedesmal an einen Knaben und ein Mädchen. Der Knabe, der im Jahre 1825 den Preis erhielt, hatte sich so vorzüglich bewiesen, das er fürs Schulfach ausgebildet wird. Diese nützliche Stiftung, die den Namen von dem Tage führt, der zu ihrer Entstehung die Veranlassung gab, dient dazu, das Andenken eines für Preußen ewig merkwürdigen Zeitabschnitts auf die Nachkommen zu bringen; sie ist den Kindern ein Antrieb zum Guten, Erwachsenen eine Anerkennung ihres Werthes, angehenden Familien die Grundlage eines bürgerlichen Wohlstandes, kommenden Geschlechtern ein Segen.

Stiftung vom 17. November 1822 Entstehung.

Zweck.

Bisherige Verwendung.

Im Jahre 1823 sind zum Besten der kleinen Kinder unserer Anstalt in der Werkstätte des Herrn Professors Rauch, bei Ausstellung der Bildsäule Blü-

Fonds für das Institut der kleinen Kinder. Entstehung.

chers, 700 Rthl. auf Veranstaltung des Herrn Doctors Bremer eingesammelt und dafür 925 Rthl. in Staatsschuldscheinen angekauft worden.

Lazareth-Fonds-Entstehung. Als in den Jahren 1819 und 1820 die in Erz gegossenen Bildsäulen Blüchers und Luthers in der Werkstätte des Herrn Directors Schadow ausgestellt waren, willigte dieser, auf Veranlassung des Herrn Doctors Bremer, ein, daß das, was in ausgestellten Büchsen einging, zum Besten des Waisenhaus-Lazareths verwendet würde. Dies gewährte ein Kapital von 850 Rthl. in Kurmärkischen Pfandbriefen. Im Jahre 1823 ist durch den Herrn Doctor Bremer aus dem Nachlaß des verstorbenen Postsecretairs Ludolf ein Legat von 100 Rthl. in Kurmärkischen Pfandbriefen diesem Fonds überwiesen worden. Die Zinsen beider Kapitalien werden zu außerordentlichen Ausgaben für das Lazareth auf Antrag des Herrn Doctors Bremer verwendet.

Zu Weihnachts-Geschenken. Ein Wohlthäter hat der Anstalt in einer kurmärkischen Obligation 100 Rthl. geschenkt, deren Zinsen zu Weihnachtsgeschenken verwendet werden sollen. Dieselbe Bestimmung hat ein Vermächtniß des Rendanten Jacob Kraatz, das zwar seinen Ursprung aus dem Jahre 1816 hat, wovon aber zwei Drittel erst in den Jahren 1822 und 1825 jedesmal mit 200 Rthl. eingegangen sind. Von dem letzten Drittel hat ein noch lebender Verwandter des Testators die Nutznießung.

Zu anderen Vergnügungen. Was außerdem zum Vergnügen der Kinder geschenkt worden, dessen ist oben bei den Kinderfesten schon Erwähnung geschehen.

Der Anstalt im Allgemeinen sind folgende Wohlthaten zugeflossen: Wohlthaten im Allgemeinen.

Im Jahre 1822.

1) Vermächtniß der Eheleute Strauß von 50 Rthl.

2) Vermächtniß des Hofpostsecretairs Haaren von 150 Rthl. in Berliner Stadtobligationen.

3) Vermächtniß des Handlungsdieners Rothe von 200 Rthl. in Berliner Stadtobligationen.

4) Vermächtniß der Wittwe des Kaufmanns Welper von 200 Rthl. in Staatsschuldscheinen.

Im Jahre 1823.

5) Vermächtniß des Kaufmanns Lesser von 100 Rthl.

6) Vermächtniß der unverehlichten Lydia Lüdicke, die in der Anstalt erzogen worden war, von 100 Rthl.

Im Jahre 1824.

7) Legat der Wittwe des Kaufmanns Voigt von 500 Rthl.

8) Vermächtniß der Wittwe Neubrunner von 50 Rthl.

9) Geschenk des Fräuleins v. Hackul von 50 Rthl.

10) Geschenk des nun verstorbenen Ministers v. Bülow, von 207 Ellen englischen Wollenzeugs, welches zur Einsegnungs-Bekleidung der Waisenmädchen verwendet worden ist.

11) Ein Kummerscher Globus, von einem der Curatoren der Anstalt.

Im Jahre 1825.

12) Eine Schuldforderung des Herrn v. Blanc an einen Auswärtigen, betragend 60 Rthl., von welcher 30 Rthl. eingegangen sind.

13) **Aus dem von Sobbeschen Vermächtnisse** 4000 Rthl. in Pommerschen Pfandbriefen.

Um nicht zu sehr ins Einzelne zu gehen, führen wir die kleineren Gaben nicht besonders an; diese, so wie die Einlagen in Klingebeutel und Büchsen, werden in der Einnahme unter besondern Titeln verrechnet.

Andenken der Wohlthäter. Wenn gleich jede gute That ihre schönste Belohnung in sich selbst findet, so hat die Anstalt doch nicht die Pflicht verkannt, ihren Dank selbst an den Tag zu legen, und auch in ihren Zöglingen das Dankgefühl zu erwecken. Zu diesem Ende sind im Jahre 1824 in dem Waisenhause beim Eingange zwei Tafeln aufgestellt worden, welche die Wohlthäter und die Wohlthaten bezeichnen.

§. 32. Einkünfte und deren Verwendung.

Worin sie bestehen. Die Einkünfte des Waisenhauses entspringen theils aus dem eigenthümlichen Vermögen desselben, theils aus Einnahmen von erstatteten Kost= und Verpflegungsgeldern, von Erbschaften, Vermächtnissen, Geschenken und andern unbestimmten Erhebungen, deren verschiedene Titel und Summen der beigefügte General=Extract *) für 182$\frac{3}{5}$ nachweiset.

Erläuterungen. Einige Einnahme= und Ausgabe=Posten werden der Erläuterung bedürfen, und zu dem Ende wird hier Folgendes bemerkt:

Einnahme.

Zu 3. Die Capitalien, welche dem Waisenhause eigenthümlich gehörten, sind abwechselnd bald bei der

*) S. Beilage D.

Waisenhaus-Kasse, bald bei der Haupt-Armen-Kasse verwaltet worden, daher die Verschiedenheit der Zinsen bei diesem Titel. Seit dem Jahre 1825 werden sämmtliche Zinsen durch die Haupt-Armen-Kasse erhoben, und der Waisenhaus-Kasse bei dem Zuschuß mit angerechnet; sie befinden sich also unter der Einnahme Tit. II.

Zu 4. Sind Erbpächten von den Lindowschen Waisenhaus-Ländereien.

Zu 6. Siehe §. 1. des gegenwärtigen Abschnitts.

Zu 7. Als des Prinzen August von Preußen Königl. Hoheit im Jahre 1816 das Waisenhaus mit Ihrer Gegenwart beehrten, bemerkten Höchstdieselben, daß die Knaben barfuß gingen, gaben darüber Ihr Mißfallen zu erkennen, und erklärten, jährlich 200 Rthl. zur Fußbekleidung der Kinder zahlen zu wollen. Seit jener Zeit ist diese Summe auch regelmäßig eingegangen.

Zu 9. Wenn in dem Waisenhause fremden Kommunen angehörige Kinder verpflegt werden, so wird das Kostgeld von den verpflichteten Behörden oder Personen eingezogen und hier berechnet.

Zu 12 wird auf den Abschnitt: Armen-Schulen Bezug genommen.

Zu 15. Dieses sind Zinsen von dem Vermögen, welches den Kindern aufbehalten und zinsbar angelegt wird.

Ausgabe.

Zu 2, 3, 4, 6 sind die Ausgaben natürlich mit jedem Jahre wegen der vermehrten Frequenz gestiegen, und haben deswegen auch mehr Lehrer, so wie mehrere Dienstboten angestellt werden müssen.

Zu 7. Ausgabe für Holz. Der Unterschied zwischen den beiden letztern Jahren ist hauptsächlich dadurch entstanden, daß die Ausgabe für den Bedarf des Jahres 1824 erst in der Rechnung pro 1825 in Ausgabe gekommen ist.

Zu 11. Siehe §. 2. des vorliegenden Abschnitts.

Zu 18. Für eingegangene Legate sind Staatspapiere angekauft, um zu einem höheren Zinsfuße zu gelangen.

Zu 20. Zurückgezahlte Gelder an die Haupt-Armenkasse sind bloß durchlaufende Posten.

Zu 23. Die pro 1825 verausgabten 76 Rthl. 17 Sgr. 4 Pf. sind in Sparkassenbüchern zum Nutzen der betreffenden Kinder belegt und das Geld deshalb hier verausgabt worden.

Zu 24. Die unter No. 17. der Einnahme vorkommenden, von Ihrer Königl. Hoheit der Prinzessin Luise von Preußen im Jahre 1825 geschenkter 200 Rthl. sind, der Bestimmung gemäß, in der Art verausgabt worden, daß 75 Rthl. zum Ankauf von Büchern für die Hausbibliothek des Waisenhauses, die übrigen 125 Rthl. aber zum Vergnügen der Kinder verwendet wurden, so daß diese auf dem Lande festlich gespeiset, und auf ihren Spaziergängen mit Obst, Bier und Butterbrod erquickt worden sind. Der Rest dieses Geschenks findet sich in der Rechnung des folgenden Jahres in Ausgabe.

Achter Abschnitt.

Arbeitshaus.

Der Bericht der Herren Stadtverordneten an ihre Mitbürger vom Jahre 1822 enthält S. 135 ff. die Verwaltung dieser Anstalt während der Jahre 1820 und 1821; wir werden daraus nur wiederholen, was zur Beurtheilung der Verwaltung in den vier folgenden Jahren erforderlich scheint. Einleitung.

§. 1. Stiftung und Zweck der Anstalt.

Das Arbeitshaus ist vom Könige Friedrich II. im Jahre 1742 gestiftet worden, um der Haus- und Straßenbettelei zu steuern. Dieser Bestimmung gemäß wurden in die Anstalt aufgenommen: 1) diejenigen erwachsenen Armen, welche nur in einer öffentlichen Anstalt verpflegt werden konnten; 2) die Bettler und Vagabonden. Nach der im Jahre 1798 erfolgten Stiftung des neuen Hospitals zur Pflege alter ehrbarer Armen, gab das Arbeitshaus an diese neue Anstalt mehrere dahin geeignete Personen ab; es erhielt aber selbst eine Erweiterung seines Zwecks und seiner Einrichtung dadurch, Stiftung. Bestimmung. Aenderungen darin.

daß es auch zur Aufnahme von Verbrechern bestimmt wurde, die entweder nur kurze Freiheitsstrafen zu büßen haben, oder, wenn gleich mit Zuchthausstrafe belegt, dennoch wegen Krankheit und Gebrechlichkeit in die eigentlichen Strafanstalten nicht abgeführt werden können.

Die Nothwendigkeit, obdachlosen Familien ein augenblickliches Unterkommen zu verschaffen, führte auch diese dem Arbeitshause zu, und endlich wurden an dasselbe einige aus der Charité entlassene, zur hiesigen Kommune gehörige Blödsinnige abgegeben.

Der Hauptzweck der Anstalt ist Besserung durch Unterricht und Arbeit; ein untergeordneter Zweck, Pflege.

§. 2. Curatorium und Administration.

Diese Anstalt, früher eine Königliche, jetzt eine städtische, wird, unter Aufsicht des Magistrats und der Stadtverordneten-Versammlung, durch die Armen-Direction geleitet; sie hat zwei Spezial-Curatoren, welche alle Theile der Verwaltung beaufsichtigen. Die Geschäftsführung geschieht durch einen Inspektor und einen Kontrolleur, welche die Administration bilden, und durch Beamte und Angestellte für die verschiedenen Zweige des Geschäfts, nämlich: 2 Administrations-Sekretaire, einen Hausvater, einen Backmeister, einen Boten, einen Comptoir-Gehülfen und die nöthigen Aufseher männlichen und weiblichen Geschlechts. Der Gehaltsetat ist gegen das Jahr 1821 um jährlich 949 Rthl. erhöhet, wobei jedoch das dem Aufseher-Personal bewilligte Kostgeld nicht begriffen ist, indem dieses nicht als eigentliche Erhöhung, sondern nur als eine Veränderung der Beköstigungsart betrachtet werden kann. Die Erhöhung selbst ist durch die Rücksicht auf den mühevollen Beruf der Beamten, durch ihren lobenswerthen Eifer in Erfüllung desselben, durch das Verhältniß der Besoldungen in andern Anstalten und durch die nothwendig gewordenen neuen Anstellungen motivirt.

§. 3. Häuslinge.

Eingelieferte Häuslinge.

Eingeliefert sind worden:

im Jahre	1822	2144	Personen
— —	1823	2408	—
— —	1824	2337	—
— —	1825	2192	—

Grund der Einlieferung.

Grund der Einlieferung.

	Personen
Vagabonden	3554
Winkelhuren	128
Unfugtreiber	53
Eingebrachte bis zur Ermittelung der Verhältnisse	869
Kriminal-Verhaftete	176
Bettler	2686
Freiwillig Eingetretene	237
Hospitaliten	218
Aus der Charité Entlassene	200
Obdachlose Familien, nach Köpfen	960
Summa	9081

Durchschnittzahl der Häuslinge.

Im Durchschnitt waren täglich in der Anstalt:
im Jahre 1822 . . 484 Personen
— — 1823 . . 525 —
— — 1824 . . 550 —
— — 1825 . . 548 —

Ueberfüllung.

Da die Anstalt nur für 500 Personen etatsmäßig eingerichtet ist, so entstand mitunter eine Ueberfüllung, vorzüglich durch die obdachlosen Familien und durch die vielen aus der Königl. Charité hierher abgelieferten unheilbaren Blödsinnigen.

Es haben sich in der Anstalt befunden:

am Ende des Jahres	Domestiken		1ste Classe		2te Classe		Kinder		3te Classe		Zusammen
	Männer	Frauen	Männer	Frauen	Männer	Frauen	Knaben	Mädchen	Männer	Frauen	
1821	15	16	80	53	208	72	2	9	15	14	484
1822	10	15	77	51	237	93	12	14	9	7	525
1823	10	15	81	55	218	78	7	1	1	8	474
1824	10	15	90	58	262	94	5	4	2	7	547
1825	10	15	96	61	273	72	6	14	3	8	558

Ueber jeden Aufgenommenen wird ein eigenes Actenheft angelegt, und in der Registratur der Anstalt aufbewahrt.

Die Häuslinge sind in drei Klassen abgetheilt.

Klassen. 1ste.

Zur 1sten oder Hospital-Klasse gehören:

a. diejenigen Personen, welche nach vorhergegangener Untersuchung arbeitsunfähig oder Krüppel sind, gleichzeitig aber durch früher begangene Verbrechen oder Immoralität, so wie durch die Neigung zum Trunk sich der Berücksichtigung unwerth machen, ins neue Hospital

tal aufgenommen zu werden, und selbst mit monatlichen Geldunterstützungen wegen mangelnden Familien-Anhalts außer einer Anstalt zu bestehen nicht mehr im Stande sind; sie werden nur auf Befehl der Armen-Direktion aufgenommen.

b. Die als unheilbar oder blödsinnig, nach vorhergegangener Einigung mit dem Königl. Polizei-Präsidio, aus der Charité hierher geschickten Subjekte.

Zur 2ten Klasse werden gerechnet: 2te

a. die von der Polizei wegen obdachlosen Herumtreibens, wegen der Straßen-Bettelei und bis zur Ermittlung ihrer Verhältnisse hierher gesandten Individuen, deren Aufenthaltszeit im Arbeitshause von der Polizei bestimmt wird.

b. Die bis zur Ermittlung einer Wohnung von den Polizei-Kommissarien hierher abgelieferten obdachlosen Familien.

c. Freiwillige, die sich selbst stellen, und um Aufnahme bitten; wenn sie weder Schlafstelle noch Arbeit nachweisen können, mehrentheils im abgerissenen Zustande und voller Ungeziefer sich befinden, und durch ihre Aufnahme die Reinigung event. Unterstützung an Kleidung zu bewirken suchen.

Diesen Letztern wird der Aufenthalt nur kurze Zeit gestattet, bis sie nämlich nach erfolgter Reinigung wieder ausgehen und sich Unterkommen und Arbeit suchen müssen; haben sie Schlafstelle gefunden, so wird ihnen auch die nöthigste Unterstützung gereicht; in der Zeit ihres Hierseyns sind sie bei schwerer Arbeit angestellt, da die sich freiwillig Meldenden in der Regel starke, gesunde, ganz arbeitsfähige Leute, und nur durch den Hang zum Trunk in diese Lage gekommen sind.

d. Die durch die Armenwächter und die Stadtsergeanten eingebrachten Bettler, deren Strafzeit von der Armen-Direktion bestimmt wird.

3te. Zur 3ten Klasse kommen die von Seiten der Kriminal-Deputation wegen Diebstahls oder Betrugs verurtheilten Verbrecher, wenn sie nämlich arbeitsunfähig sind, und deshalb in den Zuchthäusern nicht angenommen werden, oder wenn ihnen nur eine kurze Strafzeit von einigen Wochen zuerkannt worden ist; auch säugende Frauen mit ihren Kindern, welche in den Zuchthäusern nicht angenommen werden. Letztere bleiben nur hier, bis das Kind von der Brust entwöhnt ist, ohngefähr 6 Monate, wo das Kind alsdann zum Waisenhause, die Mutter aber zum Zuchthause abgeführt wird.

§. 4. Gottesdienst und Religions-Unterricht.

Veränderung mit der Predigerstelle.

Da das Arbeitshaus keine kirchliche Gemeine bildet, und der Prediger bei demselben nur Officiant der Anstalt ist, so schien es, nach dem im Jahre 1821 erfolgten Ableben des Predigers Bublitz unnöthig, dessen Stelle durch einen eignen Prediger neu zu besetzen, und es ist dieselbe, mit Genehmigung der geistlichen Behörde, im Jahre 1822 den beim großen Friedrichs-Waisenhause angestellten beiden Predigern aufgetragen worden, deren dortige Amtsverrichtungen füglich eine Vermehrung der Geschäfte zuließ, so wie deren geringe

Besoldung auf diesem Wege eine erwünschte Vermehrung erhalten hat. Und da diese Prediger auch als solche in dem neuen Hospital fungiren, so befindet sich die Leitung des Gottesdienstes und des Religions-Unterrichts unserer bedeutendsten, ohnehin ziemlich nahe beisammen liegenden Verpflegungs-Anstalten gewissermaßen in Einer Hand. In dem Arbeitshause werden Sonn- und festtäglicher Gottesdienst und Religions-Unterricht in der frühern Art fortgesetzt; die erledigte Predigerwohnung wird für die Einrichtungen des Hauses benutzt.

Gottesdienst und Religions-Unterricht. Predigerwohnung.

§. 5. Schule.

Der Unterricht unter einem Lehrer, in einer Schulklasse, jedoch in mehrern Abtheilungen, kann sich nur auf die Elemente des Unterrichts beschränken; der erste Zweck ist, in den hier eingebrachten Kindern religiöses Gefühl zu erwecken, um die früh entarteten auf die Bahn des Guten zurückzuführen. Der Religions-Unterricht wird vorzüglich von den Predigern ertheilt, die auch den Schulplan entwerfen.

Unterricht.

Das Arbeitshaus ist aber zur Erziehung der Kinder wenig geeignet, indem es nicht zu verhüten ist, daß diese mit den Erwachsenen zusammentreffen. Es werden darum auch nur diejenigen Kinder, für welche anderwärts kein schickliches Unterkommen auszumitteln ist, bis zu ihrer Einsegnung hier behalten. Nach derselben wird für ihre Unterbringung gesorgt. Die zum Waisenhause sich eignenden werden früher dorthin abgegeben.

Welche Kinder hier bleiben. Wie lange.

Zahl der Schulkinder.

In der Schule befanden sich im Durchschnitt täglich:

im Jahre	Knaben	Mädchen	Zusammen
1822	13	4	17
1823	15	8	23
1824	16	3	19
1825	7	5	12

Sobald die Kinder 10 Jahr alt sind, werden sie, ihren Kräften gemäß, auch außer den Schulstunden beschäftigt.

Seitdem Berlin eine eigne Erziehungsanstalt für sittlich verwahrloste, oder den Händen der Gerechtigkeit anheim gefallene Kinder hat, ist diese Klasse des Arbeitshauses erleichtert worden.

§. 6. Arbeiten.

Schwierigkeit der zu beschaffenden Beschäftigung.

Den in unserer Anstalt befindlichen vielen Menschen beiderlei Geschlechts von dem verschiedensten Alter, den verschiedensten Kräften und Fähigkeiten, welche zu arbeiten im Stande sind, Beschäftigung zu geben, ist um so schwieriger, als eine große Zahl der Häuslinge gar oft wechselt, und bei diesen eine Erlernung von Arbeiten, die eine längere Uebung erfordern, unthunlich ist. Aber diese Schwierigkeit ist in den Jahren 182$\frac{2}{5}$ überwunden worden. Die eingeführten Arbeiten sind folgende:

Baumwoll-Spinnerei.

1) Die Baumwoll-Spinnerei auf Maschinen wurde für Rechnung von Entrepreneurs, welchen die Maschinen gehören und die sie zu unterhalten verpflichtet sind, betrieben. Die Entrepreneurs zahlten im Anfange für den Mann 5 Sgr.; seit dem 1. April 1822 mußte

aber der Tagelohn auf 3 Sgr. 9 Pf. herabgesetzt werden. Die Baumwollspinnerei beschäftigt gewöhnlich 49 Maschinen=Arbeiter und 16 Wollschlägerinnen. Die Entrepreneurs lassen auch in der Anstalt Watten anfertigen und Dochtgarn wickeln. — Das erstere beschäftigt 1 auch 2 Frauen, wofür 5 Sgr. täglich auf die Person gezahlt werden, die letztere Arbeit ist nur für 10 bis 12 alte Frauen, deren jede 4 Pfund täglich wickeln muß, und bei der Zahlung von 5 Pf. pro Pfund täglich 1 Sgr. 8 Pf. verdient. Im Ganzen werden also bei dieser Fabrikation 75 bis 80 Menschen beschäftigt. Zahl der Arbeiter und Verdienst.

2) Die Wollspinnerei auf Handrädern. Wollspinnerei.

Die Vorarbeit wird auf Maschinen betrieben, welche die Anstalt hierzu in den Jahren 1822 und 1823 angekauft hat.

Die Anstalt besitzt gegenwärtig: Maschinen.

eine Fellmaschine,
drei Streichmaschinen,
eine Fell= und Streichmaschine,
einen großen Wollreißer,
und einen kleinen Handwolf.

Der Ankauf wurde durch eine, mit Zuziehung von Sachverständigen gebildete besondere Kommission städtischer Beamten besorgt, welche fortgesetzt diesen Theil des Geschäftsbetriebs leiten und controlliren. Die zu verarbeitende Wolle wird durch hiesige Fabrikanten eingeliefert, auf den Maschinen bis zu Locken gebracht, und dann auf Handrädern versponnen.

Verdienst. Der Verdienst des Spinners, der am Ende der Woche die ihm als Pensum aufgegebene Zahl von 15 Stücken richtig abliefert, beläuft sich täglich auf 1 Sgr. 7 Pf., da die übrige Einnahme auf die Maschinen und deren Arbeiter vertheilt werden muß. Für jedes Stück, welches der Spinner über die Zahl arbeitet, wird aus der Kasse $7\frac{1}{2}$ Spf. bezahlt, wovon der Spinner 5 Spf. erhält, die übrigen $2\frac{1}{2}$ Spf. werden unter die Maschinen-Arbeiter und Haspler vertheilt.

Zahl der Arbeiter. Bei dieser Arbeit waren angestellt:

bei den Maschinen	18	Personen
bei den Spinnrädern	53	—
bei den Haspeln	8	—
zum Reinigen der Maschinen	1	—
Ueberhaupt	80	Personen.

Frangen. 3) Die Frangen-Arbeit wird auf Bestellung betrieben und beschäftigte 13 Personen.

Pariser. 4) Die Anfertigung der sogenannten Pariser, oder Socken, wird nur durch alte oder krüppelhafte Leute, deren Arbeitsfähigkeit bedingt ist, verrichtet. Da der Absatz nur in strengen Wintern von Erheblichkeit seyn kann, und die Witterung in den letzten Jahren sehr gelinde war, so haben sich nicht unbedeutende Vorräthe des Fabrikats, welches mit vieler Sorgsamkeit angefertigt ist, gesammelt, und das darauf verwendete Betriebs-Kapital hat noch nicht in dem Maaße umgesetzt werden können, um eine genaue Berechnung des Verdienstes der Arbeiter anzulegen. Ihrer waren im Jahr 1825 nur vier angestellt, um die Vorräthe sich nicht zu sehr anhäufen zu lassen. Die Pariser werden für Rechnung der Anstalt angefertigt, und im dortigen Comptoir sowohl einzeln als dutzendweise verkauft. Die Preise sind verschieden nach der Größe und Beschaffenheit, nach der Farbe und den Mustern, so wie auch nach dem Material der Pariser, welche zum Theil recht geschmackvoll verfertigt sind, wie Jeder sich durch den Augenschein überzeugen kann. Sie werden mit 15, 17½, 20, 22½ bis 25 Sgr. bezahlt. Am Ende des Jahres 1825 war der Vorrath so groß, daß man im Jahre 1826 die Arbeit einstellen mußte.

5) Das Hemdenknöpfe-Nähen beschäftigte nur 3 Personen, deren Verdienst sich pro Tag und Kopf auf 2 Sgr. 1 Pf. belief. Hemdenknöpfe-Nähen.

6) Das Federreißen, eine Arbeit für 16 bis 20 alte Frauen, wird auf Bestellung vollführt. Für das Pfund sind 7½ Sgr. bezahlt worden. Seit dem Anfange des Jahres 1825 hat wegen fehlender Bestellungen der Preis auf 6 Sgr. herabgesetzt werden müssen. Federreißen.

7) Zu häuslichen Arbeiten waren angestellt: Mit häuslichen Arbeiten Beschäftigte.

zum Holzkleinmachen	9	Personen
zum Putzen der Kartoffeln und der Gartengewächse	14	—
bei den Hausschneidern	4	—
bei den Schuhmachern	2	—
in der Tischlerwerkstelle	4	—
Maurer zum Weißen und zu kleinen Ausbesserungen	2	—
Latus	35	Personen

	Transport	35 Personen
für die Anstreicherarbeit	1	—
in der Küche	3	—
in den beiden Waschhäusern	9	—
beim Handwagen	4	—
zum Brodschneiden	1	—
Trockenplatzwächter, Holzwächter, Nachtwächter	3	—
zu den übrigen häuslichen Arbeiten, zum Wassertragen, Scheuern und sonstigen Reinigungen	8	—
In Allem	64	Personen.

Außer dem Hause Beschäftigte in der Stadt.

8) Außer dem Hause wurden zum Holzhauen und Torftragen gegen Tagelohn, dem Waisenhause und dem neuen Hospitale abwechselnd 10 bis 16 Mann gestellt.

Auf dem Wedding.

9) Auf dem Wedding arbeiteten, so lange, als es die Jahreszeit erlaubte, 20 Mann, wofür täglich pro Mann 3 Sgr. $4\frac{5}{7}$ Pf. bezahlt wurde. Sie erhielten Brod und Kleidung von der Anstalt, wurden des Sonnabends zu derselben zurückgeführt, dort gereinigt, mit reiner Wäsche versehen, des Sonntags gespeiset, zum Gottesdienste angehalten, und des Montags wieder zur Arbeit durch einen Aufseher geführt. Während ihres Aufenthalts auf dem Wedding erhielten sie die erforderliche Kost aus der dortigen Oekonomie.

Der Bäckerei des Arbeitshauses wird, weil sie für mehrere öffentliche Anstalten arbeitet und eine eigene

Kasse hat, am Ende des Berichts über das Arbeitshaus gedacht werden.

Zu diesen Arbeiten, die im Jahre 1821 schon im Gange waren, sind in den vier folgenden Jahren noch hinzugekommen:

Holzhauen für Stadtarme.

10) Das Holzhauen für Stadtarme. Es geschieht in der Art, daß eine angemessene Haufenzahl des, zur unentgeltlichen Vertheilung an Stadtarme bestimmten, Holzes im Hofe der Anstalt durch Häuslinge klein gemacht, und in $\frac{1}{16}$ Haufen aufgestellt wird, um an diejenigen Armen gegeben zu werden, die zu schwach sind, um selbst ihr Holz klein zu machen. Die Haupt-Armen-Kasse erstattet der Arbeitshaus-Kasse den Hauerlohn nach mäßigen Sätzen, und erreicht dadurch mit geringen Mitteln einen guten Zweck. Das Arbeitshaus erhält eine neue Gelegenheit zur Beschäftigung seiner Leute, und einen neuen, wenn auch nur geringen Verdienst. Diese Einrichtung ist seit dem Jahre 1822 zur Ausführung gekommen.

Gipsklopfen.

11) Das Gipsklopfen. Es wurde im Jahre 1823 begonnen, und beschäftigte am Ende des Jahres 1824 zehn Mann, die ihre volle Verpflegungskosten mit 3 Sgr. 11 Pf. dabei verdienten. Die Gipssteine werden aus den städtischen Kalksteinbrüchen in Rüdersdorf gegen Bezahlung entnommen. Um sie zu stampfen, sind zwei große Apparate eingerichtet, in welchen die Arbeit durch die stärksten und rüstigsten Häuslinge verrichtet wird. Bedeutende Quantitäten sind nach Stettin, selbst einige nach Posen verschickt worden, und das Verlan-

gen danach hat sich so sehr vermehrt, daß im Jahre 1825 beschlossen wurde, im folgenden Jahre einen neuen Apparat anzuschaffen, um die Arbeit zu vergrößern, mehr Häuslinge dabei zu beschäftigen und zu jeder Zeit Vorrath zu halten, um jede Nachfrage befriedigen zu können. Der gestrichene Scheffel fein pulverisirten Gipses wird für 15 Sgr. im Arbeitshause verkauft, und bei größern Quantitäten nimmt die Administration der Anstalt guten Roggen, nach dem jedesmaligen Marktpreise, in Zahlung.

Fußdecken-Fabrikation.

12) Die Fußdecken-Fabrikation aus Tuchecken. Sie ist seit dem Jahre 1824 im Gange. Ein hiesiger Kaufmann hat dazu einen Webestuhl auf eigene Kosten einrichten, und die Arbeit durch seinen Werkmeister einüben lassen. Er liefert das Material und zahlt für die Fertigung bestimmte Preise, durch welche drei Personen ihre vollen Verpflegungskosten verdienen. Zu bedauern ist nur, daß wegen fehlenden Materials zuweilen Stockungen entstehen, die immer einige Schwierigkeiten herbeiführen.

Kranken-Transport.

13) Der Kranken-Transport ist eine im Jahre 1824 entstandene Einrichtung, die häufig in Anspruch genommen wird, und dadurch ihre Nützlichkeit bekundet. Die Ueberbringung solcher Kranken, die nicht gefahren werden können, nach der Charité oder anders wohin, geschieht mittelst eines Tragekorbs, wozu die nöthige Mannschaft im Arbeitshause immer bereit ist, gegen billige Lohnsätze für Zahlungsfähige, unentgeltlich

für Arme. Auch noch in andern Gegenden der Stadt sind ähnliche Einrichtungen getroffen worden.

Gewinn der Arbeit.

Diese verschiedenen Arbeiten und Beschäftigungen ohne die Bäckerei, haben der Anstalt während der Jahre $182\frac{2}{5}$ eine Einnahme verschafft von 23,302 Rthl. 8 Sgr. 1 Pf.
Durchschnitt . . . . 5,825 — 17 — = —
In den Jahren 1819, 1820 und 1821 war der höchste Verdienst jener des letzten Jahres 3127 Rthl. 27 Sgr. 6 Pf. Der Durchschnitt von den drei Jahren 2907 Rthl. 11 Sgr.; folglich ist der Durchschnitt der Jahre $182\frac{2}{5}$ noch einmal so hoch als jener der Jahre $18\frac{19}{21}$, wogegen die größere Bevölkerung der Anstalt während der Jahre $182\frac{2}{5}$ gegen jene der Jahre $18\frac{19}{21}$ und auch die größere Ausgabe für die Wollmaschinen außer Verhältniß bleibt. In der obigen Berechnung sind die für die Anstalt selbst gefertigten Arbeiten und geleisteten Dienste nicht begriffen. Haben diese die Einnahme nicht vermehrt, so haben sie doch die Ausgabe bedeutend vermindert, insbesondere ist die Haustischlerei in den Jahren $182\frac{2}{5}$ von großer Wichtigkeit gewesen, und von weit größerer Ausdehnung als in den Jahren $18\frac{19}{21}$. Sie hat zu den Statt gehabten Bauten und Ausbesserungen, zu der Vermehrung und Instandhaltung des Haus-Inventariums thätig mitgewirkt; sie hat an den verkauften Särgen einigen, wenn gleich unbedeutenden Gewinn geliefert; dieser, so wie der kleine Gewinn von Beerdigungsgeldern sind bei der obigen Summe außer Anschlag geblieben.

Haustischlerei.

Hauptnutzen

Aber der beste Gewinn ist, einer großen Anzahl Menschen, die sonst dem Staate wahrscheinlich in mehr der Anstalt. als einer Hinsicht zur Last gewesen seyn würden, Beschäftigung gegeben, Einigen durch Pflege und angemessene Arbeit das Leben erträglich gemacht, Andere durch Gewöhnung zur Thätigkeit, verbunden mit Unterricht und Beispiel, auf den Weg zur Besserung geführt, alle von Müßiggang, Bettelei und Lastern abgehalten, und so von unserer Gemeinde eine Geißel abgewendet zu haben, die in manchen großen Städten. nur zu fühlbar ist, wo die unterste Volksklasse unbeschäftigt, oft brodlos, die Plage der besseren Einwohner wird.

Aufforderung. Möchten unsere Mitbürger jede Gelegenheit benutzen, um die Thätigkeit unserer Anstalt zu beleben!

§. 7. Speisung.

Speisung im Allgemeinen. Da von den Häuslingen so viel Arbeit gefordert wird, als sie zu leisten vermögen, so ist es auch nöthig, sie mit nahrhafter und ausreichender Kost zu versehen. Diesem Gegenstande ist eine besondere Aufmerksamkeit gewidmet worden, um mit jenem Zwecke die möglichste Oekonomie zu verbinden. Für die erste Klasse. Für die erste Klasse wurde seit dem 1. April 1822 eine bessere Beköstigung eingeführt, die auch schon früher statt fand, aber in den Kriegsjahren wegen fehlender Geldmittel eingegangen war. Jetzt erhält jedes Individuum dieser Klasse außer der Morgensuppe und dem Mittagsgemüse wöchentlich viermal $\frac{1}{4}$ Pfund Fleisch, täglich ein Quart Bier und Abends Butter zu dem Brode. Dieselbe Kost erhalten Für die Sträflinge auch die Sträflinge im Lazareth, wenn der Arzt nicht eine besondere Diät vorschreibt. Die Speisen der er=

sten Klasse werden an den Fleischtagen, abgesondert von der übrigen Hauskost, bereitet, um die Fleischbrühe für das Gemüse der Ersteren zu benutzen. im Lazareth.

§. 8. Lazareth.

Das Lazareth ist durch einige nützliche Einrichtungen ausgestattet und verbessert, insbesondere mit einem vollständigen Rettungs-Apparat versehen worden. Nicht bloß die im Hause Erkrankten werden in das Lazareth aufgenommen, sondern auch unheilbare und mit übelriechenden Schäden behaftete Häuslinge. Diese werden aber auch, den Umständen nach, in anderen schicklichen Räumen der Anstalt untergebracht und zur Reinlichkeit angehalten, damit sie den andern Kranken nicht zur Beschwerde gereichen. Einrichtungen im Lazareth.

Die Zahl der im Lazareth behandelten Kranken war im Durchschnitt täglich: Zahl der Kranken im Lazareth.

im Jahre	1822	. .	23 Personen
— —	1823	. .	20 —
— —	1824	. .	22 —
— —	1825	. .	22 —

Diese Zahl, verglichen mit der Durchschnittzahl der Bevölkerung des Arbeitshauses, bringt die Zahl der täglich im Lazareth Behandelten auf 4$\frac{1}{8}$ vom Hundert: ein Resultat, was für eine so stark bevölkerte Anstalt um so günstiger ist, als die meisten der im Lazareth befindlichen Kranken unheilbar sind, so daß die Zahl der bloß auf kürzere Zeit darin befindlichen Kranken weit unter die Hälfte der oben angegebenen heruntersinkt.

Außer dem Lazareth.

Außer dem Lazareth wurden aber wegen kleiner Schäden und Unpäßlichkeiten, die kein Arbeits-Hinderniß sind, behandelt:

im Jahre	1822	. .	25 Personen
— —	1823	. .	29 —
— —	1824	. .	27 —
— —	1825	. .	26 —

Bemerkungen darüber.

Berücksichtigt man ferner, daß die Häuslinge mit weniger Ausnahme zu der untersten Klasse gehören, zum Theil auf der tiefsten Stufe der Sittenverderbniß stehen, schmutzig, mit Lumpen bedeckt, böse Ausdünstungen, oft Krankheitsstoffe verbreitend, hier ankommen, und daß die meisten von ihnen hier nur einen kurzen Aufenthalt finden, daß eine Entfernung aller der Gesundheit nachtheiligen Einflüsse bei diesen nicht möglich ist; so ist der Gesundheits-Zustand in der Anstalt während der Jahre 182⅖ sehr genügend.

Zur Charité abgelieferte Kranke.

Diejenigen Kranken, die in dem hiesigen Lazarethe nicht füglich behandelt werden konnten, Krätzige, mit Augen-Entzündung Behaftete u. s. w. wurden, auch um Ansteckung zu vermeiden, zur Charité gebracht, und nach erfolgter Heilung hierher zurückgeliefert.

§. 9. Sterblichkeit.

Zahl der Gestorbenen.

Gestorben sind:

im Jahre	1822	. .	26 Personen
— —	1823	. .	41 —
— —	1824	. .	32 —
— —	1825	. .	38 —

also 6½ vom Hundert der Bevölkerung. Wenn sich das Jahr 1823 durch die größte Sterblichkeit auszeichnet, so ist vielleicht beachtenswerth, daß in demselben 11 an Schlag- und Stickflüssen, 4 an epileptischen Krämpfen, 9 an Altersschwäche und 3 im zartesten Alter gestorben sind. Da das Arbeitshaus sowohl die liederlichsten und entnervtesten, als auch die hinfälligsten Leute, und in Ermanglung eines Siechenhauses Unheilbare aller Art aufnimmt, die oft in einem ganz erschöpften Zustande, dem Tode nahe, ankommen, so ist die Zahl der Gestorbenen nicht groß zu nennen, wenn man auch die andern oben erwähnten nachtheiligen Einflüsse in Anschlag bringt. Von den Gestorbenen war im Durchschnitt die Hälfte über 50 Jahre alt. Bemerkungen darüber.

§. 10. Gemüthskranke und Blödsinnige.

Die Zahl der aus der Charité zur Erleichterung derselben an das Hospital des Arbeitshauses abgegebenen Gemüthskranken und Blödsinnigen war in frühern Zeiten gering; sie betrug 25, als die Kommune das Arbeitshaus im Jahre 1820 übernahm; sie war aber Zahl der Blödsinnigen.

im Jahre	1822 . . .	47
— —	1823 . . .	68
— —	1824 . . .	85
— —	1825 . . .	55
am Ende	1825 blieben	51

Da die Bevölkerung des Arbeitshauses schon aus sehr verschiedenen Elementen besteht, so sind die Gemüthskranken für die Anstalt eine nicht geringe Last, Bemerkung darüber.

wenn gleich nur solche hierhin abgegeben werden sollen, die sich still verhalten und die Hausordnung nicht stören. Auch kann hier für diese Unglücklichen nur insofern gesorgt werden, als es die Verhältnisse einer, auf ganz andere Zwecke berechneten, gewöhnlich überfüllten Anstalt zulassen.

§. 11. Obdachlose Familien.

Zahl der Obdachlosen.

Wegen Obdachlosigkeit sind theils freiwillig, theils auf polizeiliche Requisitionen in das Arbeitshaus gekommen:

im Jahre.	Familien.	Köpfe.
1822	43	174
1823	74	301
1824	38	160
1825	71	292

Am Ende Dezember 1825 blieb Bestand: 5 Familien, 18 Köpfe stark, welche Anfangs Januar 1826 wieder entlassen worden sind. Eine nähere Untersuchung der Verhältnisse dieser Familien ergab, daß nur wenige durch Unglücksfälle, die meisten durch eigne Schuld, Nachläßigkeit oder Vertrauen auf öffentliche Hülfe, alle durch fehlende Geldmittel zur Berichtigung der Miethe, nicht wegen Mangels an Wohnungen, so weit gekommen waren, in dem Arbeitshause ein einstweiliges Obdach suchen zu müssen. Sobald nur das Geld zur Zahlung der Miethe beigeschafft war, konnten sie in der Regel auch wieder die Anstalt verlassen und neue Wohnungen beziehen. Um nun die im Anfange eines jeden Quartals entstehende große Ueberfüllung des Arbeits-

Grund der Obdachlosigkeit.

Unterstützung der Obdachlosen.

Grund der Unterstützungen.

beitshauses zu heben, den Ernährern der Familien, denen die Beischaffung des Geldes unmöglich war, die Rückkehr zu ihren bürgerlichen Gewerben zu erleichtern und die Last der Unterhaltung dem Arbeitshause abzuwenden und abzunehmen, mußten viele Obdachlose mit Geld unterstützt werden.

Betrag.

Diese Unterstützungen haben betragen:

im Jahre 1822 . .	102 Rthl.	9 Sgr.	9 Pf.
— — 1823 . .	305 —	15 —	= —
— — 1824 . .	140 —	8 —	9 —
— — 1825 . .	545 —	10 —	6 —

Die Zahl der Obdachlosen würde, bei dem Ueberflusse an Wohnungen, gering gewesen sein, wenn nicht seit einigen Jahren die Wirthe angefangen hätten, sich die Miethe vorausbezahlen zu lassen, und für den Mangel an Zahlung sich die sofortige Ausweisung des Miethers zu bedingen, wodurch Viele, bei der Unmöglichkeit, die Vorausbezahlung zu leisten, in die Verlegenheit der Wohnungslosigkeit kamen.

§. 12. Entlassene.

Zahl der Entlassenen.

Die Zahl der entlassenen Personen betrug:

im Jahre 1822 . .	2086
— — 1823 . .	2435
— — 1824 . .	2250
— — 1825 . .	2157
Zusammen	8928

Wohin sie abgegeben worden.

Von diesen sind zur Stadtvoigtei abgegeben 4085
entlassen mit Unterstützung 1200

entlassen ohne Unterstützung	1649
entwichen und vom Ausgange ausgeblieben . .	312
zur Charité gebracht	495
gestorben	137
obdachlose Familienglieder	909
ins neue Hospital versetzt	63
zum französischen Hospital abgegeben . . .	8
in Diensten oder bei Lehrherren untergebracht .	22
zum Waisenhause	14
zum Militairarrest	2
zum jüdischen Lazareth	2
an auswärtige Behörden	10
zu der vormaligen Stienauerschen Anstalt .	20
Summe	8928

wirkliche.

§. 13. Verpflegungskosten.

Nach einer von der Verwaltung der Anstalt uns eingereichten Nachweisung haben die Verwaltungs-Kosten, mit Zurechnung der aus den früheren Jahren übernommenen, und nach Abzug der auf die folgenden Jahre übergehenden Naturalien, betragen:

im Jahre	1822 . .	23788 Rthl	16 Sgr.	2 Pf.
— —	1823 . .	28194 —	6 —	6 —
— —	1824 . .	23402 —	1 —	3 —
— —	1825 . .	25309 —	20 —	4 —

In diesen Summen sind zwar die Kosten der Instandhaltung der Gebäude, aber nichts für das Gebäude selbst begriffen.

Verpflegt wurden, nach Tagen und Köpfen beberechnet:

im Jahre 1822 . . 165999 Personen.
— — 1823 . . 186241 —
— — 1824 . . 198264 —
— — 1825 . . 195171 —

Dies machte auf die Person:

	Täglich.			Jährlich.		
	Rthl.	Sgr.	Pf.	Rthl.	Sgr.	Pf.
im Jahre 1822	.	4	$3\frac{3}{5}$	52	9	6
— — 1823	.	4	$6\frac{1}{4}$	55	7	8
— — 1824	.	3	$6\frac{1}{2}$	43	2	6
— — 1825	.	3	$10\frac{11}{16}$	47	10	.

Die Rückerstattung der Verpflegungskosten kann von den dazu verpflichteten Gemeinden oder Individuen nur nach einer Durchschnittberechnung verlangt werden, und weil in dem Laufe eines Jahres eine solche Berechnung von demselben Jahre nicht angelegt werden kann, die Berechnung des nächstvorhergegangenen Jahres aber, wegen der höhern oder geringern Preise unanwendbar sein würde, so wird die Berechnung von mehrern Jahren zum Grunde gelegt, und nach dieser wurden während der Jahre $182\frac{2}{5}$ für den Tag und den Kopf 3 Sgr. 11 Pf. oder jährlich 47 Rthl. verlangt, hiervon aber alles abgerechnet, was das Individuum für welches gezahlt wird, durch Arbeiten verdient hat. rückzuerstattende.

Was an solchen Verpflegungskosten in den Jahren $182\frac{2}{5}$ eingegangen ist, weiset der 6te und 7te Titel der Einnahme in dem am Schluße dieses Abschnitts beigefügten **Extrakt über Einnahme und Ausgabe bei der Oeconomie-Kasse des Arbeitshauses** nach. rückerstattete.

§. 14. Haus-Inventarium.

Vervollständigung.

Bei dem Uebergang der Anstalt an die Kommune war das Haus-Inventarium sehr lückenhaft. Da die Vervollständigung desselben in den beiden ersten Jahren wegen der vielen andern dringenden Bedürfnisse nur zu einem geringen Theile möglich gewesen war, so blieb in den vier folgenden Jahren darin nicht nur vieles nachzuholen, sondern durch die Vermehrung der Häuslinge wurde auch die Vermehrung des Inventariums geboten. Die Häuslinge der ersten Classe, die Kranken im Lazareth und die Kinder haben jeder eine Bettstelle mit Unter- und Oberbette, Kopfkissen und Laken; die übrigen Bettstellen und die Peitschen werden nur mit Strohsäcken, Kopfkissen, Laken und wollenen Decken versehen. Um gehörig wechseln zu können, welches in jedem Saale alle sechs Wochen geschieht, sind die Ueberzüge, Säcke und Laken so vermehrt worden, daß diese Stücke für jede Lagerstelle ungefähr doppelt vorhanden sind. Die Zahl der Hemden für jeden Häusling ist von 2 auf 3 gebracht und die Kleidungsstücke sind nach dem Bedürfniß vermehrt worden, so daß jeder neu Ankommende mit der nöthigen Bekleidung versehen werden kann, und zwar verschieden für Winter und für Sommer.

§. 15. Neue Einrichtungen.

Vorsorge wegen Feuersgefahr.

Zur nöthigen Vorbereitung auf den Fall der Feuersgefahr ist der Löschapparat vermehrt und für die Einübung zu dem Gebrauche desselben gesorgt worden.

Zur bessern Erhaltung der Hausordnung ist eine große Uhr, die halbe und ganze Stunden schlägt, Morgens um 4 Uhr weckt und mit Sturmgeläute versehen ist, in einem Dachfenster nach dem Hofe zu aufgestellt und die Aufsicht darüber einem Unterbeamten aufgetragen worden. Bis zu dessen Stube geht der Zug des Sturmgeläutes, um im Nothfalle sogleich in Bewegung gesetzt werden zu können. Hausuhr.

Um die Züchtlinge bei jeder Gelegenheit beobachten und selbst die in der Regel bei ihnen befindlichen Aufseher controlliren zu können, sind sämmtliche Schlaf- Arbeits- und Aufenthalts-Säle mit kleinen runden Fenstern versehen worden, die nach außen eine kleine befestigte und leicht nach jeder Seite zu schiebende Klappe haben. Jeder auswärts vorübergehende Beamte kann nun leicht und kaum bemerkbar den ganzen Saal übersehen, und den Trägen oder Ruhestörer bemerken. Beobachtung der Züchtlinge.

Statt daß sonst, zumal in den Maschinen-Arbeits-Sälen, die Aufseher nur durch heftiges Schreien sich kaum verständlich machen konnten, sind Kommando-Zeichen, die durch gellende Pfeifen ertheilt werden, eingeführt und dadurch die Ordnung sehr befördert worden. Kommando-Zeichen.

Alle 2 Stunden tritt eine Unterbrechung der Arbeit von 5 bis 10 Minuten ein, um das Hin- und Herlaufen der Züchtlinge zu verhüten, die sonst jeden Augenblick unter allerlei Vorwänden die Arbeit verließen. Arbeits-Pausen.

Durch die eingerichteten zwei großen Waschbehälter ist es möglich geworden, daß 20 bis 30 Personen sich Waschen.

auf einmal waschen können, welches jetzt regelmäßig Morgens, Mittags und Abends vor Tische unter Aufsicht geschieht.

Im Allgemeinen.

Außerdem sind sehr viele andere nützliche Einrichtungen getroffen worden, die aber, als zu sehr ins Einzelne gehend, hier übergangen werden; nur wird es uns erlaubt sein, die allgemeine Versicherung zu geben, daß die Hauseinrichtungen am Ende der vier Jahre, von welchen wir reden, sich in einem weit vortrefflichern Zustande befunden haben, als am Anfange derselben.

§. 16. Baulichkeiten.

Außer den Ausbesserungen, welche der vernachläßigte Zustand der Gebäude, wie er im Jahre 1820 war, herbeiführte, und welche wegen der Betreibung neuer und erweiterter Geschäfte nöthig wurden, sind auch nicht unbedeutende Bauten ausgeführt worden, die auf die Beförderung der Hausordnung, wie auf die Pflege und Gesundheit der Häuslinge wesentlich abzwecken, und jedes der in Frage stehenden Verwaltungsjahre zeichnet sich durch solche Verbesserungen aus.

§. 17. Wohlthaten.

Bemerkung im Allgemeinen.

Es liegt in der Natur der Sache, daß die Mildthätigkeit des Publikums durch eine Anstalt, welche hauptsächlich dem selbst verschuldeten Elende zu steuern bestimmt ist, nicht auf eine vorzügliche Weise angeregt werden kann; dennoch ist das Arbeitshaus in den Jahren 182$\frac{0}{4}$ nicht ganz unbedacht geblieben und wir erfüllen eine angenehme Pflicht, indem wir der empfangenen Wohlthaten dankbar erwähnen.

Bei Gelegenheit der in den Jahren 1822 und 1823 veranstalteten städtischen Feierlichkeiten war verschiedene Leinwand gebraucht worden, die demnächst dem Arbeitshause übergeben wurde, nämlich: 20 Stück graue Leinwand, 20 Stück 26 Ellen grauer Zwillich, 2 Stück 28 Ellen blau und weiß gestreifter Zwillich. Die Leinwand wurde zu Unterfutter, der Zwillich zu Sommer-Hauskleidung und zu Lazareth-Schlafröcken verwendet. Wohlthaten. Von der Stadt.

Verschiedene Bäckermeister haben alte Backwaaren überschickt, wovon Suppen bereitet wurden. Ein hiesiger Kaufmann schenkte gebackenes Obst zur Erquickung der Kranken, ein anderer gab 165 Pfund Schnupftabak, welcher an Häuslinge der ersten Klasse vertheilt wurde. Ein Ungenannter ließ durch den Seilermeister Herrn Fehdeler der Hauskasse einen Zinscoupon über 10 Rthl. zustellen, die im Jahre 1824 zur Einnahme gekommen sind. Im Jahre 1825 sind von einer unbekannten Wohlthäterin eingesandt $1\frac{1}{3}$ Rthl., und von einem Ungenannten durch den Seilermeister Herrn Fehdeler zum Neujahr gegeben worden 10 Rthl. Von verschiedenen Bäckermeistern und Anderen.

§. 18. Rechnungswesen.

Im Jahre 1825 wurde ein neuer Etat angefertigt und demselben die Durchschnittsberechnung sämmtlicher Einnahmen und Ausgaben der 6 Jahre 1818 — 1823 zum Grunde gelegt. Die Durchschnittzahl der in diesen 6 Jahren verpflegten Personen betrug für 1 Jahr 489. Etats.

Der jetzige Etat ist auf 500 Personen berechnet und

Vergleichung der beiden letztern.

beträgt in Einnahme und Ausgabe . .	28259 Rthl.
der vorige im Jahre 1808 gefertigte, ebenfalls auf 500 Häuslinge berechnete Etat betrug	22188 —
der jetzige ist also höher um	6071 Rthl.

Erläuterung.

Zur Erläuterung dessen muß aber Folgendes bemerkt werden. Durch die ehemalige Verfassung der hiesigen Armenpflege wurden dem Arbeitshause mehrere Naturalien, als Holz, Arznei u. s. w. geliefert, die Kosten der baulichen Instandsetzungen wurden auf die Haupt-Armen-Kasse angewiesen; diese Gegenstände aber werden jetzt aus der Kasse des Arbeitshauses bestritten. In den Kriegsjahren hatte wegen Mangels an Fonds die allgemeine Bekleidung der Häuslinge eingestellt werden müssen, die nun wieder Statt hat. Mehrere neue Arten von Arbeiten sind eingeführt, und zur Betreibung derselben Material und Maschinen angeschafft worden, welche als durchlaufende Post durch die Rechnung gehen. Jetzt geht die Brutto-Einnahme und Ausgabe der Gesindescheine durch die Rechnung, statt daß ehemals nur der Gewinn mit 249 Rthl. 10 Gr. in Einnahme kam. Endlich sind die Besoldungen der Beamten erhöht worden.

Alle diese Vermehrungen der Ausgaben, wovon nur die letztern eine wirkliche, die andern aber nur an-

scheinende sind, betragen zusammen . . 10056 Rthl.
wird hiervon die Verschiedenheit des neuen
Etats gegen den alten abgezogen mit . 6071 —
so bleiben jetzt weniger . . . . . . 3985 —.
und zieht man auch hiervon noch die Vermehrung der Besoldungen ab, mit . . 2856 —
so ist der jetzige Etat um . . . . . 1129 Rthl.
geringer als der vorige, bei vermehrten Arbeiten und vergrößerten Besoldungen. Der Hauptgrund davon ist in den geringern Preisen der Lebensmittel, deren Berechnung dem letzten Etat zum Grunde liegt, zu suchen; man ist aber auch überall auf Ersparung bedacht gewesen, insofern diese mit einer guten Hausordnung vereinbar ist.

Rechnungslage.

Der Rendant hat seine Rechnungen über beide Kassen bis 1825 einschließlich gelegt.

§. 19. Vermögen.

Gebäude.

Das in der Alexanderstraße Nro. 3 und 4 gelegene Haus, gewöhnlich der Ochsenkopf genannt, mit seinen dazu gehörenden beträchtlichen Neben- und Hintergebäuden und Höfen ist das wichtigste Vermögensstück der Anstalt. Angelegt im Jahre 1756, zuerst bezogen im Jahre 1758 *), nach und nach durch neue Anlagen bedeutend vergrößert, und durch die in den letzten sechs Jahren vollführten Bauten in einen guten Stand gesetzt,

*) Vor dem Jahre 1758 war die Anstalt in einem Gebäude auf dem Belle-Alliance-Platz, damals das Rondeel genannt, in dem vormaligen mit einem Ochsenkopfe als Gewerkszeichen verzierten Schlächtergewerkhause.

würde dasselbe wenig zu wünschen übrig lassen, wenn die Räume der steigenden Anzahl der Häuslinge und der daher nothwendig gewordenen Ausdehnung der Arbeits-Anstalten genügten, und nicht endlich eine Vergrößerung unerläßlich machten.

Benutzung. Außer den zur Wohnung und Verpflegung der Häuslinge, zu den Haushaltungs- und Arbeits-Anstalten, zur Kirche und Schule und zu den Geschäften der Verwaltung benutzten Räumen, wird das Haus bewohnt von dem Inspector, dem Kontrolleur, dem Administrations-Sekretair, dem Hausvater, der Hausmutter, dem Spinnerei-Werkmeister, dem Schullehrer, dem Backmeister und 3 Gesellen, 5 Aufsehern und einer Aufseherin und dem Hausboten.

Kapitalien. Wegen der Kapitalien des Arbeitshauses wird auf dasjenige Bezug genommen, was wir darüber in der allgemeinen Uebersicht der Kapitalien aller unserer Verwaltung untergebenen Wohlthätigkeits-Anstalten gesagt haben. Die Zinsen dieser Kapitalien bilden den einzigen fixirten Einnahme-Posten; alle übrigen sind veränderlich.

Zinsen und andere Einkünfte. Zuschuß. Da aber die Einkünfte zur Deckung der Ausgaben bei weitem nicht hinreichen, so muß das Mangelnde aus der Haupt-Armen-Kasse zugeschossen werden. Dieser Zustand wird in monatlichen Ratis zur Oekonomie-Kasse abgegeben, und durch denselben werden auch die Zinsen der Kapitalien des Arbeitshauses gedeckt, welche die Armen-Direktion zur Haupt-Armen-Kasse einziehen läßt.

§. 20. Einnahme und Ausgabe.

Erläuterungen der Einnahme.

Zur Uebersicht des ganzen Kassenwesens und eines jeden einzelnen Einnahme- und Ausgabe-Postens wird ein Extract *) über Einnahme und Ausgabe bei der Oekonomie-Kasse des Arbeitshauses für die Jahre 182⅔ hierbei mitgetheilt, zur Erläuterung desselben jedoch Folgendes bemerkt.

Einnahme.

Zu 6. und 7. Zu dem ersten Titel werden die fixirten Kostgelder gerechnet, welche von Angehörigen der Hospitaliten für diese bezahlt werden; zu dem andern werden die liquidirten oder unbestimmten Kosten gerechnet, welche von auswärtigen Behörden für hier verpflegte Sträflinge eingefordert werden, ferner was aus den verkauften Nachlaß-Gegenständen der in der Anstalt verstorbenen Häuslinge herrührt.

Zu 9. Dieser Titel, dessen Betrag früher unter Bauten und Reparaturen begriffen war, ist, der bessern Uebersicht wegen, neu aufgestellt worden. Der Armenwächter-Wachtmeister empfängt in der Anstalt die Särge zu den Unglücksleichen, und bezahlt für jeden 2 Rthl. Daher diese Einnahme. Sie ist nothwendig geringer, als die in der Ausgabe Tit. 9. vorkommenden Summen für angekaufte Bretter; denn diese werden auch zu Särgen für die verstorbenen Häuslinge der Anstalt und zu andern Hausbedürfnissen verwendet.

---

*) S. Beilage E.

Zu 10. Diese Einnahme rührt theils von dem her, was Verwandte eines im Hospital Verstorbenen zu dessen Beerdigung hergeben, theils von den Beiträgen der Sterbekassen, zu welchen die Verstorbenen etwa gehörten.

Zu 11. Der Debit der Gesindescheine ist in der alten Gesindeordnung dem Arbeitshause beigelegt worden. Dieses hat den Stempel mit 5 Sgr. für jeden vorzuschießen, verkauft dagegen jeden Gesindeschein für 5 Sgr. 7½ Pf. An den vorgeschossnen Stempelgebühren wird aber auch noch eine Provision mit 2 vom Hundert von der Stempel-Kasse der Arbeitshaus-Kasse vergütet.

Zu 12. In dieser Einnahme sind einige baare Hinterlassenschaften von Hospitaliten begriffen.

Zu 13. Hierüber wird da, wo der Bäckerei gedacht wird, Auskunft gegeben werden.

Zu 14. Dieser Einnahme-Titel ist neu. Früher wurde der Küchenabgang unentgeltlich weggegeben, und man war oft froh, daß er nur abgeholt wurde; die Excremente flossen in den Stadtgraben. Jetzt ist bei Anfertigung der Schälung eine eigene Mistgrube angelegt worden, und Küchenabgang und Dünger sind im Jahre 1824 für jährlich 24 und 85 Rthl.; zusammen für 109 Rthl. verpachtet worden.

Zu 16. Hierüber wird bei Tit. 2. der Ausgabe geredet werden.

Ausgabe.

Erläuterungen über die Ausgabe.

Zu 1. Daß die Vorschüsse pro 1822 in Einnahme und Ausgabe gleich gewesen, ist Zufall, sonst muß die Ausgabe alle Jahr größer, wie die Einnahme seyn, weil mehrere Posten für verabreichte Kleidungsstücke und zur Schlafmiethe den entlassenen Häuslingen gezahlt, hier als Vorschuß verausgabt, bei den gefertigten Liquidationen ihrer Kosten dieser Vorschuß mit berechnet, und alsdann beim Eingang dieser Gelder summarisch unter Verpflegungskosten in Einnahme gestellt werden, mit Hinweisung auf den Ausgabe-Titel an Vorschuß.

Zu 2. Ist durchlaufende Post, welche der Armenkasse auf früher dem Arbeitshause geleistete Vorschüsse durch Abnahme von Kapitalien und Zinsen erstattet, und extraordinair in Einnahme und unter wiedererstattete Vorschüsse in Ausgabe gebracht ist, auf Ordre der Armen-Direktion.

Zu 7. Hospitaliten, welche im Hause kleine Dienste leisten, als Thorsteher, Nachtwächter, Lampenversorger, Holzwächter, Haustischler, Hausschneider ꝛc., erhalten monatlich 20, 15, 10 Sgr. oder noch weniger nach Verhältniß ihrer Dienste, als Recreationsgelder.

Zu 26. Die Ausgabe für Krüppelfuhren und Viatica wird, als nicht dem Arbeitshause zur Last kommend, seit 1822 von der Haupt-Armen-Kasse erstattet.

Zu 27. Vor dem Jahre 1824 wurde der Schornsteinfegerlohn unter dem Titel: **Besoldungen** begriffen, von welchem er nun getrennt ist.

Zu 28. Die kleinern Hausbedürfnisse wurden vor

1824 unter dem Titel: Extraordinair in Ausgabe gestellt.

Zu 43. Die Armenwächter (aber nicht die Stadt-Sergeanten) bekommen für jeden Bettler, welchen sie einbringen, 2½ Sgr.

Bäckerei des Arbeitshauses.

Beschäftigung der Bäckerei.

In der bei dem Arbeitshause bestehenden Bäckerei werden jährlich an 300 Wispel Roggen verbacken. Sie liefert außer dem Arbeitshause an die Königliche Charité, das große Friedrichs-Waisenhaus, das neue Hospital und seit 1824 auch an die Armen-Beschäftigungs-Anstalt den Brodbedarf für den selbstkostenden Preis.

Getreide und Mehl.

Besonders bemüht ist man gewesen, stets das beste Getreide anzukaufen, und das gewonnene Mehl ist durch den Zusatz von feinem schlesischen verbessert worden. Dieses Hülfsmittel war um so nothwendiger, als die Königl. Charité, das große Friedrichs-Waisenhaus, das neue Hospital und die Armen-Beschäftigungs-Anstalt fast nur weißes und Mittelbrod brauchen, und das Arbeitshaus nicht verhältnißmäßig genug Schwarzbrod consumirt, um die geringern Mehlgattungen ganz verwenden zu können. Wenn aber von den letztern übrig bliebe, so würde dies sehr nachtheilig seyn, und es muß daher Bedacht genommen werden, diesem durch Beimischung des feinern schlesischen Mehles vorzubeugen.

Ankäufe.

Die vortheilhaftesten Gelegenheiten zum Ankauf größerer Quantitäten Getreide und Mehl sind benutzt, und stets bedeutende Vorräthe gehalten worden, theils um den wohlfeilen Einkauf dadurch zu befördern, theils um den Bedarf auf längere Zeit sicher zu stellen.

In der Regel belaufen sich die als eisern zu betrachtenden Vorräthe auf 100 Wispel Roggen und 50 Wispel Mehl. Vorräthe.

Hierzu reicht das geringe Betriebs-Kapital nicht aus, und es hat daher die Arbeitshaus-Oekonomie-Kasse fast unausgesetzt vorschußweise aushelfen müssen. Diese Vorschüsse dauern jedoch in der Regel nur von einem Monat zum andern, und werden monatlich durch die Brodlieferungen auf Grund besondrer Liquidationen erstattet. Geldbeschaffung.

Es sind gebacken worden: Wieviel gebacken worden.

im Jahre	1822	. .	609,995	Pfund Brod
— —	1823	. .	647,955	— —
— —	1824	. .	688,083	— —
— —	1825	. .	665,012	— —
			2,611,045	Pfund Brod
Durchschnitt			652,761¼	Pfund

Der Durchschnitt der drei vorigen Jahre war 703,819 Pfund.

Den anzuerkennenden Bemühungen des Backmeisters ist es gelungen, fortgesetzt ein nicht nur tadelfreies, sondern sogar ein sehr schönes Brod zu liefern, welches in seinen drei Sorten wöchentlich des Mittwochs von der Armen-Direktion, und alle Sonnabend von den Curatoren des Arbeitshauses bei Gelegenheit der Haus-Conferenz an Ort und Stelle geprüft wird; eben so Güte des Brods.

sind die Preise des Arbeitshaus=Brodes monatlich mit denen der Stadtbäcker verglichen worden, und die erstern fielen stets um etwas geringer aus.

Brodpreise.

Die Durchschnittspreise des von der Arbeitshaus=Bäckerei gelieferten Brodes waren nämlich auf das Pfund:

im Jahre	Weißbrod	Mittelbrod	Schwarzbrod
	Spf.	Spf.	Spf.
1822	$8\frac{7}{8}$	$7\frac{7}{8}$	$6\frac{5}{12}$
1823	$9\frac{7}{12}$	$8\frac{13}{24}$	$7\frac{1}{12}$
1824	$8\frac{5}{6}$	$7\frac{1}{12}$	$4\frac{3}{4}$
1825	$7\frac{13}{16}$	$6\frac{3}{8}$	$4\frac{7}{12}$

Vortheile der Backanstalt.

Abgesehen von dem hieraus hervorgegangenen Vortheile, besteht der größere darin, daß sämmtliche Anstalten auf eine höchst regelmäßige und gleichartige Weise mit stets gleich gutem und nahrhaftem Brode versehen werden, und keiner Verlegenheit in dieser Beziehung ausgesetzt sind. Das Arbeitshaus gewinnt den Vortheil, für einen Theil seiner Bevölkerung eine Gelegenheit mehr zur Arbeit zu haben, die sich nicht nur beim Backen selbst, sondern auch beim Holz=, Getreide=, Mehl=, Brodtragen u. s. w. darbietet.

Einrichtung der Kasse.

Die Bäckerei=Kasse hat denselben Rendanten und denselben Controlleur, wie die Oekonomie=Kasse. Sie erhält sich selbst, und es wird darum für sie kein Etat angefertigt. Sie hat jetzt einen eisernen Kapitalfonds von 2350 Rthl., wovon 1000 Rthl. der Charité gehören. Diese 1000 Rthl. werden jährlich durch Quittungswechsel vereinnahmt und verausgabt, daher der Titel 6 der Einnahme und der Titel 4 der Ausgabe des hier beigefügten Extracts:

Die

Die Bäckerei-Kasse vergütigt der Oekonomie-Kasse das bei der Bäckerei verbrauchte Holz, welches summarisch bezahlt wird, trägt ein Drittel der Administrationskosten, vergütigt die Emolumente des Backmeisters, des Werkmeisters und zweier Gesellen, bezahlt die ganzen Verpflegungskosten der in der Bäckerei angestellten vier Gehülfen, welche aus Sträflingen der Anstalt bestehen, trägt die Miethe des Backlokals mit 50 Rthl. jährlich, und zahlt einen Beitrag zur Unterhaltung des Bäckerei-Inventarii. Dies sind die Regiekosten, welche vierteljährlich specificirt, und auf Ordre der Armen-Direktion bei der Bäckerei-Kasse verausgabt, bei der Oekonomie-Kasse vereinnahmt werden. Der Titel: Regiekosten ist im Etat und in den Rechnungen neu; noch im Jahre 1821 wurde der Betrag desselben unter dem Titel: Extraordinair mitbegriffen. Regiekosten.

Diese Kosten werden den Armen-Anstalten, welche aus der hiesigen Bäckerei Brod entnehmen, bei den Brod-Liquidationen monatlich in Anrechnung gebracht, und so von diesen Anstalten beim Brode mitbezahlt. Ersatz derselben.

Der hier beigefügte Extract *) zeigt die Einnahme und die Ausgabe der Bäckerei-Kasse von den Jahren 182⅔.

*) S. Beilage F.

Neunter Abschnitt.

Das neue Hospital.

Stiftung und Zweck.

Diese Anstalt, eine Stiftung Seiner jetzt regierenden Königlichen Majestät, ist bestimmt, unverheirathete, arbeitsunfähige und hülflose Personen unserer Kommune aufzunehmen, die nicht durch frühere Immoralität den Anspruch auf diese Wohlthat verscherzt und auch keine Verwandten haben, welche gesetzlich verpflichtet und im Stande sind, sie, sey es mit oder ohne Beihülfe aus dem Armenfonds, zu verpflegen, und jenen am Abend ihres Lebens einen Zufluchtsort zu gewähren, in welchem sie Aufenthalt und Pflege finden.

Frühere Verwaltung.

Früher stand das neue Hospital unter der Leitung des Königlichen Armen-Direktoriums, und wurde am 10. Januar 1820 der städtischen Armen-Direktion übergeben. Ueber die Verwaltung in den Jahren 1820 und 1821 haben die Stadtverordneten in ihrem mehrgedachten Berichte S. 125 ff. Auskunft ertheilt. Wir geben nun an, was in den vier folgenden Jahren geschehen ist, und in welchem Zustande sich die Anstalt am Ende des Jahres 1825 befunden hat.

§. 1. Curatorium und Administration.

Auch diese Anstalt steht unter der speziellen Aufsicht eines Curatoriums; ein Inspektor und ein Kontrolleur bilden die Administration.

§. 2. Beamte, Angestellte und Besoldungen.

Zur Bedienung der Kranken und Hinfälligen, zur Reinigung der Säle und zu andern häuslichen Arbeiten wurden sieben Aufwärterinnen gegen Kost und Lohn neu angestellt, außer den bis zum Jahre 1822 zu diesem Ende benutzten 9 Hospitaliten, die dafür jeder monatlich 1 Rthl. Vergütung bekommen. Auch sind außerdem, um eine größere Reinlichkeit zu bewirken, noch mehrere Kräfte in Thätigkeit gesetzt worden. Aufwärterinnen.

§. 3. Hospitaliten.

Am Ende des Jahres 1821 war das Haus für 330 Hospitaliten eingerichtet, und es waren deren 320 darin vorhanden, nämlich 116 Männer 204 Frauen. Seitdem sind aufgenommen worden: Zahl der Hospitaliten.

im Jahre	Männer	Frauen	Zusammen
1822	21	31	52
1823	38	32	70
1824	23	29	52
1825	27	57	84

Abgegangen sind:

im Jahre	Gestorben	freiwillig ausgetreten	in andere Anstalten gebracht	Zusammen
1822	54	6	17	77
1823	47	5	37	89
1824	36	3	15	54
1825	34	8	29	71

Es befanden sich in der Anstalt:

Am Ende des Jahres	Männer	Frauen	Zusammen
1822	107	188	295
1823	102	174	276
1824	99	175	274
1825	100	187	287

§. 4. Pflege.

Verspeisung. Die drückenden Zeitumstände früherer Jahre hatte eine solche Beschränkung herbeigeführt, daß der rechtliche Alte in dieser Anstalt nicht viel besser genährt war, als ein Sträfling anderwärts. Seit dem Anfange des Jahres 1822 ist ein neuer Verspeisungs-Etat eingeführt, und die Hospitaliten erhalten jetzt 1) gutes Mittelbrod, der Mann täglich 1, die Frau ¾ Pfund, die Kranken und Siechen aber weißes Brod; 2) gutes Bier, der Mann täglich 1, die Frau ¾ Quart; 3) jeder täglich ¼ Pfund Fleisch; 4) des Morgens Suppe, des Mittags mit dem Fleische, Suppe oder Gemüse, des Abends im Winter Suppe, im Sommer Butterbrod. Da die Brunnen des Hauses kein gutes Trinkwasser liefern, so wird dieses in erforderlicher Menge von den Hausknechten täglich angefahren, und den Hospitaliten überlassen.

Bekleidung. Diejenigen, welche Kleider nöthig haben, und sich solche nicht anschaffen können, werden damit von der Anstalt versehen, und auch hierin ist der Etat gegen früher erhöht worden.

§. 5. Lazareth.

Frühere Einrichtung. Ausgehend von dem Grundsatze, daß jeder Hospitalit der Anstalt so viel Dienste leisten müsse, als ihm seine Kräfte und Fähigkeiten erlauben, hatte man früher die Kranken mit den Gesunden zusammen in den nämlichen Sälen gelassen, und jedem schwachen Hülfsbedürftigen einen rührigen Nachbar zur Unterstützung zugewiesen. Da es sich aber zeigte, daß hierdurch für die Kranken und Schwachen nicht hinreichend gesorgt war, sich auch allmählig Ungebührlichkeiten eingeschlichen hatten, und so die ganze Anstalt fast nur ein einziges Krankenhaus war, so ist ein besonderes, mit allem Nöthigen versehenes Lazareth, aus zwei Sälen bestehend, der eine für Männer, der andere für Frauen, gebildet worden. Die hierher gelegten Personen erhalten eine eigne Kleidung; an jedem Bette ist ein kleiner Tisch angebracht; Bettschirme sichern die Kranken vor Zugluft, und entziehen ihnen den Anblick der Sterbenden. Der im Jahre 1824 angefertigte Etat ist auf 60 Kranke unter 330 Personen berechnet. Neue Einrichtung.

Die Absicht, das Lazareth der Aufsicht eines eigenen Hauschirurgus anzuvertrauen, konnte bis zum Ende des Jahres 1825 nicht erreicht werden, da sich aller Bemühungen ungeachtet kein passendes Subjekt hierzu finden lassen wollte. Hauschirurgus.

§. 6. Neue Einrichtungen.

Außer den zahlreichen kleinen Verbesserungen, welche die Anstalt während der Jahre 182⅔ erhalten hat, sind manche Haupteinrichtungen vorgenommen worden, welche auf das Ganze einen wesentlichen Einfluß gehabt haben. Dahin gehört, was zu Vermeidung des übeln Geruchs und zu Erhaltung gesunder Luft durch Entfernung nachtheilig einwirkender Gegenstände geschehen ist. Es ist ferner für zweckmäßige Unterbringung des kleinen Eigenthums der Hospitaliten, für Verbesserung der Waschanstalt, für Vermehrung der Bettwäsche gesorgt, auf die Abwehr der Sonnenhitze im Sommer Bedacht genommen, und die Erleuchtung verbessert worden.

§. 7. Haus-Inventarium.

Vermehrung der Leinwand.

Die Vermehrung der Leib- und Bettwäsche war ein dringendes Bedürfniß, um unter so vielen alten und schwachen Personen die nöthige Reinlichkeit zu erhalten. Die Zahl der Handtücher wurde darum verdoppelt, und für jedes Bett wurde ein dritter Ueberzug angeschafft, wozu allein im Jahre 1823 tausend Thaler von der Kommune bewilligt worden sind.

Betten.

Die kleinen eisernen versuchsweise benutzten Bettstellen, die Kopfpolster von Pferdehaaren, die Matratzen von Seegras und die wollenen Decken sind wieder abgeschafft worden, da die alten Leute, die ihr ganzes Leben lang in Betten geschlafen hatten, sich nicht daran gewöhnen konnten, diese zu entbehren. Es sind darum alle noch vorräthig gewesene Betten gereinigt, in Stand gesetzt und die Bettlagerstellen vollständig ergänzt worden.

Ergänzung des Haus-Inventariums.

Zur Ergänzung und Instandhaltung des Haus-Inventarii sind in dem jetzigen Etat 100 Rthl. ausgeworfen; in dem frühern war nichts dafür angesetzt.

§ 8 Verpflegungskosten.

Nach den von der Administration vorgelegten Berechnungen haben die Verpflegungskosten eines Hospitaliten betragen im Jahre 1822 57 Rthl. 4 Sgr. 5 Pf. wirkliche.

im Jahre	1822	57 Rthl.	4 Sgr.	5 Pf.
	1823	55 —	25 —	11 —
	1824	51 —	13 —	9 —
	1825	47 —	15 —	2 —

es ist aber hierin nichts für die Benutzung des Hauses begriffen.

Auf den Grund einer frühern Durchschnitts-Berechnung sind in den wenigen Fällen wo die Verpflegungskosten vollständig eingezogen werden konnten, jährlich 56 Rthl. liquidirt worden. liquidirte.

Zuweilen lassen sich Angehörige oder Freunde eines aufzunehmenden oder aufgenommenen Hospitaliten willig finden, einen Verpflegungsbeitrag zu leisten; auch giebt es alte Leute, die einiges, aber zu ihrem Unterhalt unzureichendes Vermögen besitzen, und dieses dem Hospital bei dem Eintritt hergeben, andere, aus deren Nachlaß dem Hospital einiger Zuschuß erwächst. Sind Hospitaliten bei Sterbekassen berechtigt, so fallen auch die daher kommenden Beiträge dem Hospital gesetzlich zu. Verpflegungs-Beiträge.

§. 9. Nachlaß von Almosen-Empfängern.

Auf den Nachlaß eines verstorbenen Almosen-Empfängers hat die Armenkasse ein Erbrecht. Von den betreffenden Armen-Kommissionen werden in vorkommenden Fällen die in dem Nachlasse befindliche Baarschaften an die Haupt-Armen-Kasse, die übrigen Gegenstände in das bei dem neuen Hospital errichtete Magazin abgeliefert, die Hospital-Verwaltung verkauft dieselben um Ostern und Michälis jeden Jahres öffentlich meistbietend, und bringt den Erlös zur Einnahme.

Dagegen sind aus dem Vermögen verstorbener Hospitaliten der Anstalt folgende Zugänge erwachsen:

im Jahre 1822	. .	250 Rthl.
1824	. .	325 —
1825	. .	200 —
welche		775 Rthl.

zinsbar belegt, und bei dem Kapital-Vermögen in Zugang gekommen sind.

§. 10. Wohlthaten.

Im Jahre 1822 fiel dem Hospital ein Legat des Herrn Rosenfeld von 100 Rthl. zu.

Im Jahre 1822 wurden der Anstalt 165 Pfund Schnupftaback zur Vertheilung an die Hospitaliten geschenkt.

Die Jubelfeier des Königl. Geheimen Medizinalraths Dr. Heim gab einem Freunde desselben Veranlassung, die Hospitaliten mit Braten, Kuchen und Wein zu speisen, und der menschenfreundliche Jubilar erwiederte diese ihm zu Ehren veranstaltete Festlichkeit durch eine gleiche.

In den Jahren 1823 und 1824 erhielt die Anstalt eine nicht unbedeutende Quantität Gesundheitsgeschirr.

Im Jahre 1824 wurde den Hospitaliten ein ausgeschlachtetes Schwein geschenkt, welches 131 Pfund wog, und zu einer Sonntags-Mahlzeit, ohne Abzug der gewöhnlichen Tageskost, zum größern Genusse der Hospitaliten verwendet wurde.

Ein anderer Wohlthäter speiste am 26. Dezember 1823 die Hospitaliten mit Gänsebraten, Kuchen und Wein, und am 1. Januar 1824 ertheilte er denselben ein Geldgeschenk, nämlich 5 Sgr. jedem Kranken im Lazareth, 2½ Sgr. jedem andern Hospitaliten.

Im Jahre 1825 sind an die Hospitaliten vertheilt worden: ein Gnadengeschenk Ihrer Königl. Hoheit der Prinzessin Luise von Preußen von 150 Rthl. und zwei andere Geschenke eines Wohlthäters von 23 Rthl. 7½ Sgr. und von 73 Rthl. 22½ Sgr.

Die Jubelfeier der 25jährigen Regierung Sr. Majestät des Königs, der Einzug der Frau Kronprinzessin in unsere Stadt und in jedem Jahre der 3. August wurden für unsere Hospitaliten durch festliche Speisung ausgezeichnet, wozu die Kommune ein Extraordinarium hergab.

§. 11. Rechnungswesen.

Im Jahre 1824 ist ein neuer Etat angefertigt worden, worin die Ausgabe für 330 Personen auf 18969 Rthl. 28 Sgr. 5 Pf. angeschlagen worden, und auf eben so hoch die Einnahme, mit Einschluß des Zuschusses aus der Haupt-Armen-Kasse. Der frühere Etat für die Jahre 180⅞ war für 285 Personen auf 15159 Rthl. 12 Sgr. 11 Pf. berechnet. Die jetzige Mehrausgabe entspringt aus der größern Personenzahl, aus der verbesserten Wartung, Speisung und Bekleidung, aus der Vermehrung der Besoldungen und Löhne, und daraus, daß der Anstalt früher die Brennmaterialien unentgelt- Etat.

lich geliefert wurden, die jetzt aus der Kasse bezahlt werden müssen, wofür allein eine Mehrausgabe von 1132 Rthl. 14 Sgr. 2 Pf. berechnet ist.

Zuschuß aus der Haupt-Armen-Kasse.

Der Zuschuß, berechnet zu 16782 Rthl. 28 Sgr. 5 Pf., deckt zugleich die zur Haupt-Armen-Kasse fließenden Zinsen von 5050 Rthl. Kapital, dem neuen Hospital zuständig.

Rechnungslegung.

Der Rendant hat seine Rechnung bis 1825 gelegt.

§ 12. Vermögen.

Haus.

Das Gebäude, in welchem sich die Anstalt befindet, wurde zur Errichtung derselben im Jahre 1798 von des Königs Majestät geschenkt, und hat in dem Jahre 1822 sehr bedeutende Ausbesserungen erhalten. In demselben wohnen, außer den Hospitaliten, der Inspektor, der Controlleur, die Oekonomin, der Thürhüter, der Bote, der Nachtwächter, der Brodschneider, der Reinlichkeits-Aufseher und sämmtliche Domestiken.

Einnahme und Ausgabe.

Der hier beigefügte Extract *) über Einnahme und Ausgabe bei der Kasse des neuen Hospitals für die Jahre 1822 bis 1825 weiset die wirklichen Einnahmen, Ausgaben und Zuschüsse in jedem dieser Jahre nach.

*) S. Beilage G.

Zehnter Abschnitt.

Das Dorotheen-Hospital.

Als Berlin unter der orreichen Regierung des großen Churfürsten volkreicher und blühender ward, strömten Fremde aller Art dahin, und wenn die Aermeren unter denselben erkrankten, wollte sich oft Niemand ihrer annehmen. Um diesen Unglücklichen die nöthige Hülfe zu verschaffen, wurde im Jahre 1672, auf den Antrag des damaligen Hofpredigers Benjamin Ursinus, die Gründung eines Hospitals Allerhöchsten Orts genehmigt, und so entstand die älteste von allen, der Verwaltung der hiesigen Armen-Direction anvertrauten Anstalten. Das noch gegenwärtig zu derselben gehörige und im Jahre 1674 vollendete Haus steht am östlichen Ende des Georgen-Kirchhofs; es wurde nach der zweiten Gemahlin Friedrich Wilhelms des Großen, der Churfürstin Dorothee benannt, weil diese zu dessen Aufbau die meisten Beiträge hergegeben hatte und gewissermaßen als die Stifterin desselben zu betrachten ist. Das Hospital erwarb bald, theils durch Geschenke, theils durch Kauf mehrere Acker- und Weinbergsstücke, die, nachdem die letztern gegen Ackerstücke vertauscht worden waren, ursprünglich auf Zeit verpachtet, demnächst aber im Jahre 1773 für einen jährlichen Kanon von 388 Rthl. in Erbpacht gegeben wurden. Aus dieser Einnahme werden noch jetzt, in Verbindung mit den Zuschüssen aus der Haupt-Armen-Kasse, die Bedürfnisse dieser Anstalt bestritten.

Die Aufsicht über dieselbe führte bei ihrer Entstehung der Hofprediger Ursinus bis zum Jahre 1706, dann wurde sie den Deputirten des Armenwesens übergeben, von welchen sie demnächst auf das Königl. Armen-Directorium und von diesem im Jahre 1820 auf die städtische Armen-Direction überging.

Die vorangeführte, ursprüngliche Bestimmung dieser Anstalt machte es nothwendig, im Jahre 1711 einen Theil derselben zu Behältnissen für irre Personen einzurichten und dergleichen darin aufzunehmen; nachdem aber die Kranken in der Königl. Charité und die Irren im Irrenhause ein besseres Unterkommen gefunden hatten, wurde das Hospital für alte arme, der hiesigen Kommune zugehörige Wittwen bürgerlichen Standes bestimmt. Nur 12 Hospitalitinnen fanden damals Aufnahme und sie erhielten bis zum Jahre 1808 nur die freie Wohnung und das benöthigte Holz; vom October 1808 an wurde aber jeder Hospitalitinn noch täglich 1 Sgr. 3 Pf. zu anderweitigen Bedürfnissen verabreicht, welche Geldunterstützung späterhin auf 1 Rthl. 7 Sgr. 6 Pf. monatlich fixirt worden ist.

Die von den Hospitalitinnen nicht besetzten Räume des Hauses bewohnte ein Officiant des Königl. Armen-Directorii als Aufseher (Hausvater) der Anstalt. Späterhin vermehrte sich die Zahl der Hospitalitinnen bis auf 15 und diese Zahl ist bis zum Jahre 1820, als dem Zeitpunkte des Eintritts der städtischen Verwaltung, beibehalten worden.

Bei der zunehmenden Bevölkerung der Residenz war es nothwendig, in allen Armen-Anstalten die möglichste Raumbenutzung eintreten zu lassen, und da im Dorotheen-Hospitale noch zwei neue Zimmer angelegt werden konnten, und ei. drittes durch ein Abkommen mit dem damaligen Hausvater disponibel wurde, so konnte im Jahre 1823 die Zahl der Hospitalitinnen, welche immer drei in einer Stube wohnen, bis auf 24 erhöhet und seitdem immer erhalten werden.

Der zu dieser Vergrößerung der Anstalt nothwendige Bau hat 486 Rthl. gekostet.

Zur Aufnahme in dieses Hospital sind, nach den neuesten Bestimmungen, nur geeignet:

> alte Personen weiblichen Geschlechts, die nur wenig Arbeitsfähigkeit besitzen, einige Unterstützungen von Privat-Wohlthätern erhalten, oder sonstige unzureichende Zugänge haben, einen anständigen Lebenswandel führen, und nur im Stande sind zu bestehen, wenn ihnen Obdach und einige Beihülfe gewährt wird.

Außer den bereits angeführten Benefizien an Wohnung, Feuerungs-Material und Geld, erhalten die Hospitalitinnen in Krankheitsfällen freie ärztliche Hülfe und Medizin und bei sonstigem Bedürfnisse auch mitunter wiewohl nur ausnahmsweise, einige Beihülfe durch Bewilligung von Bekleidungs- oder Lagerstücken, und dergl. Am Geburtstage Seiner Majestät des Königs und bei Gelegenheit anderer vaterländischer Feste sind sie in den letzten Jahren durch Geldgeschenke erfreuet worden.

Als Hausvater wohnet gegenwärtig in der Anstalt ein ehemaliger und jetzt pensionirter Bote der Armen-Verwaltung, welcher für die zu führende Aufsicht nur freie Wohnung und Brennmaterial erhält.

Einen eigenen Etat hat das Dorotheen-Hospital nicht. Einnahmen und Ausgaben werden bei der Haupt-Armen-Kasse berechnet, welche jedoch das Vermögen der Anstalt abgesondert verwaltet. Zu dem letztern gehört nur das Grundstück des Hospitals selbst, die vorerwähnte Erbpacht von 388 Rthl. jährlich, ein Canon von 3 Rthl. jährlich, welchen ein Ackerbürger wegen im Jahre 1789 erhaltener Erlaubniß zum Aufbau einer Scheune auf dem ehemaligen Acker des Hospitals, entrichtet, und ein kleines Kapital von 525 Rthl. in Staatsschuldscheinen incl. 50 Rthl. Berliner Stadtobligationen, welches durch Eintrittsgelder der Hospitalitinnen in neuerer Zeit gebildet ist, und von welchen die letzteren den lebenslänglichen Zinsgenuß haben. Ueber die Entstehung und den Zweck dieser Eintrittsgelder ist in dem Berichte über das Splitthaus das Nöthige angeführt. Nach den dort entwickelten Grundsätzen wird auch bei dem Dorotheen- und bei dem Koppenschen-Hospitale verfahren, weshalb hier auf jene Auseinandersetzung des obwaltenden Verhältnisses Bezug genommen wird.

Extraordinaire Einnahme hat das Dorotheen-Hospital nur zuweilen durch die demselben zufallenden, meistens sehr geringfügigen, Nachlässe der Hospitalitinnen, welche verpflichtet sind, die Erbentsagungs-Acte bei ihrer Aufnahme auszustellen. Auf diese Weise erhielt die Anstalt nur

im Jahre 1823	.	51 Rthl.	21 Sgr.	3 Pf.
und im Jahre 1825	.	3 —	29 —	= —

Die Ausgaben sind dagegen bedeutend höher als die vorerwähnten Einnahmen, und folglich muß die Haupt-Armen-Kasse ansehnlich zuschießen.

Es wurden verausgabt:

		Rthl. Sgr. Pf.	Zuschuß aus der Haupt-Armenkasse. Rthl. Sgr. Pf.
Im Jahre 1822 incl. 198 Rthl. Baukosten		737 24 5	
Eingenommen nur an Erbpachtzins		391 = =	
			346 24 5
Im Jahre 1823 incl. 486 Rthl. Baukosten		968 17 =	
Eingenommen:			
Erbpachtzins	391 = =		
Aus den Nachlässen	51 21 3		
		442 21 3	
			525 25 9

		Rthl. Sgr. Pf.	Zuschuß aus der Haupt-Armenkasse. Rthl. Sgr. Pf.
Im Jahre 1824			
incl. 150 Rthl. Baukosten		657 3 =	
Eingenommen nur an Erbpachtzins		391 = =	
			266 3 =
Im Jahre 1825			
incl. 58 Rthl. Baukosten		556 23 6	
Eingenommen:			
Erbpachtzins	391 = =		
Aus den Nachlässen	3 29 =		
		394 29 =	
			161 24 6
Summe des Zuschusses aus der Haupt-Armen-Kasse in den Jahren 1822 bis 1825 inclusive			1300 17 8

und folglich im Durchschnitt jährlich in runder Summe 325 Rthl.

Repartirt man diese Summe auf die 24 Hospitalitinnen, so beträgt dies jährlich auf jede etwa 13½ Rthl. wogegen, wenn man die vollen Summen aller Ausgaben berechnet, nämlich:

pro 1822 . . .	737 Rthl.	24 Sgr.	5 Pf.
— 1823 . . .	968 —	17 —	= —
— 1824 . . .	657 —	3 —	= —
— 1825 . . .	556 —	23 —	6 —
Summe	2920 Rthl.	7 Sgr.	11 Pf.

als=

alsdann die jährliche Durchschnitts = Summe
sich auf circa . . . . 730 Rthl.
und der jährliche Bedarf einer Hospitalitin sich
auf etwa . . . . $30\frac{1}{2}$ Rthl.
beläuft.

Hiernach hat eine Hospitalitin des Dorotheen-Hospitals ungefähr halb so viel, als eine solche im neuen Hospitale gekostet.

In den künftigen Jahren muß sich jedoch ein viel günstigeres Verhältniß ergeben, da in den Jahren 1822, 1823 und 1824 die Baukosten so bedeutend waren, welches, nachdem nunmehr das Gebäude vollständig in guten Stand gesetzt worden ist und darin künftig auch erhalten werden wird, nicht mehr vorkommen kann. Es wird also das Ergebniß des Jahres 1825 einen Maaßstab der künftigen Verwaltungs = Kosten abgeben und der Kommunal-Zuschuß dürfte mithin in den folgenden Jahren auf 150 bis 200 Rthl. anzunehmen sein, und dann jede Hospitalitin der Kommune nur jährlich 6 bis 8 Rthl. kosten.

Eilfter Abschnitt.

Das Spletthaus-Hospital.

Diese Anstalt liegt am Georgen-Kirchhof, dem Dorotheen-Hospitale gegenüber, von welchem es durch die große Georgen-Kirchgasse getrennt wird.

Ueber den zweifelhaften Namen und Ursprung, so wie über die früheren Verhältnisse dieses Hospitals sind nur unzuverlässige Notizen vorhanden. Es soll seinen Ursprung zweien alten Leuten zu danken haben, die sich von Splettreißen ernährten, und nach deren Bestimmung es zur Wohnung für 12 alte Frauen vorbehalten ist. Im Jahre 1718 wird es Splett- und Pestilenz-Haus genannt, welche letztere Benennung auch auf einen anderen Ursprung schließen läßt. So viel ist gewiß, daß es seit undenklichen Zeiten dem Patronate des hiesigen Magistrats unterworfen gewesen, im Jahre 1754 aus eigenen Mitteln neu erbaut, und stets durch 12 arme Wittwen bewohnt worden ist.

Nachdem mit dem Jahre 1820 die Verwaltung des Armenwesens eine Kommunal-Angelegenheit geworden war, übernahm die Armen-Direktion um die Mitte des Jahres 1821 die, bis dahin vom Magistrate geführte Verwaltung des Spletthauses.

Aufseher und Rendant der Anstalt war damals, und ist auch zur Zeit noch, einer unserer achtungswerthesten Mitbürger, welcher dieses Ehrenamt mit vieler Vorliebe verwaltet.

Bei der Uebernahme dieser Anstalt Seitens der Armen-Direktion, bewohnten die 12 Hospitalitinnen nur die 4 Zimmer des Erdgeschosses und die in der 2ten Etage belegenen vier Wohnungen waren vermiethet. Durch Kommunal-Beschluß wurde dieses Miethsverhältniß im Jahre 1823 aufgehoben, und das hierdurch frei gewordene Lokal, nach der in demselben Jahre vollführten baulichen Einrichtung *) desselben, zu den Zwecken der Anstalt bestimmt. Diese konnte sich nun um 12 Hospitalitinnen vermehren, über deren Verhältnisse bestimmte Verwaltungsnormen festgesetzt wurden. Nach denselben gehört zur Aufnahme, außer der allgemeinen, auch auf das Dorotheen-Hospital Anwendung findenden Qualifikation der Bewerberinnen, ein Alter von 60 Jahren. Ist in besondern Fällen die Aufnahme einer jüngern Person nothwendig, so kann dies nur mit Genehmigung des Magistrats geschehen.

Dem Vorsteher steht es frei, Vorschläge über die Besetzung der vakant werdenden Stellen zu machen; die

*) Diese bauliche Einrichtung hat 321 Rthl. 10 Gr. 3 Pf. gekostet.

Besetzung bleibt aber der Armen-Direktion vorbehalten, welche jedoch sein Gutachten in den einzelnen Fällen erfordert, und seine Mitwirkung in allen Angelegenheiten dieses Hospitals eintreten läßt. Der Vorsteher ist überdies dem Hausvater der Anstalt unmittelbar vorgesetzt, er führt die Kontrolle über ihn, besucht und inspicirt die Anstalt nach Bewandniß der Umstände, zahlt die Unterstützungen an die Hospitalitinnen aus und verwaltet die Kasse.

Sämmtliche Hospitalitinnen müssen die Erbentsagungsakte ausstellen, die etwanigen Sterbekassen-Gelder werden aber, so weit es nöthig ist, zu ihrem anständigen Begräbnisse verwandt. Findet es sich nach der Aufnahme, daß sie sich nicht für die Anstalt eignen, so können sie wieder daraus entfernt werden.

An Benefizien erhält jede Hospitalitin Wohnung, (drei in einem Zimmer) Feuerung, und wöchentlich 2½ Sgr. Geldunterstützung; auch wird in Allem jährlich, nach einem alten Gebrauche, 6 Rthl. sogenanntes Semmelgeld für die drei hohen Festtage, unter alle Hospitalitinnen vertheilt.

Außerdem wird diesen alten Frauen in Krankheitsfällen, oder wenn sie in sonstiger Verlegenheit sich befinden, die nöthige Beihülfe in eben der Art, wie im Dorotheen-Hospitale gewährt, so wie denn auch gleich diesen, bei Gelegenheit des Geburtstages Sr. Majestät des Königs und anderer vaterländischen Feste, mit Geldbewilligungen, in Stelle sonst üblicher und hier nicht gut ausführbarer festlicher Bewirthungen, alle jährlich erfreut worden sind.

In früherer Zeit wurde diese kleine Anstalt hauptsächlich aus dem Ertrage der vermietheten Wohnungen und nebenher aus dem geringen Einkommen einer im Marien- und Nicolai-Kirchsprengel vollführten Kollekte erhalten. Die Kämmerei lieferte jährlich einen Haufen Holz und einen Haufen Torf, und das eigene Vermögen der Anstalt gewährte, als sie auf die Armen-Direktion überging, einen jährlichen Zinsgenuß von 45 Rthl.

Bei der neuen Einrichtung gingen die Miethen mit jährlich 80 Rthl. verloren, und die Hauskollekten, welche nach Abzug der Erhebungsgebühren nur etwa 8 bis 10 Rthl. jährlich einbrachten, wurden, als eine den Einwohnern lästige, und dem Zwecke nicht entsprechende Bettelei, abgeschafft. Eben so wurde die Verabfolgung des bisherigen Brennmaterials aus der Kämmerei eingestellt und der Anstalt überlassen, es aus eigenen Mitteln sich zu beschaffen *). Es mußten ferner die Unterstützungen, welche die Hospitalitinnen erhalten, bei der verdoppelten Zahl derselben, gleichfalls verdoppelt, und eben so mußte das Brennmaterial auf das zwiefache des ursprünglichen Betrages gebracht, endlich aber eine unmittelbare Beaufsichtigung der Anstalt angeordnet werden, welches früher nicht so nothwendig war, als einer der Miether zum Vicewirth bestellt wurde, und

*) Die Armen-Direktion überläßt es ihr für den Einkaufspreis aus den allgemeinen Armen-Brenn-Materialien-Beständen.

die geringere Zahl der Bewohnerinnen des Hauses eine ausgedehntere Fürsorge entbehrlich machte. Wohnen 24 alte, zum Theil grämliche und hinfällige Leute zusammen, so muß, um Ordnung, Reinlichkeit und Frieden zu erhalten, und um ihnen in ihren Anliegen und Nöthen einen Anhalt und Vermittler zu gewähren, ein Hausvater vorhanden seyn, der zugleich als Vicewirth die polizeilichen und sonstigen Pflichten des Hausbesitzers erfüllt. Man übertrug daher dem Hausvater des angränzenden Dorotheen-Hospitals gleichzeitig die Aufsicht im Spletthause, und setzte ihm dafür eine jährliche Remuneration von 24 Rthl. aus.

Die sonach verminderten Einnahmen und vermehrten Ausgaben führten die Nothwendigkeit herbei, das Hospital mit einem besondern Zuschusse zu versehen, welcher auf 220 Rthl. jährlich durch Kommunal-Beschluß festgestellt, und seit dem 1. Januar 1824 aus der Haupt-Armen-Kasse an die abgesondert verwaltete Spletthaus-Kasse gezahlt worden ist. Der Etat der Spletthaus-Kasse bildete sich dahin:

Einnahme.

1) An Zinsen von 1050 Rthl. Kapital . .	45 Rthl.
2) Zuschuß aus der Haupt-Armen-Kasse .	220 —
Summa	265 Rthl.

Ausgabe.

1) An 24 Hospitalitinnen wöchentlich 2 Rthl.	104 Rthl.
Denselben Semmelgeld	6 —
Latus	110 Rthl.

	Transport	110 Rthl.
2) Brenn-Material		
2 Haufen Kiehnholz à 22 Rthl. . . .		44 —
2 Haufen Torf à 10 Rthl.		20 —
Für Fuhr-, Hauer- und Trägerlohn . .		20 —
3) Zu kleinen Bauten und Reparaturen .		30 —
4) Dem Rendanten zu Schreibmaterialien .		5 —
Dem Hausvater		24 —
5) Insgemein		12 —
	Summe wie oben	265 Rthl.

Nach diesem Etat ist die Anstalt seit dem 1. Januar 1824 verwaltet worden. Die Stellen sind in demselben mit wenigen durch Abgang entstandenen Unterbrechungen, vollzählig besetzt gewesen, und es hat sich durch die Erfahrung bestätigt, daß dieses kleine Institut mit den vorhandenen beiden ähnlichen *) um so nützlicher war, als sonst die Mehrzahl der dort aufgenommenen Personen dem neuen Hospitale zur Last gefallen wäre, woselbst die Hospitaliten Kost und Kleidung erhalten, und mithin der Armen-Verwaltung bedeutend mehr kosten, der dortigen Raumbeschränkung nicht zu gedenken.

Als die Armen-Direktion die Verwaltung des Splitthauses übernahm, waren die Rechnungen desselben nur bis zum Jahre 1820 dechargirt; die nachfolgenden sind aber demnächst bis inclusive 1825 gleichfalls gelegt, richtig befunden, und durch die Kommune dechargirt

*) Dorotheen- und Koppensches Hospital.

worden. Bei der Einfachheit derselben geben sie keine Veranlassung zu besondern Erörterungen. Nur die Rechnung pro 1824 enthält einen extraordinairen Zuschuß von 300 Rthl. aus der Haupt-Armen-Kasse zur Bestreitung der Kosten der vorerwähnten im Jahre 1823 vollführten baulichen Einrichtung.

Das Kapital-Vermögen der Anstalt hat sich seit 1823 bis auf Höhe von . . . . 1725 Rthl.
und da es damals sich auf . . . . . . 1050 —
belief, um . . . . 675 Rthl.
inclusive 575 Rthl. Staatsschuldscheine vermehrt, da mehrere der Hospitalitinnen ihre, für das Alter gesammelten Ersparnisse, bei ihrer Aufnahme als Antrittsgeld eingezahlt haben, von welchem sie die Zinsen auf Lebenszeit erhalten, damit die Früchte ihrer Sorgsamkeit ihnen zu Theil werden.

Obgleich die Anstalt niemals von der Einzahlung eines solchen Eintrittsgeldes die Aufnahme abhängig macht, vielmehr hierbei lediglich auf Bedürftigkeit und Würdigkeit Rücksicht nimmt; so hat man doch geglaubt, in Fällen wo es anging, von den erfolgten Anerbietungen Gebrauch zu machen, da sonst die, der Aufnahme bedürftigen Leute sich genöthigt gesehen hätten, ihre Ersparnisse in kurzer Zeit zuzusetzen, und dann doch den Armen-Anstalten zur Last zu fallen; wogegen ihnen auf die angeführte Weise der Zinsgenuß auf Lebenszeit verbleibt, und nach ihrem Tode anderen Armen wieder zu Gute kommen wird, was ihnen bis an das Ende wohlthätig gewesen ist.

Wenn daher auch gegenwärtig das vermehrte Kapital-Vermögen des Spletthauses die Einnahme desselben noch nicht in dem Grade vermehrt, um die so äußerst geringe Geldunterstützung, welche die Hospitalitinnen erhalten, zu erhöhen; so wird doch dieser sehr wünschenswerthe Zweck hoffentlich nach einiger Zeit erreicht werden können, um dann das Spletthaus wenigstens dem benachbarten Dorotheen-Hospitale möglichst gleich zu stellen.

Da die Kommune zur Erhaltung dieses Hospitals jährlich, wie vorbemerkt ist, 220 Rthl. zuschießt; so kostet derselben jede der 24 Hospitalitinnen jährlich etwas über 9 Rthl., legt man aber der Berechnung der Kosten den jährlichen etatsmäßigen Bedarf, welcher nicht überschritten worden ist, mit 265 Rthl. zum Grunde, so ergiebt sich, daß eine Hospitalitin des Splethauses jährlich 11 Rthl. kostet.

Zwölfter Abschnitt.

Der Armenkirchhof und das damit verbundene Koppensche Hospital.

Bis zum Jahre 1705 wurden die Leichen der Armen und Waisen auf dem Gottesacker der Georgenkirche, und auf dem zu dieser Kirche gehörigen sogenannten Jakobskirchhof beerdigt, ohne dafür eine Zahlung zu leisten; im April 1705 verlangte aber der damalige Vorsteher der Georgenkirche von dem Rathmann, Stadthauptmann und Armen-Deputirten, Koppe, daß von Johannis 1705 an für jede Armenleiche 4 gGr. bezahlt werden sollten. Diese Aufforderung bewog den ꝛc. Koppe, einen ihm zugehörigen, vor dem Spandauer Thore, zwischen dem jetzigen Hamburger und Rosenthaler Thore belegenen Platz zum Begräbniß für Arme durch eine im April 1705 ausgefertigte Urkunde der hiesigen Armenkasse zu schenken. Es erfolgte die nachgesuchte Konfirmation dieser Schenkung Seitens des Königl. Ober-Konsistorii unterm 22. Mai 1705, und es wurde nunmehr der bis dahin wüste und aus einer Sandschelle bestehende Platz mit einem Zaun umgeben, dessen Unterhaltung der Armenkasse oblag. Um aber dem sehr geräumigen Platze eine dauerndere und der Armenkasse nicht zur Last fallende Umschließung zu geben, suchten die Deputirten des Armenwesens i. J. 1708 die Erlaubniß nach, einige Stellen von dem Kirchhofe gegen einen jährlichen Kanou ausgeben zu dürfen, welche Antrag durch das Rescript vom 2. März 1708 genehmigt wurde. Durch eine in demselben Jahre veranstaltete Erweiterung der Circumvallationslinie wurde ein ziemliches Stück vom Koppenschen Armenkirchhofe abgerissen, jedoch mit einem andern Stück ersetzt, wodurch ein zweiter, der sogenannte kleine Kirchhof, entstand.

Nach der vorerwähnten Erlaubniß wurden nunmehr 92 Stellen um den großen und 34 Stellen um den kleinen Kirchhof gegen Ausstellung eines Grundbriefs und gegen Entrichtung eines Kanons von 1 Rthl. jährlich für jede Stelle zur Armenkasse und unter der Bedingung, nach der Kirchhofsseite einen Zaun zu halten, weggegeben. Dieser bestimmte jährliche Grundzins ist jedoch bis zum Jahre 1799 nicht gezahlt worden, obgleich diese Angelegenheit zu verschiedenen Zeiten und namentlich in den Jahren 1742 und 1783 immer ohne Erfolg zur Sprache gekommen war. Endlich wurde i. J. 1799 gegen mehrere Besitzer von Stellen, Hinsichts welcher der Kanon im Hypothekenbuche eingetragen war, geklagt, und die Sache zum Vortheil des Armenwesens entschieden. Mit einigen andern Besitzern dieser Stellen wurde außergerichtlich unterhandelt, und die Sache dahin verglichen, daß die Armenkasse auf den rückständigen Kanon Verzicht leistete, und die Besitzer sich nur verpflichteten, ihn künftig zu leisten. Rücksichtlich mehrerer Stellen kam aber diese Angelegenheit anscheinend wieder in Vergessenheit, so, daß, nachdem die Armen-Verwaltung Gegenstand städtischer Fürsorge geworden, die Armen-Direktion sich genöthigt sahe, aufs Neue auf die Sache einzugehen. Es wurde hierbei vorläufig der Weg der Güte eingeschlagen, und einem Kommissarius der Auftrag ertheilt, den Besitzern, derjenigen Stellen, von welchen der Kanon zur Zeit noch nicht entrichtet wird, die Rechtmäßigkeit der Forderung der Armenkasse aus einander zu setzen, und sie aufzufordern, sich zur Erlegung des Zinses zu verstehen. Diese Bemühungen haben nicht überall den gewünschten Erfolg gehabt, und die Kommune hat sich daher genöthigt gesehen, den Weg Rechtens zu betreten, dessen Erfolg nunmehr abzuwarten bleibt.

Inzwischen sind i. J. 1793 noch 5 Stellen dergestalt ausgegeben worden, daß eine derselben 15 Rthl. und die übrigen 10 Rthl. jährlich entrichten sollten. In Ansehung der Stelle, wofür 15 Rthl. zu zahlen waren, ist der Kanon mit 450 Rthl. in Seehandlungs-Obligationen, deren Umschreibung in Staatsschuldscheinen demnächst erfolgt ist, abgelöset worden, und eine gleiche Ablösung hat rücksichtlich anderer Stellen mit resp. 40 Rthl. baarer Zahlung und 25 Rthl. in Staatsschuldscheinen statt gefunden.

Die Ablösungssummen der

450 Rthl. } Staatsschuldscheine
und 25 —

sind als Kapital=Vermögen erhalten, die obgedachten 40 Rthl. aber für das laufende Bedürfniß verwendet worden.

Als Kanon wird von den Stellen überhaupt gegenwärtig 59 Rthl. jährlich erhoben.

Auf dem zum Armenkirchhofe geschenkten Platze befindet sich ein in der Hospital Straße belegenes Haus, welches wahrscheinlich i. J. 1708 erbaut worden, und unter dem Namen des Thürmchens bekannt ist, da es ehemals mit einem Thurm versehen war, dessen Wetterfahne mit der eben angeführten Jahreszahl sich noch auf dem Dache befindet.

Auf wessen Kosten dieses Haus erbaut worden, läßt sich nicht ermitteln; es ist aber wohl zu vermuthen, daß der ꝛc. Koppe die dazu nöthigen Mittel hergegeben haben mag. Diese Vermuthung wird dadurch bestätigt, daß in den Armenkassen=Rechnungen keine Kosten zu diesem Bau verausgabt worden sind, daß der Koppe für sich und seine Familie ein Erbbegräbniß=Gewölbe hinter dem Hospital erbaute, welches die Eigenthümlichkeit hat, daß die darin beigesetzten Leichen nicht verwesen, sondern mumienartig zusammentrocknen, und daß endlich dieses Haus und Hospital nach dem ꝛc. Koppe genannt wird.

Anfänglich wurde dieses Haus nur zur Wohnung für den Todtengräber bestimmt. Erst i. J. 1739 hat man angefangen, arme Leute, welche in andern Armen-Anstalten nicht Platz hatten, einstweilen bis zu ihrer anderweiten Unterbringung darin aufzunehmen, und sie von dem Todtengräber für 1 gGr. täglich verpflegen zu lassen. Allmählig hat sich hieraus ein Hospital gebildet, in welchem unter Aufsicht des darin wohnenden Todtengräbers, der zugleich Hausvater des Hospitals ist, 21 alte Personen weiblichen Geschlechts mit Wohnung, Heitzung *), Oel zur Erleuchtung und einem Almosen von täglich 1 Sgr. 3 Pf. versehen werden. Diese Hospitalitinnen erhalten außerdem in Krankheitsfällen ärztlichen Beistand und freie Medizin, und in sonstigen dringenden Fällen ausnahmsweise Beihülfen an Lager- und Kleidungsstücken, oder sonstigen unerläßlichen Nothwendigkeiten. Sie sind immer vollzahlig geblieben, da, wenn gleich keine Expectanzen ertheilt werden, dennoch die Zahl der Bewerberinnen nicht unbedeutend ist, und man immer vorzieht, diese kleinen Hospitäler, welche nur theilweise durch die Kommune erhalten werden, vollständig zu besetzen, als die bedürftigen Frauen zum neuen Hospital zu weisen, zu welchem der Andrang ohnedies so groß ist.

Die Bedingungen zur Aufnahme sind dieselben, wie bei dem Dorotheen-Hospital und dem Spletthause, so wie überhaupt diese drei Anstalten auf gleichem Fuße behandelt werden, und sich wesentlich nur in der Ver-

*) Es werden jährlich 4 Haufen Holz für dieses Hospital gebraucht.

schiedenartigkeit der mit der Aufnahme verbundenen Geldunterstützungen unterscheiden. Es wird demnach in den geeigneten Fällen auch im Koppenschen Hospital ein Eintrittsgeld angenommen, so wie auch die Bewohnerinnen desselben verpflichtet sind, die Erbentsagungsacte auszustellen.

An solchen Eintrittsgeldern sind jedoch nur 100 Rthl. in Stadtobligationen vorhanden, von welchen die Zinsen an die beiden Einlegerinntn derselben, an jede von 50 Rthl. lebenslang gezahlt werden.

Aus den Nachlässen ist nur i. J. 1825 die Summe von 72 Rthl. 22 Sgr. 2 Pf. eingegangen.

Dankbar müssen wir bei dieser Gelegenheit zweier Legate erwähnen, welche den Hospitalitinnen dieser Anstalt zu Theil geworden sind.

Im Jahre 1822 ist ihnen nämlich ein Vermächtniß der unverehlichten Lüdecke von 50 Rthl. zugefallen, welches im März 1823 nach den Bestimmungen der Erblasserin baar vertheilt worden ist.

Eben so sind dem Hospital aus einem Vermächtnisse der Frau Wittwe Obermann i. J. 1823 100 Rthl. zugekommen, welche, um der edlen Geberin ein immerwährendes, ehrenvolles Denkmal zu stiften, zinsbar belegt worden sind, um die Zinsen alljährlich an ihrem Sterbetage unter die Hospitalitinnen auszutheilen. Durch diesen Beschluß ist der Sohn der Verstorbenen so gerührt worden, daß er gleich noch 21 Rthl. zur Auszahlung an die Hospitalitinnen übersandte, damit diese nicht warten mußten, bis das Kapital Zinsen getragen hätte. Eine so menschenfreundliche That belohnt sich zwar durch sich selbst; für eine heilige Pflicht haben wir es aber gehalten, unsern und der bedachten Hospitalitinnen innigsten Dank hier öffentlich auszusprechen.

Auch aus einem alten Wunderschen Vermächtnisse fällt den Bewohnerinnen des Koppenschen Hospitals alljährlich aus der Marien- und Nikolai-Kirchenkasse eine kleine Unterstützung zu, welche sich jedoch für jede nur auf etwa 7 bis 8 Sgr. beläuft; ferner erhalten sie eine jährliche Accise-Bonifikation von 13 Rthl. 16 Sgr. 3 Pf., bei deren Vertheilung der Hausvater 3 Rthl. 1 Sgr. 3 Pf. empfängt; endlich werden sie, bei Gelegenheit des Geburtstages Sr. Majestät des Königs und anderer vaterländischen Feste mit einer Geld-Unterstützung in Stelle festlicher Bewirthung versehen.

Eine eigene Rechnung wird über die Einnahme und Ausgabe dieses Hospitals nicht geführt, vielmehr erhebt die Haupt-ArmenKasse die unbedeutenden Revenuen der Anstalt, und leistet alle Zahlungen für dieselbe; das belegte Vermögen wird jedoch abgesondert von dem übrigen Vermögen des Armenwesens verwaltet.

Zu diesem Vermögen und den sonstigen Einnahmen des Hospitals gehören nach dem Vorangeführten nur:

1) die Einnahme des jährlichen Kanons von da der Armenkirchhof und das Hospital stets in einer genauen Verbindung geblieben sind. 59 Rthl.

2)

	Transport	59 Rthl.
2) 475 Rthl.	in Staatsschuldscheinen für die Ablösung einiger Zinsen, geben à 4 Prozent jährlich . .	19 —
3) 100 —	in Stadtobligationen aus dem Obermannschen Legat, deren Zinsen jedoch unter die Hospitalitinnen vertheilt werden, und mithin nicht in Ansatz kommen;	
4) 100 —	in Stadtobligationen Eintrittsgelder, deren Zinsen die Einlegerinnen lebenslang genießen, und daher gleichfalls zur Zeit noch nicht ausgeworfen werden können.	
675 Rthl. Kapital	und laufende Einnahme	78 Rthl.

Außerdem haben in den vorliegenden 4 Jahren Hospital und Armen-Kirchhof zusammeu folgende extraordinaire Einnahmen gehabt:

	Rthl.	Sgr.	Pf.	
5) Aus dem Verkauf des Holzes der abgekappten Kirchhofsbäume im Jahre 1823	2	15	=	
6) An rückständigem Kanon aus früheren Jahren im Jahre 1824 erhoben	68	=	=	
Latus	70	15	=	78 Rthl.

	Rthl.	Sgr.	Pf.	Rthl.	Sgr.
Transport	70	15	=	78	=
7) Aus den Nachlässen der Hospitalitinnen nur i. J. 1825 . . .	72	22	2		
8) An Begräbnißgebühren in zahlbaren Fällen:					
im Jahre 1822 . 12 Rthl.					
— — 1823 . 39 —					
— — 1824 . 29 —					
— — 1825 . 39 —	119	=	=		
Summa der vierjährigen extraordinairen Einnahme	262	7	2		
Beträgt jährlich im Durchschnitt circa				65	15
Wonach die jährliche Einnahme der letzten 4 Jahre fractionsmäßig auf				143	15

angenommen werden kann.

Die Ausgaben des Hospitals betrugen dagegen:

	Rthl.	Sgr.	Pf.
im Jahre 1822 incl. 46 Rthl. Baukosten	516	6	1
— — 1823 — 29 — —	668	13	4
— — 1824 — 199 — —	672	23	7
— — 1825 — 23 — —	471	2	11
Summa in 4 Jahren	2328	15	11

Hiervon sind aber folgende durchlaufende Posten abzurechnen:

		Rthl.	Sgr.	Pf.
a. Legat der unverehlichten Lüdecke, welches extraordinair vertheilt worden	50 Rthl.			
Latus	50 Rthl.	2328	15	11

		Rthl.	Sgr.	Pf.
Transport	50 Rthl.	2328	15	11
b. Geschenk des Herrn Obermann, desgl.	21 —			
		71	=	=
Bleibt eigentliche Ausgabe nur		2257	15	11
Beträgt jährlich in runder Summe		564	=	=
Hiervon ab die fraktionsmäßige jährliche Einnahme mit		143	15	=
so ergiebt sich, daß die Haupt=Armen=Kasse in den vorliegenden 4 Jahren jährlich im Durchschnitt zugeschossen hat.		420	15	=

Repartirt man diese Summe auf 21 Hospitalitinnen, so findet sich, daß jede Hospitalitin den Armenfonds etwa 20 Rthl. jährlich gekostet hat.

Legt man aber dieser Berechnung die Gesammtkosten zum Grunde, ohne Berücksichtigung der Einnahme der Anstalt, also die vorberechneten 564 Rthl. jährlich; so belaufen sich die jährlichen Kosten für jede Hospitalitin auf 26 Rthl. 25 Sgr. 8 Pf.

Auch diese Kosten werden sich vermindern, da die vorgefallenen Baukosten zur völligen Instandsetzung des Hospitals verwendet worden sind, und künftig nicht so bedeutend vorkommen können, da mit Sorgsamkeit auf die Erhaltung des Gebäudes Bedacht genommen wird.

Von dem mit diesem Hospital verbundenen Armen=Kirchhofe haben wir nur noch anzuführen, daß darauf unentgeltlich beerdigt werden: die Leichen des Arbeitshauses, des neuen Hospitals, des Waisenhauses, der 3 kleinen Hospitäler, des Klinikums der Universität, der Selbstmörder, der Verunglückten, der in den Gefängnissen Verstorbenen und der Stadtarmen.

Alle diese Leichen wurden ehemals in flachen, ungehobelten und nicht gefärbten Särgen, beerdigt. Die Angehörigen dieser Verstorbenen theilten oftmals den Widerwillen, den diese Särge allgemein erregten, übernahmen dann die Lieferung eines sogenannten hohen Sarges, und machten solchergestalt nur theilweise von dem freien Begräbnisse Gebrauch. Nach einem alten Herkommen werden in solchem Falle 2 Rthl. für die Grabstelle gezahlt, so wie auch angemessene Gebühren zu entrichten sind, wenn Gedächtnißtafeln oder sonstige Epitaphien aufgestellt werden sollen. Hieraus ist die vorerwähnte extraordinaire Einnahme von Begräbnißgebühren entstanden. Diese Einnahme wird sich aber nunmehr sehr vermindern, wo nicht ganz wegfallen, da nach einem Kommunal-Beschlusse jene anstößig gefundenen Särge gänzlich abgeschafft worden sind, und in Gemäßheit der hiesigen Armenordnung vom 3. Oktober 1826 auch bei freien Begräbnissen ein schwarzer Sarg nunmehr in Anwendung kommt.

Nur seit dem Jahre 1808 ist über die auf dem Armen-Kirchhofe beerdigten Leichen eine Liste geführt worden. Dieselbe war aber sehr unvollständig und nicht amtlich, sondern nur privatim durch den damaligen Todtengräber angelegt, weil die Leichen des Armen-Kirchhofs sämmtlich in die Todtenbücher der Sophienkirche eingetragen werden. Da aber oftmals Nachfragen über erfolgte Beerdigungen eingingen, über die keine zuverlässige Auskunft gegeben werden konnte, und da es sehr wünschenswerth bleibt, eine vollständige Uebersicht zu erhalten, so ist dem Todtengräber im September 1821 ein, mit den erforderlichen Spalten versehenes Buch zugefertigt worden, um die Leichen genau darin zu verzeichnen.

Nach dieser Liste sind in Allem auf dem Armen-Kirchhofe beerdigt worden:

	im Jahre 1822	. .	195 Leichen
	— — 1823	. .	265 —
	— — 1824	. .	254 —
und	— — 1825	. .	263 —

Es ist zu vermuthen, daß der Anfangs 1823 verstorbene Todtengräber, ein alter nicht sehr sorgsamer Mann, die Todtenliste für das Jahr 1822 nicht vollständig geführt haben mag, da sich die geringe Zahl der in diesem Jahre angeblich beerdigten Leichen nicht anderweitig erklären läßt, und die Differenz zu den Ergebnissen der folgenden Jahre, die ziemlich gleiche Resultate liefern, zu bedeutend ist, um allein dem Zufall zugeschrieben werden zu können.

Gegenwärtig wird die Todtenliste mit vieler Ordnung geführt, und von Zeit zu Zeit durch ein Mitglied der Armen-Direktion revidirt.

In die Stelle des abgegangenen Todtengräbers ist ein ehemaliger Bote der Armen-Direktion im April 1823 eingerückt. Er bezieht ein Gehalt von 60 Rthl. jährlich, und neben freier Wohnung, Holz und Oel, verschiedene Emolumente, unter welchen die Erlaubniß, auf dem Kirchhofe Wäsche trocknen zu lassen, das bedeutendste ist, und ihm etwa im Durchschnitt monatlich 10 Rthl. einbringen kann.

Dafür muß er alle Leichen der Armen unentgeltlich beerdigen; nur für die im hohen Sarge Beerdigten, die nicht als Armenleichen betrachtet werden, erhält er 15 Sgr. für jeden Beerdigungsfall. Endlich bekommt er für die sogenannten Unglücksleichen und für die Leichen der Selbstmörder, wenn das Begräbniß durch die Armenwächter besorgt wird, 5 Sgr. für jede Leiche, und für jeden zur Anatomie abgelieferten Kadaver, je nachdem es eine erwachsene Person oder ein Kind ist, resp. 7½ und 5 Sgr.

Auf dem Kirchhofe befindet sich ein i. J. 1811 auf Königl. Kosten erbautes Haus, in welchem die Unglücksleichen von der Gerichtsbehörde untersucht, und die erforderlichen Obductionen vollführt werden. Auch über dieses Haus führt der dortige Todtengräber die Aufsicht, und bezieht dafür und für die Reinigung der bei den Obductionen gebrauchten Handtücher 24 Rthl. aus der Königl. Polizei-Präsidial-Kasse.

Die auf dem Kirchhofe befindlichen Maulbeerbäume sind i. J. 1825 dem Kunsthändler Bolzani zur Beförderung seines Seidenbaues unentgeltlich überlassen, und dem Todtengräber 5 Rthl. Entschädigung dafür auf die Kämmerei angewiesen worden, da ihm die Benutzung dieser Bäume zustand.

Im Jahre 1825 haben auch Magistrat und Stadtverordnete einen Beitrag von 100 Rthl. zu den Kosten der Pflasterung der Linienstraße, in welcher der Armen-Kirchhof belegen ist, bewilligt, jedoch mit Vorbehalt des Rechts der Stadt, in Hinsicht der ihr nicht obliegenden Straßenpflasterung.

Von den angestellten 12 Armenwächtern sind 4 unausgesetzt mit dem sogenannten Leichendienst beschäftigt, d. h. sie besorgen die Beerdigung der Selbstmörder, der Unglücksleichen u. s. w., so wie in der Winterzeit die Ablieferung der dazu geeigneten Leichen zur Anatomie und von dort zurück nach dem Armen-Kirchhofe.

Dreizehnter Abschnitt

Uebersicht sämmtlicher Einnahmen und Ausgaben.

In dem beigefügten General-Extrakt *) sind sämmtliche Einnahmen und Ausgaben für die in Rede stehende 4 Jahre zusammengestellt worden. Einige dieser Positionen bedürfen einer Erläuterung, andere werden Stoff zu besonderen Bemerkungen darbieten, die wir da, wo sie besonders auch unsere Armen-Kommissionen betreffen, diesen zur Beherzigung empfehlen.

Einnahme.

ad Tit. 4. Erstattete Vorschüsse sind bloß durchlaufende Posten und wird dies beim Tit. 2. der Ausgabe etwas näher berührt werden.

ad Tit. 8. Erbpacht, Grundzins ꝛc., ist theils Erbpacht von einer Meierei, die dem Dorotheen-Hospital gehört, theils Grundzins von Stellen, welche vom Koppenschen Armenkirchhof abgetreten worden.

ad Tit. 10. Jährliches Geschenk Seiner Majestät des Königs. Seine Majestät lassen mit

*) S. Beilage H.

gewohnter landesväterlicher Milde zum Neujahr jeden Jahres | den hiesigen Stadtarmen 4000 Rthl. zahlen, wovon 250 Rthl. für die Armen der französischen Kolonie abgegeben und die übrigen 3750 Rthl. hier vereinnahmt werden.

ad Tit. 11. a. Außerdem haben die Armen in den verflossenen 4 Jahren sich sehr bedeutender Gnadengeschenke zu erfreuen gehabt, indem Se. Majestät bei Gelegenheit der höchst erfreulichen Vermählungen Ihrer KK. HH. der Prinzessin Alexandrine, des Kronprinzen und der Prinzessinn Luise jedesmal 3000 Rthl. zu bewilligen geruht haben, so wie auch (11. b.) in dem harten Winter des Jahres 1823 noch überdies 2000 Rthl. zur Anschaffung von Feuerungsmaterial für die Bedürftigen aus Allerhöchsteigener Bewegung huldreichst geschenkt worden sind. Mit Ausnahme der letztgedachten 2000 Rthl., welche der Bestimmung gemäß sofort verwendet wurden, ist aus den übrigen Königl. Geschenken ein besonderer Fonds gebildet worden, zur reichlichern, über das gewöhnliche Maaß hinausgehenden Unterstützung theils schamhafter Armen, die auf Beihülfe aus dem Kommunal=Armenfonds keine unbedingte Ansprüche haben, theils anderer Armen. In gleichem Sinne wird auch fortwährend das Königl. jährliche Neujahrsgeschenk verwendet. Die übrigen Mitglieder der höchsten Königl. Familie sind dem erhabenen Beispiel Sr. Majestät gefolgt. Gleich nach Ihrer beglückenden Ankunft in der hiesigen Residenz geruheten Ihre Königl. Hoheit die Frau Kronprinzessinn für die

Armen ein Geschenk von 2000 Rthl. (11. c.) in unsere Hände niederzulegen, und da Seine Königl. Hoheit der Kronprinz, dessen Wohlthätigkeit allgemein bekannt ist, von jeher von einer unzähligen Menge Armen mit Bittschreiben bestürmt worden sind, unter welchen ohne Zweifel viele unwürdige Subjekte sich befanden, die von den erhaltenen Geschenken einen Mißbrauch gemacht haben, so faßten Höchst Dieselben den segensreichen Entschluß, monatlich 150 Rthl. (11. d.) zur Haupt-Armen-Kasse einzahlen zu lassen, aus welcher die Armen-Direktion auf den Grund vorhergegangener Untersuchungen den betreffenden Supplikanten im Sinne des höchsten Gebers Unterstützungen zufließen läßt. Die erhabene Gemahlin Sr. Königl. Hoheit läßt uns gleichfalls monatlich 150 Rthl. auszahlen; wodurch dem Armenfonds die sehr bedeutende Gabe von 3600 Rthl. jährlich erwächst, von welcher auch ein abgesonderter Fonds gebildet worden ist, woraus zwar zunächst diejenigen bedacht werden, die uns auf Veranlassung eingereichter Suppliken bei Ihren KK. HH. bekannt geworden, aus dem aber auch, so weit der Bestand reicht, wie beim Königl. Fonds solche Beihülfen bewilligt werden, die über das gewöhnliche Maaß hinausgehen.

Indem wir Ihren Königlichen Hoheiten und den übrigen Mitgliedern der Allerhöchsten Königl. Familie, derer in dem General-Extrakt (11. f. g. h. i.) gedacht ist, in unserm und im Namen der Armen den unterthänigsten Dank für die gespendeten reichen Wohlthaten darbringen, erlauben wir uns die ehrfurchtsvolle

Versicherung, daß durch den gnädigst eingeschlagenen Weg, die Gaben der Milde durch unsere Hände gehen zu lassen, gewiß mancher Nachtheil vermieden wird. Gar vielfältig ergiebt sich nämlich bei der nähern Untersuchung, daß die Supplikanten der höchsten Theilnahme keinesweges werth, und daß mitunter wohl gar die beigebrachten Atteste entweder erschlichen, oder von Personen ausgestellt sind, deren Gutmüthigkeit sich durch einseitige Vorspiegelungen hat täuschen lassen, und die deshalb nicht einmal verantwortlich gemacht werden können, weil sie nicht zur Untersuchung der Armuthsverhältnisse berufen und verpflichtet waren. Wohl aber ist es ein Nachtheil für das Ganze, wenn ein muthwilliger Querulant, der seine Existenz nur auf solche Geschenke und Unterstützungen baut, durch seine Zudringlichkeit andern Armen, die zwar durch eigene Kraft und eignen Fleiß sich fortzuhelfen suchen, die aber berücksichtigt werden müssen, wenn Krankheit und unvorhergesehene Unglücksfälle eintreten, dasjenige entzieht, was ihnen sonst zu Theil werden könnte.

ad 11. k. Dankbar erkennen wir es ebenfalls, daß die Große Freimaurer Landesloge, welche schon seit vielen Jahren ein bestimmtes Quantum von 200 Rthl. zahlt, hierdurch ihre Theilnahme an dem hiesigen Armenwesen fortwährend bezeigt und die gerühmte Wohlthätigkeit dieser Gesellschaft dadurch öffentlich bekundet.

ad 11. m. Kollekte aus den Bezirken. Der Betrag derselben ist in den Jahren 1822 bis 1825 von 12749 Rthl. 29 Sgr. 4 Pf. bis auf 24668 Rthl.

6 Sgr. 10 Pf. gestiegen, und dieses ist besonders den Bemühungen der neu organisirten Armen-Kommisssonen zuzuschreiben; allein wir dürfen es nicht verhehlen, daß hier im Ganzen viel zu wenig für das Bedürfniß geschieht. Es ist kaum glaublich, wie viele wohlhabende Einwohner theils sich diesen freiwilligen Beiträgen ganz entziehen, theils nur höchst unbedeutende Gaben darreichen, während in manchen andern Staaten die Armentaxen fast erdrückend sind, und wohl in den wenigsten Kommunen, selbst unsers Staats, die Bedürfnisse der Armen ohne feststehende Auflagen beschafft werden können. Mit Recht wird der Wohlthätigkeitssinn der Berliner gerühmt, das beweisen die zahlreichen Wohlthätigkeitsvereine, die sich hier gebildet haben, das beweisen fast täglich die öffentlichen Blätter durch Bekanntmachung der Beiträge für Abgebrannte und Verunglückte aller Art; aber man sollte es doch nicht vergessen, daß die Armen, in deren Mitte wir leben, zunächst an die Kommune im Allgemeinen gewiesen sind, von der sie ja einen Theil ausmachen. Sollte es unsern Mitbürgern wohl gleichgültig seyn, wenn das, was sie jetzt als freiwilliges Geschenk geben, bei fortwährendem und vermehrtem Bedürfnisse als eine gesetzliche Abgabe von ihnen gefordert werden müßte? Offenbar würde dies der Sache schon darum sehr schaden, weil der Arme, sobald er hört, daß für ihn beigetragen werden muß, in seinen Forderungen sogleich weiter geht, und dasjenige, was er jetzt als milde Gabe betrachtet, sogleich als ein ihm zustehendes Recht fordert.

Das widerstrebende Zartgefühl, Almosen zu empfangen, welches manchen Bedürftigen antreibt, sich durch eigene Anstrengung neue Hülfsquellen des Bestehens zu suchen, wird sogleich vernichtet oder wenigstens geschwächt, sobald eine wirkliche Armentaxe eingeführt wird, und die Bedürfnisse würden sich bald ins Ungemessene steigern. Und doch würde man am Ende zur Erhebung einer Abgabe, oder was gleich viel ist, zur Erhöhung der bestehenden Kommunalabgaben schreiten müssen, wenn alle diejenigen, welche zur Zeit gar nicht, oder nur unzureichend beitragen, sich nicht den übrigen Edeln anschließen, oder wenn nicht anderweitige Mittel aufgefunden werden, das Bedürfniß zu decken. Haben doch im Jahre $18\frac{10}{11}$ die Kollektenbeiträge die Summe von 41016 Rthl. 29 Sgr. 1 Pf. erreicht: warum sollte es jetzt, wo ein mehrjähriger Friede den Wohlstand so Vieler wieder hergestellt hat, obgleich einzelne Gewerbtreibende auch verloren haben mögen, — nicht möglich seyn, wenigstens jene Summe zu erreichen? Betrachten wir die Ursachen näher, welche eine solche Theilnahmlosigkeit gegen die hiesige Armenverpflegung herbeigeführt hat, so können wir allenfalls nur die eine auffinden, daß der Gang der Verwaltung bisher, wo nicht unbekannt geblieben, doch nicht hinlänglich bekannt geworden ist. Wir hoffen, diesen Vorwurf einigermaßen durch die vorliegende Darstellung des hiesigen Armenwesens und durch den Bericht dessen was in den letztern 4 Jahren von uns gewirkt worden, abzuwenden. Dagegen erwarten wir nicht den an sich unhaltbaren Einwand, daß man seine Hausarmen habe, und diese schon bedenke. Fern sei es von uns, Privat-Wohlthätigkeit hemmen zu wollen; der Menschenfreund möge dem Unglücklichen, dessen Lage ihm näher bekannt ist, nach allen seinen Kräften beistehen, allein wir warnen dringend, dem Betteln unbekannter Personen ohne genaue Prüfung des vorgegebenen Bedürfnisses nicht nachzugeben, und somit die Haus- und Straßen-Bettelei zu begünstigen, was unsere eifrigsten Bemühungen unfehlbar vereitelt.

Indem wir unsere Betrachtung über den vorliegenden Gegenstand schließen, sei es uns noch erlaubt, die geachteten Bewohner Berlins dringend zu bitten, die Abgeordneten der Armen-Kommissionen, welche zum öftern wegen Vermehrung der Kollektenbeiträge einen Umgang halten, mit derjenigen Zuvorkommenheit zu begegnen, welche diese Deputation — aus den geachtetesten Bürgern bestehend — nicht nur an sich, sondern auch wegen des Gegenstandes ihres ehrenwerthen Geschäfts mit Recht fordern darf. Dagegen hoffen wir auch, daß diejenigen Kommissionen, welche bisher im Kollektiren zu wenig Ernst und Eifer gezeigt haben, ihrerseits hierin nicht zurückbleiben werden. Nicht selten hören wir von dieser und jener Seite, daß nirgend eine Aufforderung ergangen sei.

ad 11. n. Aus Kirchenkollekten. Die hier aufgeführte Einnahme ist diejenige, welche am zweiten Osterfeiertage jeden Jahres an den Kirchthüren nach geendigtem Gottesdienste eingesammelt worden ist. Daß sie sich in den beiden letzten Jahren gegen die frühern vermehrt hat, ist zum Theil gewiß auch den zweckmäßigen Anordnungen bei dem Einsammlungsgeschäft, welches gegenwärtig die Armen-Kommissionen besorgen, beizumessen.

ad 11. o. Aus Armenbüchsen. Dergleichen Büchsen sind in früherer Zeit an einigen Orten aufgestellt gewesen; weil aber die Einnahme aus denselben höchst unbedeutend war, auch leicht ein Mißbrauch damit getrieben werden kann, so haben wir nicht nur diese Einrichtung gänzlich aufgehoben, sondern machen hierdurch ausdrücklich bekannt, daß sich zur Zeit nirgend dergleichen Büchsen befinden, in welchen unsererseits für die Stadtarmen gesammelt wird.

ad 11. q. Zufällige Geschenke. Es dürfte hier eine Erwähnung verdienen, daß unter diesen sich auch die Summen befinden, welche statt des Herumschickens der Neujahrskarten den Armen seit einigen Jahren zugeflossen sind. Der Antrieb hierzu ist von dem damaligen Ober-Präsidenten, wirklichen Geheimen Rath Herrn von Heydebreck Excellenz ausgegangen, welcher gegen Eintritt des Neujahrs 1818 den ersten Beitrag einsandte; mehrere Personen schlossen sich sogleich an, und nachdem von dem Königl. Armen-Direktorium unterm 28. Dezbr. 1817 die Namen der ersten sieben Personen öffentlich bekannt gemacht worden waren, welche es vorgezogen hotten, statt der Visitenkarten ein Geschenk für die Armen niederzulegen, folgten noch in demselben Jahre 84., unter welchen zum Theil die höchsten Staatsbeamten sich befanden; der Armenkasse erwuchs dadurch

eine Einnahme von . . .	286 Rthl.	5 Sgr.	= Pf.
im Jahre 1819 sind eingekommen	330 —	5 —	= —
— — 1820 — —	316 —	15 —	= —
— — 1821 — —	351 —	27 —	6 —
— — 1822 — —	379 —	25 —	9 —
— — 1823 — —	391 —	7 —	6 —
— — 1824 — —	430 —	13 —	= —
— — 1825 — —	453 —	20 —	= —

Wir können nur wünschen, daß dies Beispiel recht viele Nachfolger finden möge.

ad 11. r. Aus Kauffontrakten und publicirten Testamenten. Werden diese 4 Jahre zusammengeworfen, so ist die Einnahme aus diesem Titel noch nicht bis zur Summe von 1000 Rthl. gestiegen. Dies ist allerdings wenig, wenn man, abgesehen von den Kauffontrakten, bedenkt, wie viele wohlhabende oder doch bemittelte Personen jährlich in Berlin durch den Tod mit Hinterlassung von Testamenten abgehen. In der früheren Zeit, wo das Geld doch einen weit höheren Werth hatte, ist unter diesem Titel mehr eingekommen, und es erscheint in der That sehr natürlich, daß es in dem Augenblick, wo man im Begriff steht, sich von seinen zeitlichen Gütern zu trennen, am leichtesten werden müsse, den Armen einen mäßigen Theil seines Vermögens zu vermachen, wäre es auch nur so viel, um aus den Zinsen des Legats den von dem Testator bisher geleisteten Beitrag zu decken. Sollte wirklich dieser Geist der Wohlthätigkeit von unsern

Zeit=

Zeitgenossen so sehr gewichen seyn? Wir setzen voraus, daß die Justizpersonen, welche bei Anfertigung von Testamenten wohl in der Regel zugezogen werden, es nicht unterlassen, die Armen in Erinnerung zu bringen, die Wichtigkeit der Sache veranlaßt uns aber, noch besonders darum zu bitten.

ad 12. a. Aus dem Erbrecht. Nach den gesetzlichen Bestimmungen muß jeder Almosenempfänger, d. h. nicht ein solcher, welcher in besondern Bedürftigkeitsfällen extraordinair unterstützt wird, sondern welcher auf fortlaufende Almosen Anspruch macht, dem Armenfonds das Erbrecht auf seinen Nachlaß einräumen, es sei denn, daß er eheliche Nachkommen hinterlasse, in welchem Fall diesen jedoch auch bloß ihr Pflichttheil verbleibt. Nicht selten wird die Aeußerung vernommen, daß dies Verfahren hart sei; aber dennoch können wir davon nicht abgehen, weil diese Bestimmung in der That eine Menge von Menschen, die es sonst ganz bequem finden würden, sich neben ihrem Besitzthum auf Kosten der Kommune eine bessere Lage zu verschaffen, von dem Zudringen zu dem Armenfonds abhält. Inzwischen wird unsererseits jederzeit auf die Lage des Hinterbliebenen Rücksicht genommen; auch sind der Fälle im Ganzen äußerst wenige, wo etwas baar zu erben bleibt, wie die unbedeutende Einnahme aus diesem Titel hinlänglich beweiset. Das was aus dem Verkauf des nachgelassenen Mobiliars der Arme einkommt, findet sich in der Rechnung des neuen Hospitals (Abschnitt IX.) vereinnahmt.

ad 12. b. Strafgefälle sind solche, wo durch Erkenntnisse der hiesigen Behörden, die Strafen zum hiesigen Armenfonds fließen. Im Jahre 1823 war diese Einnahme um deswillen so bedeutend, weil in einem einzelnen Falle auf 6000 Rthl. erkannt war.

ad 12. c. Aus verkauften Pfändern. In solchen Fällen, wo jemand, der bei einem hiesigen Pfandleiher gegen Unterpfand geborgt hat, es geschehen läßt, daß letzteres nach der Verfallzeit verkauft werde, wird der nach dem gerichtlichen Verkauf verbliebene Ueberschuß ebenfalls zum Armenfonds gezahlt, und ist daraus die hier berechnete Einnahme entstanden.

ad 13. Aus Königl. Kassen betragen diese Summen auch jetzt merklich weniger, als von dem Staat vor dem Uebergange des Armenwesens an die Kommune zu den Bedürfnissen des vormaligen Armen-Direktoriums gezahlt wurde, so ist doch außer 100 Rthl. jährlich, welche aus der Konsistorialkasse für die Kandidaten des Waisenhauses und 110 Rthl., welche aus der Kasse montis pietatis (letztere jedoch nur bis 1. April 1824) geleistet worden sind, durch die Gnade Sr. Majestät des Königs alljährlich eine bedeutende Summe für die Zwecke der Armen-Verwaltung überwiesen worden. Die Armen-Direktion fühlt sich gedrungen, diese wahrhaft Königl. Wohlthat mit den Gefühlen des allerunterthänigsten Dankes zu nennen, und indem sie glaubt, durch die bisherige Verwaltung sich des in sie gesetzten, in der Allerhöchsten Kabinetsordre vom 3. Mai 1819 ausgesprochenen, Allergnädigsten Vertrauens nicht unwerth gemacht zu haben, schmeichelt sie sich auch mit der Hoffnung, daß des Königs Majestät in huldreicher Anerkennung der örtlichen Verhältnisse der Residenz geruhen werden, zu den vielen und unvergeßlichen Erweisungen Königl. Gnade und Fürsorge für unsere Stadt, auch diese ferner hinzuzufügen. Zu diesen örtlichen Verhältnissen gehört:

a) daß Tausende von Seiden-, Baumwollen- und Leinenwebern, welche in früherer Zeit nicht ohne Einwirkung des Staats hierher gezogen sind, und gegenwärtig hier leben, durch politische Conjuncturen oder andere Ereignisse, die ihr Gewerbe ins Stocken gebracht haben, ohne Veranlassung und Schuld der Kommune brodlos geworden sind. Solche Familienväter verlassen sogar oft Frau und Kinder, die sie nicht mehr ernähren können, und die dann den Armenanstalten zur Last fallen.

b) daß durch die neuere Gesetzgebung die Gewerbefreiheit eingeführt worden, weshalb es Gesellen und jungen Leuten, die ihr Gewerbe häufig nicht verstehen, gar zu leicht gemacht wird, sich zu etabliren. Diese Leute verheirathen sich dann sehr früh, erzeugen Kinder, werden bald brodlos und verlassen ihre Familien.

c) daß durch die bedeutende Garnison, welche sich hier befindet, nicht bloß die Anzahl der unehelichen Kinder, sondern auch der hinterbleibenden Frauen und Kinder beträchtlich vermehrt wird, und daß der höchsten Orts erlassenen gemessenen Verfügungen ungeachtet, jährlich ein großer Theil der aus dem Heere entlassenen Mannschaft hier verbleibt, ohne ein sonstiges Gewerbe erlernt zu haben, sich daher vom Tagelohn ernährt, heirathet, und dadurch die ältern Tagelöhner, welche nicht so kräftig als sie arbeiten können, verdrängt und sie der Armuth zuführt, während jene denn auch gar bald von ihren Nachfolgern verdrängt werden, und den Stand der Tagelöhner über alle Gebühr vermehren.

d) daß einer Menge von Personen, welche die glorreichen Feldzüge von 1813 bis 1815 mitgemacht haben, das freie Bürgerrecht hat ertheilt werden müssen, ohne daß sie hinterher im Stande waren, sich selbstständig zu ernähren; und endlich

e) daß der Andrang so vieler Personen aus der Fremde und aus allen Provinzen der Monarchie nach der Residenz, wo sie leichter Brod und Erwerb zu finden hoffen, fortdauert, ohne daß die Kommune es hindern darf noch kann. Und dies sind keinesweges immer solche Personen, die ein bestimmtes Gewerbe treiben, oder sich von ihrer Hände Arbeit nähren, sondern auch solche, die häufig hierher kommtn, um Prozesse zu führen, oder Gesuche bei den hohen Landesstellen anzubringen und die dann hier bleiben; oder Personen aus bessern Ständen, die vielleicht für ein paar Monate zu leben haben, aber eigentlich nur gekommen sind, um Unterstützungen von den höchsten und hohen Herr=

schaften zu erbetteln, womit sie sich dann wieder eine Zeit lang forthelfen; oder dürftige Wittwen aus sonst guten Familien, welche hier ihren Kindern eine bessere Erziehung zu geben gedenken; oder Personen, die zur Heilung von außerhalb zur Charité befördert worden sind und sich nachher hier ansiedeln und die alle auf solche Weise sich unvermerkt einschleichen.

f) überdies bildet Berlin auch eine Provinz und es fallen der Stadt auch die sogenannten Provinzial-Armen zur Last.

Diese für die Kommune so nachtheiligen Verhältnisse fallen in einer kleinern Stadt weg, wo man entweder die Armen genau kennt, oder wenn sie sich von außerhalb einschleichen, gar bald als Arme ausmittelt. Mithin entsteht in der Residenz ein großes Mißverhältniß zwischen der Zahl der Gebenden und der Begehrenden. Man muß diese Umstände hauptsächlich mit in Anschlag bringen, wenn man über den großen Aufwand erstaunt, den die Armenpflege der Stadt verursacht, und wahrnimmt, daß sie im Jahre 1825 nach dem beigefügten General-Extrakt

ad	9	für	Besoldungen	14343	Rthl.	15 Sgr.	2 Pf.
—	10	—	Pensionen	1187	—	20 —	= —
—	11	—	Bureau-Kosten	1930	—	25 —	1 —
—	12	zur	Armenpflege	72516	—	21 —	6 —
—	13	—	Krankenpflege	12989	—	1 —	3 —
			Latus	102967	Rthl.	23 Sgr.	= Pf.

Transport	102967 Rthl.	23 Sgr.	= Pf.
ad 14. Unterhaltung der Institute, ohne einmal die durch eigene Einnahme derselben gedeckten Fonds zu rechnen . .	69698 —	22 —	3 —
Ferner an Unterstützungen aus der Stiftungskasse	5767 —	1 —	11 —
und also überhaupt	178433 Rthl.	17 Sgr.	2 Pf.

gekostet hat, wobei noch in Betracht zu ziehen ist, was die Kommune außerdem durch die Kommission zur Unterstützung der Landwehrmänner und Freiwilligen thut, was ferner zu den Seite 16. bezeichneten Wohlthätigkeitsvereinen und durch die Kirchenkassen gezahlt wird. In einem folgenden Jahresbericht wird es uns vielleicht möglich seyn, die Summe in Zahlen genau anzugeben, welche neben der öffentlichen Armenpflege auf solche Weise gespendet wird.

ad Tit. 14. a. Zuschuß aus Kommunalkassen. Diese sind aus der Haus- und Miethssteuerkasse hergegeben, und haben

im Jahre 1822 nur	21664 Rthl.	25 Sgr.	4 Pf.
— — 1823 aber	44000 —	= —	= —
— — 1824 —	48100 —	= —	= —
— — 1825 —	46000 —	= —	= —

betragen, sind also in den drei letztern Jahren um mehr als das Doppelte gestiegen. Es ist uns nicht unbekannt, daß wir durch diese bedeutenden Forderungen an die Kommunalfonds letztere fast ganz erschöpft und die Ausführung anderer gemeinnütziger Zwecke verhindert haben; allein wir geben unsern Mitbürgern hiemit die pflichtmäßige Versicherung, daß von diesem Gelde, so weit solches zur eigentlichen Armenpflege verwendet wurde, kein Groschen ohne sorgfältige Prüfung und Abwägung der Umstände ausgegeben worden ist. Kein Almosen wird anders als durch die Armen-Kommissionen bewilligt; daß hier aber auch nicht der Einzelne nach Willkühr verfahren kann, sondern daß alle Gaben dieser Art durch gemeinschaftliche Beschlüsse und zwar solcher Männer bestimmt werden, die unter den Armen selbst wohnen, und Gelegenheit haben, sie näher zu beobachten, daß ferner alle diese Beschlüsse von uns selbst gewissenhaft nachrevidirt, und den Kommissionen die etwanigen Mängel bei ihrem Verfahren bemerklich gemacht werden, geht schon aus dem Abschnitt II., welcher den Geschäftsgang der Armen-Kommissionen darstellt, hervor. Mit einem Worte, bei Bewilligung von fortlaufenden Almosen wird mit möglichster Strenge verfahren; denn wir sind fast überzeugt, daß in den mehrsten Fällen der Empfänger seine Erwerbthätigkeit in dem Maaße sinken läßt, als jene Zuflüsse solches gestatten, und daß er sich gar leicht daran gewöhnt, das Almosen als eine Pension zu betrachten, die er zur bessern Befriedigung seiner Bedürfnisse nebenbei zu verzehren hat.

Daß die Kosten der Armenpflege in den 4 Jahren, über welche sich dieser Verwaltungsbericht erstreckt, sehr bedeutend gestiegen sind (Tit. 12. a. der Ausgabe), und daß hauptsächlich hierdurch der vermehrte Zuschuß herbeigeführt worden ist, können wir nicht in Abrede stellen. Etwas mag hierzu der Umstand beigetragen haben, daß in diese 4 Jahre die Organisation der Armen-Kommissionen fällt, und daß letztere, weil sie mit den verschiedenen Graden der Armuth und des Elends, aber auch der Hinterlist und Verstellung der Armen noch nicht im Anfange so vertraut waren, den Reizungen des Mitleids vielleicht mehr als sie sollten, gefolgt sind; allein wir getrauen uns doch zu behaupten, daß im Ganzen die vermehrte Armuth und der größere Andrang solcher Personen, welche von außerhalb hieher gekommen, einige Zeit hier gewohnt, und mehr oder weniger mit Recht den Wohnsitz im gesetzlichen Sinne gewonnen haben, so wie überhaupt die ad 13. angeführten Ursachen die Vermehrung der Ausgaben hauptsächlich herbeigeführt haben. Ein Näheres hierüber wird sich ergeben, wenn wir die Ausgabetitel selbst beleuchten.

ad 14. b. Aus der Stiftungskasse die zu Holz bestimmten Legatenzinsen. Da der Bedarf an Brennmaterialien aus der Haupt-Armenkasse im Ganzen und zu rechter Zeit gekauft werden muß, wenn es mit Vortheil geschehen soll, so gewinnen die Armen, welche aus der Stiftungskasse Holz empfangen sollten, sobald sie an jenem wohlfeiler angeschafften Material theilnehmen können, und wir lassen daher die zum Ankauf von Holz bestimmten Zinsen zur Haupt-Armenkasse zahlen, damit die betreffenden Ausgaben in der besonders zu führenden Natural-Brenn-Materialien-Rechnung mit aufgenommen werden können. Daß pro 1822 fast doppelt so viel zur Einnahme gekommen, als in den 3 folgenden Jahren, rührt daher, daß der Betrag pro 1821 mit unter jener Summe steckt, weil die Ausgabe für Holz pro 1821 erst nach dem Jahresabschlusse des gedachten Jahres angewiesen worden.

Ausgabe.

ad Tit. 2. An Vorschüssen. Dies sind nicht etwa Vorschüsse, welche den Armen gegeben worden, sondern sie bestehen hauptsächlich:

a) in den eisernen Bestand-Geldern, welche den in den Jahren 1822 bis 1825 organisirten Armen-Kommissionen zur Bestreitung der nöthigen Ausgaben verabreicht worden;

b) Werden, wie kurz vorher schon gedacht worden, die erforderlichen Brennmaterialien schon vor dem Eintritt des Winters angekauft, und da hievon den Instituten nach ihrem Bedarf nach und nach verabfolgt wird, so läßt sich erst beim Ablauf des Jahres übersehen, was ein jedes dieser Institute beizutragen hat, und wieviel zuletzt für die Armen zurückbleibt. Es wird darüber eine Naturalienrechnung geführt, und nach den Resultaten derselben von den Kassen der Institute und der Haupt-Armenkasse pro rata dasjenige als erstatteter Vorschuß wieder vereinnahmt, was bei der letztern als zum Ankauf des Brennmaterials unter den gehörigen Titeln verausgabt wird.

ad Tit. 9. Besoldungen. Daß dieser Titel von 9060 Rthl. 21 Sgr. 10 Pf. welche im Jahre 1822 gezahlt worden, bis auf 14343 Rthl. 15 Sgr. 2 Pf. in den folgenden 3 Jahren gestiegen, erfordert eine gründliche Rechtfertigung, weshalb wir auf dasjenige verweisen, was in dem Schlußkapitel dieserhalb besonders vorkommen wird.

ad Tit. 11. Bureau-Kosten.

Diese haben

im Jahre 1822	. .	2246 Rthl.	23 Sgr.	8 Pf.
— — 1823	. .	3260 —	6 —	3 —
— — 1824	. .	3034 —	15 —	6 —
— — 1825	. .	1930 —	25 —	1 —

betragen. An und für sich dürfte diese Ausgabe bei einem Collegio von einem solchen Umfange, wie das unsrige, nicht bedeutend gefunden werden; wenn man aber erwägt, daß die Arbeiten bei sämmtlichen Armen-Kommissionen unentgeltlich verrichtet werden, so folgt daraus die Verpflichtung für die Armen-Direktion, darauf zu denken, den Männern, welche mit ihren Kräften und mit ihrer Zeit dem Gemeinwesen ein Opfer bringen, die Arbeit nach Möglichkeit zu erleichtern, und darum werden alle erforderlichen Atteste, Verhörbogen, Verzeichnisse, Liquidationen ꝛc., wo es irgend anwendbar ist, schematisirt und gedruckt, wie es denn auch in die Augen springt, daß selbst bei dem Collegio die Arbeit durch Anwendung von gedruckten Formularen sehr erleichtert, und an Besoldungen gespart wird. Die erforderliche Masse von Drucksachen verursacht allerdings Kosten, welche dadurch besonders in den drei ersten Jahren bedeutender geworden sind, da in diese die Organisation der mehrsten Armen-Kommissionen fällt, weshalb auch jedesmal, wenn eine neue Organisation im Werke war,

Hülfsarbeiter in der Kanzlei haben angenommen werden müssen. Im Jahre 1825 hat jedoch, wie schon der Extract zeigt, bedeutend erspart werden können, welches aber auch zum Theil daher rührt, daß der Schreibmaterialienetat von uns herabgesetzt worden ist.

ad Tit. 12. Armenpflege.

a. An die Armen-Kommissionen und Distrikts-Direktoren.

Nach den angefertigten Spezialtabellen ist an laufenden Almosen gezahlt worden:

	Rthl.	Sgr.	Pf.
im Jahre 1822 an 2990 Empfänger .	28349	8	9
— — 1823 an 3028 — . .	31408	2	6
— — 1824 an 3205 — . .	44928	7	6
— — 1825 an 3475 — . .	50455	6	6

Hienach ist also nicht bloß die Anzahl der Almosen-Empfänger von Jahr zu Jahr gestiegen, sondern die bewilligten Almosen selbst haben sich in einer nicht verhältnißmäßigen Steigerung vermehrt. Wir können hierbei nur dasjenige wiederholen, was wir beim Tit. 14. der Einnahme, wo von dem bedeutenden Zuschusse die Rede ist, welche die Kommune in den besprochenen 4 Jahren hat leisten müssen, gesagt haben, und hoffen hierin bei unsern Mitbürgern die Ueberzeugung zu erwekken, daß wir unsrerseits dasjenige thun, was auf unserm Standpunkt möglich ist. Mögen aber aus dieser Darstellung auch die Armen-Kommissionen Veranlassung nehmen, bei Bewilligung neuer Almosen und Feststellung der bisherigen, so viel als irgend möglich, ein gewisses Maß zu halten; denn wenn in den folgenden Jahren der Bedarf in gleicher Progression steigen sollte, so würde die Armen-Verwaltung am Ende alle Fonds der Kommune verschlingen. Dringend fordern wir Sie hiermit öffentlich auf, es nicht zu vergessen, daß wir fremdes uns anvertrautes Gut zu verwalten haben, und verpflichtet sind, nicht bloß der Kommune, sondern vor dem Richterstuhl unsers eigenen Gewissens uns Rechenschaft von dem abzulegen, was wir gethan. Gewiß werden Sie, nachdem Ihnen hier die Resultate Ihrer Verwaltung vor Augen gelegt worden, sich selbst verwundern, daß die Ausgaben, die durch Ihre Hände gegangen, so ansehnlich gestiegen sind, und uns ferner nicht Verdruß und Unwillen bezeigen, wenn wir in einzelnen Fällen Ihren Anträgen nicht überall Gehör geben können.

Wenn übrigens die in dem Extract angegebenen Summen höher sind, als die vorstehend angezeigten laufenden Almosen, so dient zur Erläuterung, daß sich unter den erstern auch die extraordinairen Unterstützungen, sowohl an Almosen- als an Nichtalmosen-Empfänger befinden, welche theils aus der Haupt-Armen-Kasse theils aus den Bezirksfonds gezahlt worden sind.

ad 12 b. Holz-Unterstützungen.

An Feuerungs-Materialien sind verabreicht:

pro	$182\frac{1}{2}$	$32\frac{3}{16}$	Haufen	Holz	$85\frac{1}{2}$	Haufen	Torf
—	$182\frac{2}{3}$	$175\frac{1}{4}$	—	—	$85\frac{2}{3}$	—	—
—	$182\frac{3}{4}$	$89\frac{3}{4}$	—	—	$113\frac{3}{4}$	—	—
—	$182\frac{4}{5}$	$116\frac{1}{2}$	—	—	$96\frac{1}{4}$	—	—

Daß pro 1822 nur eine weit geringere Geldsumme als in den 3 folgenden Jahren zur Ausgabe gekommen, rührt daher, daß im ersten Jahre bloß die den Armen, welche keinen eigenen Heerd haben, baar gezahlte Unterstützung hier erscheint, weil dasjenige, was für Holz und Torf in natura ausgegeben worden, bereits in der Rechnung pro 1821 zur Ausgabe gekommen war. Die pro 1823 ausnahmsweise hoch erscheinende Ausgabe ist theils durch den harten Winter des gedachten Jahres, theils dadurch entstanden, daß die von Sr. Königl. Majestät extraordinair zu Holz bewilligten 2000 Rthl. (Einnahme Tit. 11.) über das gewöhnliche Maß vertheilt worden sind.

Wenn aber bei den gelinden Wintern der Jahre 1824 und 1825 dieser Titel bis auf resp. 4737 Rthl. 22 Sgr. 4 Pf. und 5370 Rthl. 26 Sgr. 2 Pf. gestiegen ist, so können wir nicht in Abrede stellen, daß mehrere Armen-Kommissionen uns durch die alljährlich dringend verlangten Nachforderungen über das zur Vertheilung bestimmte Quantum in Verlegenheit setzen; wir benutzen daher die Gelegenheit, welche gegenwärtige Zusammenstellung darbietet, um die Kommissionen darauf aufmerksam zu machen, daß im Jahre 1825, bloß mit dem vorhergehenden Jahre verglichen, beinahe der siebente Theil mehr ausgegeben worden ist. Sollte dies in gleicher Progression fortgehen, so wird in weniger als 7 Jahren noch einmal so viel als pro 1825 erfordert werden, ohne noch dasjenige in Anschlag zu bringen, was ein wirklich harter Winter kosten würde.

ad 12 c. und d. besagen die Rechnungstitel selbst, wofür die Ausgaben geleistet sind, und darf daher nur im Allgemeinen angeführt werden, daß die von den betreffenden Behörden an die hiesige Kommune gemachten Anforderungen nur nach sorgfältiger Prüfung des Rechtsverhältnisses von uns gewährt worden sind.

ad 12 e. Erstattungen an das Arbeitshaus. Wenn Bettler, Vagabonden ꝛc. aus dem Arbeitshause entlassen werden, so geschieht es fast in der Regel, daß ihnen entweder der Betrag einer wöchentlichen Miethe im Voraus gezahlt werden muß, damit sie Obdach erhalten, oder wenn sie an Kleidungsstücken abgerissen sind, daß ihnen das Nothwendigste angeschafft werden muß. Diese Ausgaben können der Natur der Sache nach nur von dem Arbeitshause selbst vorschußweise gemacht, müssen aber, da sie für Rechnung der Armenkasse geschehen, von dieser ersetzt werden.

ad 12 f. Außerordentliche Unterstützungen aus den Königl. und Prinzlichen Fonds. Daß diese Ausgaben mit jedem Jahre gestiegen sind, darüber wird es keiner Rechtfertigung bedürfen, weil der vorhandene Fonds die Mittel zu den aus selbigem erzeigten Wohlthaten nicht bloß dargeboten hat, sondern weil derselbe am Schlusse des Jahres 1825 sogar nicht einmal erschöpft war, und ein nicht unbedeutender Bestand in das Jahr 1826 hat übertragen werden können.

ad Tit. 13. Zur Krankenpflege. Daß die Kosten im Jahre 1824 gegen die pro 1823 von 11457 Rthl. 4 Sgr. 4 Pf. bis auf 15126 Rthl. 9 Sgr. gestiegen sind, rührt zum Theil davon her, daß in Folge der eingeführten verbesserten Krankenpflege noch 8 besoldete Armenärzte und 3 Armen-Wundärzte angestellt worden sind, welche zusammen den Besoldungsetat um 2258 Rthl. 10 Sgr. erhöhet haben. Allein es läßt sich auch begreifen, daß durch die neuen Einrichtungen beim Krankenwesen, wovon der dritte Abschnitt ausführlich handelt, mehr Ausgaben haben herbeigeführt werden müssen, weshalb auf jene Darstellung hier Bezug genommen wird.

Pro 1825 sind zwar im General-Extract nur ausgeworfen	12989 Rthl.	1 Sgr.	3 Pf.
da aber die Apotheker-Rechnungen für das 4te Quartal, deren Betrag auf . .	1930 —	— —	3 —
zu stehen kommt, hierunter nicht begriffen sind, weil sie erst im folgenden Jahre zur Anweisung gekommen, so ist der Bedarf eigentlich auf .	14919 —	1 —	6 —
anzunehmen.			

Im Durchschnitt genommen, und wenn der vermehrte Besoldungsetat hiebei nicht in Anschlag gebracht wird, haben sich daher die Kosten der Krankenpflege circa um $\frac{1}{10}$ gegen den Bedarf pro 1822 vermehrt; wir nehmen daher hievon Veranlassung, die Armen-Kommissionen aufzufordern, bei Bewilligung der freien Arznei die Umstände gründlich zu prüfen; denn nach den uns hie und da zugekommenen Nachrichten können wir die Besorgniß nicht unterdrücken, daß im Ganzen bei

Ausstellung der Qualifications-Atteste zu leicht verfahren werde.

ad Tit. 14. An Zuschüssen zur Unterhaltung der Institute.

a. Der Armenschulkasse.

Das Armenschulwesen bedurfte einer wesentlichen Verbesserung, und wir hoffen, daß unsere Mitbürger mit uns dahin einig seyn werden, daß, wenn es möglich ist, für die Erziehung der armen Jugend recht eingreifend zu wirken, sich dadurch am mehrsten für das Wohl des Ganzen hoffen läßt, und es dürfte sich hierdurch die von Jahr zu Jahr gestiegene Mehrausgabe wohl rechtfertigen. Ein Mehreres über diesen Gegenstand besagt der sechste Abschnitt.

b. Des Waisenhauses.

Auch dieserhalb müssen wir auf dasjenige verweisen, was in dem siebenten Abschnitt ausführlich erörtert worden. Nur so viel sei hier bemerkt, daß eine Summe von 8000 Rthl. im Jahre 1823 zum Ausbau des Waisenhauses den Zuschuß des genannten Jahres an und für sich nicht nur erhöhet hat, sondern daß auch die mindere Ausgabe des Jahres 1822 hauptsächlich daher entstanden ist, weil wir in Folge der nach Uebernahme der Armen-Verwaltung Seitens der Kommune gewonnenen Ansicht im Waisenhause selbst bloß diejenigen Kinder erziehen ließen, welche nothwendig dort aufgenommen werden mußten, dagegen so viel in Kost gaben, als sich passende Stellen fanden. Durch die Einschreischreitung der betreffenden Königl. Kommission bekam die Sache, wie in vorgedachtem Abschnitt näher ausgeführt worden ist, eine andere Gestalt, wodurch die Unterhaltungskosten bedeutend vermehrt werden, da ein Kind im Hause dreimal so viel kostet, als ein außer dem Hause in Pflege befindliches. Uebrigens erhöht sich der Zuschuß zu dem Waisenhause auch deshalb, weil die Zahl der Kostkinder bedeutend im Steigen ist, was als Folge der überhand nehmenden Sittenlosigkeit in den niedrigsten Ständen, der vermehrten Armuth und wahrscheinlich auch der bestehenden Gewerbefreiheit angesehen werden kann.

c. Des Arbeitshauses.

d. Des neuen Hospitals.

e. Des Dorotheen-Hospitals.

f. Des Koppenschen Hospitals.

Da die Zuschüsse zu diesen Instituten sich nicht vermehrt haben, so fällt der Grund weg, hier über die Ausgaben etwas Besonderes anzuführen, und kann lediglich auf die betreffenden Abschnitte Bezug genommen werden.

Vierzehnter Abschnitt.

Schluß-Bemerkungen.

Nach Vorschrift der Städte-Ordnung soll die Armen-Direktion aus dem Bürgermeister nebst Stadtverordneten und Bürgern aus verschiedenen Gegenden der Stadt bestehen; in größern Städten soll außerdem wenigstens der Syndikus und ein anderes Magistrats-Mitglied hinzutreten; auch sollen Geistliche und Aerzte mit aufgenommen werden, und wo die Polizei des Orts einer besondern Behörde außer dem Magistrate übertragen ist, soll auch der Vorsteher der Orts-Polizei Mitglied derselben seyn. Diesemgemäß ist die hiesige Armen-Direktion bei ihrer Constituirung ebenfalls gebildet worden, und hat am Schlusse des Jahres 1825 aus folgenden Mitgliedern bestanden:

1) der Ober-Bürgermeister Büsching, der das Präsidium führt.
2) Mitglieder des Magistrats: der Syndicus Metzing und die Stadträthe de Cuvry, Dietrich, Falkenberg, Keibel, Hesse und Knoblauch;

3) Mitglieder der Stadtverordneten = Versammlung: Braune, Desselmann, Fuß, Reimer und Willmanns.

4) Durch die Wahl der Kommune berufen:
der General = Staabs = Arzt Dr. Büttner,
der Hofrath Heegewaldt,
der Geheime Rath Dr. Heim,
der Geheime Ober=Medizinal=Rath Dr. Horn,
der Kaufmann Lorentz,
der wirkliche Ober=Consistorial=Rath und Propst Dr. Neander,
der Geheime Regierungs=Rath und Polizei=Intendant Rück,
der Hofprediger Sack,
der Kabinets = Sekretair Sasse,
der Geheime Ober = Finanz = Rath Semler,
der General = Staabs = Arzt Dr. von Wiebel.

Was die Veränderungen in dem Personale der Direktion in den Jahren 1822 bis 1825 betrifft, so glauben wir, solche in Ansehung der Herren Stadtverordneten hier übergehen zu können, da diese in der Regel alljährlich nach Beendigung der neuen Stadtverordneten=Wahlen zum großen Theile wechseln. Bei den übrigen Mitgliedern sind folgende Veränderungen eingetreten:

Im Jahre 1822 sind zu unserm gerechten Bedauern ausgeschieden; der Herr Geheime Regierungs=Rath Krug, Herr Stadtrath Bergius, Herr Superintendent Marot und Herr Geheimer Medizinal = Rath Klug; der Herr Stadtrath Barthelemy aber ist mit Tode ab=

gegangen. Im Jahre 1825 verloren wir Herrn Prediger Pauli d. j., der einen Ruf außerhalb erhalten hatte, aus unsrer Mitte. Eingetreten sind in den genannten vier Jahren:

1822 der Herr Hofprediger Sack,
der Herr Prediger Pauli d. j.
der Herr Stadtrath Falkenberg,
der Herr Geheime-Rath Dr. Heim,
1823 der Herr General-Staabs-Arzt Dr. Büttner,
der Herr Stadtrath Knoblauch,
1824 der Herr Kabinets-Sekretair Sasse,
1825 der wirkliche Ober-Consistorial-Rath und Propst Dr. Neander.

Wie sehr das Ganze durch den Zutritt dieser verehrten und geachteten Männer gewonnen hat, darüber schweigen wir billig, weil wir noch jetzt die Freude haben, sie zu unsern Mitgliedern zu zählen.

Aus der gegenwärtigen Darstellung wird man zum Theil entnehmen, von welchem Umfange und wie vielseitig unsere Geschäfte sind, und dennoch kostet die Verwaltung im Ganzen verhältnißmäßig wenig, weil keines der Mitglieder der Armen-Direktion, noch der Vorsitzende in dieser Eigenschaft Gehalt oder irgend ein Emolument bezieht. Da aber hie und da die Aeußerung geschehen ist, daß unsrer obigen Behauptung gerade entgegen, die Administrations-Kosten sich sehr hoch, ja bis auf 25 Prozent beliefen, und es leicht möglich seyn kann, daß diese Meinung sich in dem größern Publikum verbreitet haben mag, so sind wir es uns selbst schuldig, diesen Punkt näher und öffentlich zu beleuchten.

Aus den Extracten unserer Kassen-Verwaltung hat man nämlich folgende Zusammenstellung gemacht:

Die Kosten der Armenpflege sollen betragen:

	Rthl.	Sgr.	Pf.	Rthl.	Sgr.	Pf.
nach Tit. 12 a. an die Armen-Kommissionen				54394	2	9
b. an Holz-Unterstützungen				5370	26	2
c. an extraordinairen Unterstützungen				9792	29	=
				69557	27	11
hierzu die Kosten der Krankenpflege . . .	12989	1	3			
nach Abzug der Gehalte der Armen-Medizinal-Beamten	4533	10	=			
				8455	21	3
				78013	19	2
Die Administrationskosten dagegen:						
nach Tit. 9. An Besoldungen . . .				14343	15	2
nach Tit. 11. An Bureaukosten . . .				1930	25	1
ferner das oben in Abzug gebrachte Honorar der Armenärzte				4533	10	=
				20807	20	3

Hiernach hat es allerdings seine Richtigkeit, daß sich 25 Prozent berechnen lassen; allein wir fragen billig, ob die Armen-Direktion zu den Behörden gezählt werden könne, deren Verwaltung sich nach Prozenten berechnen läßt? Wir behaupten: Nein, denn unsere Arbeit schränkt sich ganz und gar nicht auf diejenigen Armen ein, welche Almosen und Unterstützung erhalten, sondern es ist uns auch aufgegeben, der Armuth zu wehren und Ausgaben zu verhindern, wo sie nicht angewandt seyn würden. Darum verursachen diejenigen Supplicanten, welche zuletzt gar nichts erhalten, die aber desto zudringlicher werden, oft weit mehr Arbeit als wirklich Unterstützte. Abgesehen von den Untersuchungen im Orte, welche bei allen Supplicanten, sie mögen berücksichtigt werden oder nicht, Statt finden, müssen dergleichen Subjekte nicht selten als muthwillige Querulanten verfolgt, und nebst den Winkelschreibern der Polizeibehörde angezeigt werden; oder es ist nöthig, wegen ihres Unterhalts fremde Kommunen in Anspruch zu nehmen; oder man hat wegen ihrer Fortschaffung mit der Behörde zu korrespondiren; oder es sind verpflichtete Verwandte heranzuziehen, was zuletzt wohl gar noch Prozesse verursacht. Mit einem Worte, diejenigen Personen, welche zu dem Haupt-Tableau gar keine Zahlen liefern, kosten eben so viel Arbeit, als die, welche Unterstützung erhalten; und genau genommen, ist die Armen-Direktion in ihrer Stellung eben sowohl eine Polizei-Behörde als eine Verweserin der Wohlthätigkeit. So wenig aber Jemand daran denken wird, die Kosten der Polizei-Verwaltung nach Prozenten zu berechnen, eben so wenig kann dies auf uns Anwendung finden. Gesetzt aber, daß man bei einer Prozent-Berechnung durchaus beharren wollte, so kommt sie doch ganz anders zu stehen, als sie oben angelegt worden. Bei derselben sind zwei Hauptfehler begangen, nämlich:

a. daß das Honorar der Armen-Medizinal-Beamten als Besoldung angenommen worden ist, und
b. daß alle übrigen Verwaltungszweige außer der eigentlichen Armen- und Krankenpflege als nicht hieher gehörig weggelassen worden sind.

Es wird aber wohl Niemand in Abrede stellen,

ad a. daß das Honorar für den Arzt eben sowohl als die Arznei selbst zu den Kosten gerechnet werden muß, welche eine entstandene Krankheit verursacht. Die Armen-Medizinal-Beamten sind also in dieser Beziehung keinesweges Offizanten der Armen-Direktion, sondern man findet sich mit ihnen durch ein fixirtes Honorar ab, anstatt in jedem einzelnen Krankheitsfalle liquidiren zu lassen.

ad b. Kann es nicht als durchweg richtig zugegeben werden, wenn man annimmt, daß darum, weil für die Institute besondere Administrationen bestehen, und diese besonders besoldet werden, die an die Institute aus der Haupt-Kasse gezahlten Zuschüsse nicht mit zum Anschlage gebracht werden könnten. Betrachten wir daher die einzelnen Positionen des Ausgabe-Titels 14, so findet sich

in Betreff der Armen-Schulkasse,

daß gar keine besondere Administration besteht, sondern die mehrsten dahin einschlagenden Geschäfte unmittelbar von der Armen-Direktion, die speziellen Angelegenheiten aber von der Administration des Waisenhauses, ohne besondere Remuneration, besorgt worden, wobei zu bemerken, daß die Verhandlungen mit sämmtlichen Schullehrern wegen Annahme der Kinder, die Revision und Anweisung ihrer monatlichen Rechnungen, die Korrespondenz mit sämmtlichen Schul-Verordneten, wegen der von diesen einzureichenden Untersuchungs-Berichte und die Schreibereien wegen der Baulichkeiten der Armen-Schulhäuser, einen nicht unbedeutenden Zweig unserer Geschäftsführung ausmachen;

in Betreff des Waisenhauses,

daß nicht die Administration, sondern die Armen-Direktion selbst es ist, welche die Aufnahme oder beziehungsweise das Kostgeld bewilligt, und in jedem einzelnen Falle die vorhergehende Untersuchung einleitet, auch bei der Entlassung die anderweitige Unterbringung bewirkt; daß die Direktion mit den vormundschaftlichen Behörden wegen eines jeden Kindes korrespondirt, die Erbentsagungs-Akte vermittelt, und in Betreff der Militair-Waisenkinder mit dem Königl. Potsdamschen Waisenhause verhandelt, kurz überall da, wo mit andern Behörden korrespondirt werden muß, selbstthätig einwirkt, daß in den Monats-Berichten der 61 Armen-Kommissionen der Punkt wegen der Waisenkostkinder ein stehender Artikel ist, und von demselben bei der Direktion selbst die Veranlassung zu weitern Verfügungen genommen wird;

in Betreff des Arbeitshauses,

daß gleiche Verhältnisse Statt finden, und abgesehen von den fast täglichen Mittheilungen mit der hiesigen Königl.

Polizei-Intendantur über die Seitens der letztern dort abgelieferten Sträflinge, mit unzähligen auswärtigen Kommunen wegen Ersatz der Detentions-Kosten für solche Gefangene, die jenen angehören, korrespondirt werden muß. Doch dies alles ist nur ein kleiner Theil der Arbeit, welche der Armen-Direktion durch das Arbeitshaus zuwächst. Fast täglich werden Bettler ꝛc., deren Haft zu Ende gegangen, entlassen, und sehr häufig mit Kleidungsstücken und Geld-Unterstützungen versehen, und dann den betreffenden Armen-Kommissionen überwiesen, und überhaupt giebt es hier der Berührungspunkte mit anderen Behörden so viele, daß man die Grenzen dieses Aufsatzes weit überschreiten müßte, wenn man einen Abriß der Geschäfte, welche diese Special-Verwaltung der Central-Behörde verursacht, aufstellen wollte;

in Betreff des neuen Hospitals,

daß in der Regel täglich von den Armen-Kommissionen Anträge zur Aufnahme eingehen, die aber eben darum, weil der Andrang zu groß ist, nur zum kleinsten Theil berücksichtigt werden können, und daher die genausten Untersuchungen nöthig machen. Auch die Anträge zur Bewilligung von Bruchbändern ꝛc., welche im neuen Hospital angelegt werden, sind sehr häufig, und alles dies sind Gegenstände, welche nicht durch die Administrationen der genannten Institute, sondern durch uns selbst geleitet werden.

Ueberdies aber ist auch sehr zu berücksichtigen, daß diejenigen Mitglieder unsers Kollegii, welche das Curatorium der Anstalten bilden, und wöchentlich die Haus-

Conferenzen abhalten, in unsrer Stelle dort wirken, und man wird sich aus dem Allen überzeugen, wie unhaltbar der angenommene Grund ist, daß darum, weil den Administrations-Beamten der Institute Gehalt gezahlt wird, von diesen auch die dahin einschlagende Arbeit gefordert werden könne. Wenn aber doch einmal auf eine Prozent-Berechnung eingegangen werden soll, so müssen billig auch diejenigen Kosten mit hinzugezogen werden, welche die Erhebung der Einnahme verursacht, und wenn wir auch alle übrigen Titel übergehen wollen, obgleich die Administration so bedeutender Kapitalien ansehnlichen Stoff zu Arbeiten aller Art liefert, so dürfen wir doch vorzugsweise der Einnahme an Kollekten-Geldern aus den Bezirken gedenken. Diese Gelder werden in der Regel monatlich und zum größten Theile in Beiträgen vnn 4 Gr. und 2 Gr. eingezogen, so daß die 23 Stadt-Sergeanten, welche die Gelder einfordern, den größern Theil ihrer Zeit hierauf verwenden müssen. Die Berechnung kommt alsdann folgendermaßen zu stehen.

Die Kosten der Armen-Verwaltung betragen:

	Rthl.	Sgr.	Pf.
Tit. 12 der Ausgabe Armenpflege . .	72516	21	6
Tit. 13 der Ausgabe Krankenpflege nach pag. 239 mit Zurechnung der Arzneikosten des 4ten Quartals 1825	14919	1	6
Tit. 14. Zuschüsse zur Unterhaltung der Institute	69698	22	3
Die Zahlungen aus der Stiftungskasse	5767	1	11
Latus	162901	17	2

	Rthl.	Sgr.	Pf.
Transport	162901	17	2
Wird hierzu nach vorgedachter Bemerkung die Kollekten-Einnahme gezogen, nach Tit. 11. m. der Einnahme mit	24668	6	10
so beträgt die zur Berechnung kommende Summe	187569	24	=
Dagegen betragen die Administrationskosten:			
nach Tit. 9 der Ausgabe an Gehalten	14343	15	2
nach Tit. 11 der Ausgabe an Bureaukosten	1930	25	1
	16274	10	3

welches noch nicht 9 Prozent betragen würde.

Man kann aber behaupten, daß noch nicht 8 Prozent herauskommen, wenn z. B. bei dem Armen-Schulwesen nicht bloß der Zuschuß aus der Haupt-Kasse, sondern die ganze Ausgabe der Kasse selbst, und dagegen bei der Einnahme dasjenige herangezogen wird, was dem nicht Sachkundigen als unerheblich erscheinen möchte. Um nur eins herauszuheben, so haben die zufälligen Geschenke im Jahre 1825 nur 1511 Rthl. betragen, aber mehr Arbeiten verursacht, als 15000 Rthl. anderer Ausgaben oder Einnahmen. Es werden nämlich häufig Geschenke mit unsichern Forderungen gemacht, also mit solchen, wo der Gläubiger wenig Hoffnung hat, selbst etwas zu erlangen, und dem Schuldner doch nichts schenken will. Die Einziehung von dergleichen Schulden kostet sehr viel Mühe und schleppt sich oft Jahrelang fort, so daß unzähligemal erinnert, und wohl gar der Pro=

zeß angestrengt werden muß. Auch die Einziehung der Vermächtnisse erfordert eine unverhältnißmäßige Arbeit.

Wer nach allem demjenigen, was wir hier angeführt haben, die Kosten der Administration dennoch zu hoch finden sollte, den müssen wir auf nachstehenden Besoldungsetat verweisen. Es erhalten nämlich in diesem Augenblick:

a. Expedition.

1) Ein Kanzlei-Inspektor und expedirender Sekretair (welcher, beiläufig gesagt, schon 20 Jahre dem Armenwesen dient)	950 Rthl.
2) Ein expedirender Sekretair, welcher zugleich in den Vormittagsstunden die Gesuche in der Anmeldestube zu Protokoll nimmt, alle nicht durch das Journal gehende Suppliken den Armen-Kommissionen zuweiset, und das Hauptbuch über sämmtliche aus fremden Fonds an hiesige Arme gezahlten Unterstützungen führt	550 —
b. Calculatur.	
Ein Calculator, außer einigen kleinen Gehalts-Antheilen, welche die Institutenkassen zahlen	300 —
c. Kasse.	
Ein Rendant und ein Kontrolleur . . .	1400 —
d. Registratur und Journal.	
5 Beamte	1674 —
Latus	4874 Rthl.

	Rthl.	Sgr.	Pf.
Transport	4874	=	=
e. **Kanzlei.**			
7 Kanzlisten	1290	=	=
f. **Kanzleidiener**			
sind drei angestellt, welche den Dienst nicht bloß bei sämmtlichen Mitgliedern des Kollegii, sondern auch resp. bei der Kasse, Kanzlei und bei der Registratur als Aktenhefter versehen müssen, und von denen der älteste zugleich als Kastellan fungirt	816	28	9
g. **Untersuchungs-Kommissarius.**			
Nach dem Abgang des früher lange gedienten Inspektors **Ritterhoff**, welcher 600 Rthl. empfing, sind für dessen Nachfolger an Diäten bewilligt	400	=	=
Der, für die Armen-Kommission in der Rosenthaler und Oranienburger Vorstadt zu Hülfe angestellte Diätarius erhält monatlich 10 Rthl.	120	=	=
h. **Stadt-Sergeanten** *).			
Sind 23, und erhalten außer 12 Rthl. monatlichen Gehalts und 10 Rthl. Neujahrsgeld, Montirungsstücke in natura, die Kosten für jeden betragen jährlich 189 Rthl. zusammen	4347	=	=
Latus	11847	28	9

*) Von den Amtsverrichtungen derselben besagt der Abschnitt II, pag. 46 das Nähere.

	Rthl.	Sgr.	Pf.
Transport	11847	28	9
i. Distriktsboten.			
Deren sind 6 angestellt, welche die Korrespondenz mit den 61 Armen-Kommissionen, auch die den einzelnen Almosen-Empfängern in allen Stadttheilen zugehenden Dekrete austragen. Diese Leute sind nicht als besoldete Offizianten zu betrachten, sondern werden aus Armen, die sonst doch Unterstützung erhalten müßten, ausgewählt, und erhalten täglich 10 Sgr. und außerdem 10 Rthl. zu Holz und Neujahr, macht für 6 Personen . . .	790	=	=
k. Armenwächter.			
1 Armen-Wachtmeister incl. Bekleidung à 35 Rthl.	272	=	=
12 Armenwächter *), welche auf Kündigung angenommen werden, und deren jeder monatlich 6 Rthl. Gehalt und zur Miethe, zu Holz, zur Bekleidung und an Neujahrsgeld jährlich erhalten 109 Rthl. 10 Sgr. **)	1312	=	=
Die ganze Administration kostet also jährlich	14221	28	9

*) Von den Berufspflichten dieser Männer handelt der Abschnitt II. pag. 27.

**) Die Armenwächter gehören eigentlich nicht zur Berechnung, denn sie thun nichts für die Armenpflege, sie verrichten vielmehr ortspolizeiliche Functionen.

und es wird hoffentlich von Jedermann gern zugegeben werden, wie das Gehalt jedes Einzelnen so sparsam zugemessen sey, daß besonders diejenigen, welche Familienväter sind, der Nahrungssorgen sich kaum erwehren können. Zwar könnte nun noch die Frage aufgeworfen werden, ob es nicht möglich sey, die Zahl der angestellten Offizianten zu vermindern, allein diese müssen wir ganz einfach durch die Anführung beantworten, daß im Jahre 1825 nicht weniger als 17267 Vortrags-Nummern bearbeitet worden sind. Wer also auch nur eine ganz oberflächliche Kenntniß von der Bureau-Verfassung hat, muß mit Recht erstaunen, dass es uns möglich ist, mit einem so geringen Registratur- und Kanzlei-Personale auszureichen, besonders wenn wir bemerken, daß bei weitem der größere Theil der Unterstützungs-Gesuche nicht durch das Haupt-Journal geht, sondern durch ein in der Anmeldestube geführtes besonderes Journal unmittelbar den Armen-Kommissionen zugewiesen wird. Ja, die Verwunderung würde sich noch mehren, wenn wir den eigenthümlich schwierigen Dienst unsrer Registratur ausführlich auseinander setzen wollten. Und in der That ist es nur dadurch möglich geworden, die Registratur- und Kanzlei-Geschäfte mit einem so geringen Personale zu bestreiten, daß wir Alles, was irgend häufiger vorkommt, haben schematisiren und drucken lassen, so daß es in solchen Fällen nur einer kurzen Ausfüllung bedarf.

So glauben wir also auch in Beziehung auf die Verwaltungskosten Alles zu thun, was Recht und Pflicht von uns fordern, und indem wir hiermit unsern Verwaltungs-Bericht schließen, empfehlen wir nochmals die sämmtlichen Armen-Anstalten und die Armen selbst der Allerhöchsten und höchsten Gnade, dem Wohlwollen der hohen Behörden und der regen Theilnahme unsrer geehrten Mitbürger.

Beilage A.

Nachweisung

der

mit der hiesigen Stadtarmen= und Krankenpflege unmittelbar beschäftigten Personen.

1. Armen=Kommission für a) den Heilige=Geist=Straßen=, b) den Landschafts=, c) den Nicolai=Kirch= und d) den Post=Bezirk.

Gehört zum 1sten Medicinal=Bezirk und begreift in sich:

Heilige=Geist=Straße, Burgstraße, Nr. 1 bis incl. 24., kleine Burgstraße, Spandauerstraße Nr. 3. bis incl. 25. und Nr. 56. bis incl. 77., Pankowsgasse, Brauhausgasse, Papenstraße Nr. 13., Propstgasse, Nikolai=Kirchhof, Nikolai=Kirchgasse, Eiergasse Nr. 2. und 3., Poststraße, Königsstraße Nr. 1. bis incl. 18. und Nr. 49. bis incl. 69.

Vorsteher: Herr Ganzel, Kaufmann.

Mitglieder:

Herr Brendel jun., Kaufmann und Bezirksvorsteher.
= Crüsemann, Kaufmann und Stadtverordneter.
= Gustmann, Gastwirth.
= Hoffmann, Hof=Edelsteinschleifer.
= Krüger, Leinwandhändler.

Herr Schubert, Kaufmann und Bezirksvorsteher.
= Schütte, Kaufmann und Bezirksvorsteher.
= Siebert, Rentier.
= Wander, Buchbindermeister.
= Wesenberg, Kaufmann.

Arzt: Herr Dr. und Professor Wagner.
Augenarzt: Herr Dr. Helling.
Wundarzt Herr Rath.
Apotheker: Herr Soltmann.

---

2. Armen-Kommission für a) den neue Markt-, b) den Garnison-Kirch-, und c) kleine Jüdenhof-Bezirk.

Gehört zum 2ten Medicinal-Bezirk und begreift in sich:

Rosenstraße, Papenstraße Nr 9. bis incl. 12. und Nr. 14. bis incl. 16., neue Markt einschließlich des Wachthauses, Bischofsstraße Nr. 12. bis incl. 21., Bullenwinkel, Marien-Kirchhof Nr. 1. bis incl. 4., neue Friedrichsstraße Nr. 29. bis incl. 75., an der Spandauer-Brücke, hinter der Garnison-Kirche, Burgstraße Nr. 25. bis incl. 27., Heilige-Geist-Gasse, Heilige-Geist-Kirchhof, Heilige-Geist-Hospitalhof, Heidenreutergasse, Spandauerstraße Nr. 1. und 2. und Nr. 78. bis incl. 81., Berliner Wursthof, Königs-Mauer Nr. 30. bis incl. 41., kleine Jüdenhof, Rosmariengasse.

Vorsteher: Herr Werlitz, Ober-Inspektor der hiesigen Garnison-Verwaltung.

Mitglieder:

Herr Blumberg, Bäckermeister und Bezirksvorsteher.
= Briet, Buchbindermeister und Bezirksvorsteher.
= Collberg, Kaufmann.
= Klinsmann, Kaufmann.
= Lehmann, Destillateur.
= Müller, Rentier und Bezirksvorsteher.
= Raasch, Weinhändler und Stadtverordneter.
= Sauerhering, Kaufmann.

Arzt: Herr Dr. Meyer.
Augenarzt: Herr Dr. Schupcke.
Wundarzt: Herr Mewers.
Apotheker: Herr Rose.

---

3. Armen-Kommission für a) den Gouvernements-, b) den Rathhaus- und c) den Molkenmarkt-Bezirk.

Gehört zum 1sten Medicinal-Bezirk und begreift in sich:

Jüdenstraße, große Jüdenhof, Siebergasse Nr. 7., Spandauerstraße Nr. 26. bis incl. 55., Nagelgasse, Reetzengasse, Eiergasse Nr. 1. und 4., Stralauerstraße Nr. 23. bis incl. 39., Molkenmarkt, Mühlendamm, Bollengasse, Krögel.

Vorsteher: Herr Gaum, Kaufmann.

Mitglieder:

Herr Alfieri, Kaufmann.
" Dellschau, Schulvorsteher und Stadtverordneter.
" Harnecker, Schlossermeister.
" Kühne, Tischlermeister und Bezirksvorsteher.
" Kuhnert, Kaufmann.
" Lüttke, Hutfabrikant und Stadtverordneter.
" Mittler, Buchhändler und Stadtverordneter.
" Notz, Kleidermacher.
" Stabenow, Posamentier und Bezirksvorsteher.
" Wernicke, Kaufmann und Bezirksvorsteher.

Arzt: Herr Dr. und Professor Wagner.
Augenarzt: Herr Dr. Helling.
Wundarzt: Herr Rath.
Apotheker: Herr Simon.

4. Armen-Kommission für a) den Kadettenhaus- und b) den Königsbrücken-Bezirk.

Gehört zum 1sten Medicinal-Bezirk und begreift in sich:

Neue Friedrichsstraße Nr. 1. bis incl. 28., Nr. 76. bis incl. 82. und Nr. 85. bis incl, 107., Stralauer-Mauer Nr. 16., Bullenwinkel Nr. 1. bis incl. 6., an der Stralauer-Brücke, Königsstraße Nr. 27. bis incl. 38., Königs-Mauer Nr. 1. bis incl. 29. — Nr. 42. bis incl. 53. und Nr. 59.

Vorsteher: Herr Löhder, Kaufmann.

Mitglieder:

Herr Kargau, Kaufmann.
Karpe, Glasermeister und Bezirksvorsteher.

Herr Mourgues, Kaufmann.
= Müller, Kaufmann und Bezirksvorsteher.
= Richter I, Kaufmann.
= Richter II., Färbermeister.
= Stuhr, Kaufmann.

Arzt: Herr Dr. Meyer.
Augenarzt: Herr Dr. Helling.
Wundarzt: Herr Mewers.
Apotheker: Herr Lezius.

5. Armen-Kommission für den Waisenhaus-Bezirk.

Gehört zum 2ten Medicinal-Bezirk und begreift in sich:

Stralauerstraße Nr. 1. bis incl. 14. und Nr. 50. bis incl. 58., Stralauer-Mauer Nr. 1. bis incl. 15. und Nr. 17. bis incl. 25., Paddengasse, neue Friedrichsstraße Nr. 108.

Vorsteher: Herr Buro, Königl. Geheimer General-Postamts-Secretair.

Mitglieder:

Herr Flemming, Lehrer.
= Rablo, Kaufmann.
= Schöne, Schneidermeister
= Schultze, Kaufmann und Bezirksvorsteher.
= Schultze jun., Lohgerbermeister.
= Weidling, Kaufmann.

Arzt: Herr Dr. Meyer
Augenarzt: Herr Dr. Schupcke.
Wundarzt: Herr Mewers.
Apotheker: Herren Hummel und Jaenicke.

6. Armen-Commission für a) den Parochial-Kirch-, und b) den grauen Kloster-Bezirk.

Gehört zum 2ten Medicinal-Bezirk und begreift in sich:

Stralauerstraße Nr. 15. bis incl. 22. und Nr. 40. bis incl. 49. — Klosterstraße Nr. 30. bis incl. 78., Kronengasse, Siebergasse Nr. 1. bis incl. 6. und Nr. 8. bis incl. 18., Parochial-Kirchgasse, neue Friedrichsstraße Nr. 83. und 84., Bullenwinkel Nr. 7. bis incl. 11.

Vorsteher: Herr Täge, Kaufmann.

Mitglieder:

Herr Arendt, Handschuhmachermeister.
- Göricke, Bäckermeister.
- Herz sen., Färbermeister und Bezirksvorsteher.
- Müller, Destillateur.
- Peters, Tischlermeister und Bezirksvorsteher.
- Sarre, Seifensiedermeister.
- Spiegelberg, Gastwirth.

Arzt: Herr Dr. Meyer.
Augenarzt: Herr Dr. Schupcke.
Wundarzt: Herr Mewers.
Apotheker: Herren Hummel und Jänike.

7. Armen-Kommission für a) den hohe Steinweg-, und b) den Marien-Kirch-Bezirk.

Gehört zum 2ten Medicinal-Bezirk und begreift in sich:

Hohe Steinweg, Bischofstraße Nr. 1. bis incl. 11. und Nr. 22. bis incl. 28., Klosterstraße Nr. 1. bis incl. 29., und Nr. 79. bis incl. 112., Königsstraße Nr. 19. bis incl. 26., und Nr. 39. bis incl. 48., Marien-Kirchhof Nr. 5. bis incl. 22., Königs-Mauer Nr. 54. bis incl. 58., Papenstraße Nr. 1. bis incl. 8., und Nr. 17. bis incl. 24., neue Gasse.

Vorsteher: Herr Meixner, Registrator.

Mitglieder:

Herr Breitschuch, Kürschner.
- Bugge, Braueigner und Bezirksvorsteher.
- Charton, Kaufmann.
- Dietert, Kaufmann.
- Herrmann, Kaufmann.
- Lindemann, Tischlermeister und Bezirksvorsteher.
- Mahling, Schulvorsteher.
- Rauch, Bäckermeister und Stadtverordneter.
- Reetz, Kaufmann und Stadtverordneter.
- Tropfke, Tischlermeister.
- Zahrt, Tischlermeister.

Arzt: Herr Dr. Meyer.
Augenarzt: Herr Dr. Schupke.
Wundarzt: Herr Mewers.
Apotheker: Herr Allouchery.

---

8. Armen-Commission für a) den Schloß-, b) den Brüderstraßen- und c) den Schickler-Bezirk.

Gehört zum 3ten Medicinal-Bezirk und begreift in sich:

Das Königliche Schloß und Waschhaus, Börsenhaus, neue Packhof, hinter dem neuen Packhof, Schloßfreiheit, an den Werderschen Mühlen, Stechbahn, Schloßplatz, an der Schleuse, Brüderstraße, Neumannsgasse, Spreegasse, Bullenwinkel, Scharrnstraße, Nr. 9a bis incl. 19., Friedrichsgracht Nr. 47. bis incl. 61., neue Kirchgasse, Gertraudtenstraße Nr. 8. bis incl. 19., Petri-Kirch-Platz Nr. 4., alte Grünstraße.

Vorsteher: Herr Beuster, Inspektor.

Mitglieder:

Herr Ehrhard, Apotheker und Bezirksvorsteher.
 = Friese, Bäckermeister.
 = Heymann, Schlossermeister und Bezirksvorsteher.
 = Riefenstahl, Inhaber einer musikalischen Instrumenten-Handlung.
 = Riemann, Buchhändler.
 = Schiele, Kaufmann und Bezirksvorsteher.
 = Stuhr, Kaufmann.

Arzt: Herr Dr. und Professor Wagner.
Augenarzt: Herr Dr. Helling.
Wundarzt: Herr Kriele.
Apotheker: Herr Ehrhard.

---

9. Armen-Kommission für a) den Insul- und b) den Köllnsche Fischmarkt-Bezirk.

Gehört zum 3ten Medicinal-Bezirk und begreift in sich:

Fischerbrücke, Köllnsche Wursthof, Fischerstraße, Schornsteinfegergasse, am Köllnschen Fischmarkt, alte Roßstraße Nr. 1. bis incl. 4. und Nr. 28. bis incl. 34.

Vorsteher: Herr Schultze, Hofrath.

Mitglieder:

Herr Albrecht, Kaufmann und Stadtverordneter.
= Diezelsky, Kaufmann und Stadtverordneter.
= Götze, Kaufmann.
= Hoffmann, Posamentier.
= Hutter, Glaser.
= Klug, Kaufmann.
= Le Comte sen., Kaufmann.
= Le Comte jun., Kaufmann.
= Protzen, Kaufmann und Bezirksvorsteher.
= Schaeffer, Seilermeister.

Arzt: Herr Dr. und Professor Wagner.
Augenarzt: Herr Dr. Helling.
Wundarzt: Herr Kriele.
Apotheker: Herr Schmidt.

10. Armen-Kommission für a) den Rittergassen- und b) den Breitestraßen-Bezirk.

Gehört zum 3ten Medicinal-Bezirk und begreift in sich:

Roßstraße Nr. 5. bis incl. 14. und Nr. 16. bis incl. 27., Rittergasse, Petristraße, Breitestraße, Scharrnstraße Nr. 1. bis incl. 9. und Nr. 20. bis incl. 23., Petri-Kirchplatz Nr. 1. bis incl. 3., Gertraudtenstraße Nr. 1. bis incl. 7. nnd Nr. 20. bis incl. 27.

Vorsteher: Herr Eduard Lieber, Kaufmann.

Mitglieder:

Herr Bergemann, Seifensieder und Bezirksvorsteher.
= Jaster, Kaufmann.
= Landré, Handschuhmacher.
= Lieber sen., Kaufmann und Bezirksvorsteher.
= Lieber, Glasermeister.
= Lebbihn, Essigfabrikant.
= Wallroth, Seifensieder.
= Willmanns, Juvelier und Stadtverordneter.

Arzt: Herr Dr. und Professor Wagner.
Augenarzt: Herr Dr. Helling.
Wundarzt: Herr Kriele.
Apotheker: Herr Becker.

11. Armen-Kommission für a) den Kurstraßen-, b) den Rauletshof-, c) den Hausvoigteiplatz- und d) den Zeughaus-Bezirk.

Gehört zum 4ten Medicinal-Bezirk und begreift in sich:

Kurstraße, alte Leipzigerstraße, Kreuzgasse, Schustergasse, Niederwallstraße, Rauletshof, Adlerstraße, Holzgartenstraße, Unterwasserstraße, Oberwasserstraße, Hausvoigteiplatz, kleine Jägerstraße, Jerusalemerstraße Nr. 24., Mohrenstraße Nr. 37. a. b. bis incl. 40, Oberwallstraße, Jägerstraße Nr. 32. bis incl. 43., Werdersche Markt, am alten Packhof, Marktstraße, Falkoniergasse, Rosenstraße, Niederlage-Wallstraße, Niederlagestraße, Prinzengasse, Platz am Zeughause, am Festungsgraben, hinterm Gießhause, Mollersgasse, am Zeughause.

Vorsteher: Herr Eysenhardt, Rendant.

Mitglieder:

Herr Gladebeck, Kaufmann und Bezirksvorsteher.
- Haack, Braueigner und Stadtverordneter.
- Halfter, Schornsteinfegermeister und Bezirksvorsteher.
- Hartmann, Schwerdtfeger.
- Humblot, Seidenfärber und Bezirksvorsteher.
- Mertens, Tischlermeister und Bezirksvorsteher.
- Sarre, Seifensieder.
- Schramm, Instrumentenmacher und Stadtverordneter.
- Steinbrecher, Klempnermeister.
- Uhde, Hofrath und Stadtverordneter.
- Wegener, Kaufmann.
- Ziegler, Schmiedemeister.

Arzt: Herr Hofmedikus Dr. Kunzmann.
Augenarzt: Herr Dr. Helling.
Wundarzt: Herr Kutzer.
Apotheker: Herr Schönberg.

12. Armen-Kommission für a) den Pariser Platz, b) den Dorotheenstädtschen Kirch-, c) den Akademie-, d) den Dorotheenstraßen- und e) den Bauhof-Bezirk.

Gehört zum 5ten Medicinal-Bezirk und begreift in sich:

Pariser Platz, unter den Linden, Wilhelmsstraße Nr. 68. bis incl. 70 b., am Brandenburger Thor innerhalb und außerhalb der Ringmauer, kleine Wallstraße, Neustädtsche Kirchstraße, kleine Kirchgasse, Friedrichsstraße Nr. 83. bis incl. 104, und Nr. 137. bis 164., Rosmarienstraße, Charlottenstraße Nr. 22 bis incl. 29., Mittelstraße, Dorotheenstraße, Universitätsstraße, Universitätsgebäude, Platz am Opernhause, Bauhof, Bauhofsgasse, Georgenstraße, Weidendamm, am Kupfergraben.

Vorsteher: Herr Radcke, Kanzlei-Sekretair.

Mitglieder:

Herr Beyer, Schneidermeister.
= Freitag, Hofschneidermeister und Stadtverordneter.
= Gerold, Kaufmann und Bezirksvorsteher.
= Grunow, Hofkonditor.
= Moser, Steinmetzmeister und Bezirksvorsteher.
= Koch, Schmiedemeister und Bezirksvorsteher.
= Pages, Handschumacher und Bezirksvorsteher.
= Schultze, Klempnermeister.
= Thiede, Tischlermeister.
= Werner, Seifensiedermeister.
= Wutcke, Mehlhändler und Bezirksvorsteher.

Arzt: Herr Hofmedikus Dr. Busse.
Augenarzt: Herr Dr. Schupcke.
Wundarzt: Herr Lämmerhirt.
Apotheker: Frau Wittwe Lucae.
= Herr Filter.

13. Armen-Kommission für a) den Behrenstraßen-, b) den Französische Straßen- und c) den Ecole de Charité-Bezirk.

Gehört zum 5ten Medicinal-Bezirk und begreift in sich:

Behrenstraße Nr. 3. bis incl. 68., Mauerstraße Nr. 32., Charlottenstraße Nr. 30., Französische Straße Nr. 1. bis incl. 26. und Nr. 46. bis incl. 68., Kanonierstraße Nr. 10. bis incl. 35., Friedrichsstraße Nr. 76. bis incl. 82. und Nr. 165. bis incl. 175., Jägerstraße Nr. 1. bis incl. 6., Nr. 8. bis incl. 20. und Nr. 57. bis incl. 76.

Vorsteher: Herr Liman, geh. expeb. Sekretair und Calculator.

Mitglieder:

Herr Engler, Bürstenfabrikant und Bezirksvorsteher.
= Fasquel, Bäckermeister und Stadtverordneter.

Herr Geiß, Goldarbeiter.
= Lummert, musikalischer Instrumentenmacher.
= Mink, Sattlermeister.
= Naegelin, Kaufmann.
= Raabe, Seifensiedermeister und Bezirksvorsteher.
= Weck, Buchbindermeister.
= Witte, Bäckermeister und Bezirksvorsteher.

Arzt: Herr Hofmedikus Dr. Busse.
Augenarzt: Herr Dr. Schupcke.
Wundarzt: Herr Lämmerhirt.
Apotheker: Herr Helming.
Riedel.

---

14. Armen=Kommission für a) den Gensd'armes-Markt=, b) den Taubenstraßen=, c) den Mohrenstraßen= und d) den Ordens=Palais=Bezirk.

Gehört zum 5ten Medicinal=Bezirk und begreift in sich:

Gensd'armes-Markt, hinter der Katholischen Kirche, Markgrafenstraße Nr. 41. bis incl. 54., Jägerstraße Nr. 7., Nr. 21. bis incl. 31. und Nr. 44. bis incl. 56., Französische Straße Nr. 27. bis incl. 45., Taubenstraße, Charlottenstraße Nr. 19. bis incl. 21. und Nr. 31. bis incl. 43., Mohrenstraße Nr. 1. bis incl. 30., Nr. 32. bis incl. 37. und Nr. 41. bis incl. 66., Mohrenbrücke, Kanonierstraße Nr. 2. bis incl. 9. und Nr. 36. bis incl. 45., Friedrichsstraße Nr. 66. bis incl. 75. und Nr. 176. bis incl. 184., Mauerstraße Nr. 16. bis incl. 31. und Nr. 33. bis incl. 55., Wilhelmsstraße Nr. 62. bis incl. 67. und Nr. 71. bis incl. 79., Wilhelmsplatz, Behrenstraße Nr. 1. und 2. und Nr. 69. bis incl. 72.

Vorsteher: Herr Bothe, Geheimer Haupt=Banko-Registrator.

Mitglieder:

Herr Dannenberg, Kaufmann.
= Griesling, Hof=Instrumentenmacher.
= Ravené, Bronzeur und Bezirksvorsteher.
= Rubel, Kaufmann.
= Schlott, Hof=Instrumentenmacher und Bezirksvorsteher.
= Seeger, Butterhändler.
= Selip, Sattlermeister und Bezirksvorsteher.
= Strehmann, Kaufmann.
= Teichert, Essigbrauer und Bezirksvorsteher.
= Winkler, Mechanikus.

Arzt: Herr Hofmedikus Dr. Busse.
Augenarzt: Herr Dr. Schupcke.
Wundarzt: Herr Lämmerhirt.
Apotheker: Herr Riedel.
" " Flittner.
" " Bärwald.

15. Armen-Kommission für a) den zweiten Charlottenstraßen-, b) den ersten Charlottenstraßen-, c) den zweiten Markgrafenstraßen-, und d) den Dom-Hospital-Bezirk.

Gehört zum 6ten Medicinal-Bezirk und begreift in sich:

Kronenstraße Nr. 19. bis incl. 24. und Nr. 46. bis incl. 54., Charlottenstraße Nr. 2. bis incl. 18., 44. bis incl. 65. und Nr. 67. und 68., Markgrafenstraße Nr. 20. bis incl. 40., jedoch mit Ausnahme des Hauses Nr. 32 a. und Nr. 55. bis incl. 79., Leipzigerstraße Nr. 36. bis incl. 42. und Nr. 69. bis incl. 74., Mohrenstraße Nr. 31., Krausenstraße Nr. 13. bis incl. 33., Nr. 44. bis incl. 62., Schützenstraße Nr. 6. bis incl. 25. und Nr. 52. bis incl. 69., Zimmerstraße Nr. 26. bis incl. 41. und Nr. 53. bis incl. 76., Kochstraße Nr. 54. und Nr. 59., Jerusalemerstraße Nr. 5. bis incl. 9. und Nr. 46. bis incl. 51.

Vorsteher: Herr Rumpf, Hofrath.

Mitglieder:

Herr Dettmers, Tischlermeister.
" Hopfgarten, Bronzeur und Bezirksvorsteher.
" Kiefert, Tischlermeister.
" Köhler, Kaufmann und Bezirksvorsteher.
" Protzen, Rentier und Bezirksvorsteher.
" Retzdorff, Kaufmann.
" Schramm, Bäckermeister und Stadtverordneter.
" Wenderoth, Seidenknopfmachermeister und Bezirksvorsteher.
" Wernicke, Bäckermeister.

Arzt: Herr Medicinal-Rath Dr. Klaatsch.
Augenarzt: Herr Dr. Helling.
Wundarzt: Herr Gabriel.
Apotheker: Herr Friedrich.

16. Armen-Kommission für a) den Schinkenbrücken-, b) den Dönhoffschen Platz- und c) den Jerusalemer-Kirch-Bezirk.

Gehört zum 6ten Medicinal-Bezirk und begreift in sich:

Kronenstraße Nr. 25. bis incl. 45., Leipzigerstraße Nr. 43. bis incl. 68., Jerusalemerstraße Nr. 1. bis incl. 4. — Nr. 10. bis incl. 23., Nr. 25. bis incl. 45., Nr. 52. bis incl. 58. und Nr. 60. bis incl. 66., Markgrafenstraße Nr. 32 a., Spittelbrücke Nr. 6 bis incl. 13., Neue Commandantenstraße Nr. 1. und 2. und Nr. 31. bis incl. 40., Krausenstraße Nr. 34. bis incl. 43., Schützenstraße Nr. 26. bis incl. 51., Lindenstraße Nr. 37. bis incl. 80., Zimmerstraße Nr. 42. bis incl. 52., Kochstraße Nr. 40. bis incl. 42.

Vorsteher: Herr Töche, Rechnungsrath.

Mitglieder:

Herr Becker, Kaufmann.
- Bilz, Schneidermeister.
- Dotti, Kaufmann.
- Eiffert, Klempnermeister.
- Glasius, Sattlermeister.
- Höhne, Kaufmann und Bezirksvorsteher.
- Dr. v. Koenen, Geh. Ober-Medicinal-Rath und Stadtverordneter.
- Neumann, Kaufmann.
- Obrich, Seifensiedermeister.
- Spitta, Kaufmann und Bezirksvorsteher.

Arzt: Herr Medicinalrath Dr. Klaatsch.
Augenarzt: Herr Dr. Helling.
Wundarzt: Herr Gabriel.
Apotheker: Herr Staberoh.
" " Hertel.

---

17. Armen-Kommission für a) den Leipziger-Platz-, b) den Friedrichsstädtschen Scharrn- und c) den Bau-Akademie-Bezirk.

Gehört zum 6ten Medicinal-Bezirk und begreift in sich:

Leipziger Platz, Leipzigerstraße Nr. 1. bis incl. 14. und Nr. 97. bis incl. 117., Wilhelmsstraße Nr. 41. bis incl. 61.

und Nr. 80. bis incl. 101., Zimmerstraße Nr. 1. bis incl. 25. und Nr. 77. bis incl. 100., Schützenstraße Nr. 1. bis incl. 5. und Nr. 70. bis incl. 79., Friedrichsstraße Nr. 44. bis incl. 55. und Nr. 200. bis incl. 208, Mauerstraße Nr. 1., Charlottenstraße Nr. 66., an der Communication beim Potsdamer Thore, die Etablissements im Thiergarten am Wege nach dem Hofjäger, an der Stadtmauer mit Inbegriff des Schulgartens, und an der Chaussee nach Potsdam, Neu-Schöneberg.

Vorsteher: Herr Martins, Geh. expeb. Sekretair.

Mitglieder:

Herr Alexander, Sattlermeister.
" Fleischinger, Tischlermeister und Bezirksvorsteher.
" Haack, Seidenfabrikant und Bezirksvorsteher.
" Kemper, Gastwirth.
" Röhlich, Glasermeister.
" Schmidt I., Parochial-Schullehrer und Bezirksvorsteher.
" Schmidt II., Schlossermeister.
" Schultze, Sattlermeister.
" Vogel, Tischlermeister.

Arzt: Herr Medicinalrath Dr. Klaatsch.
Augenarzt: Herr Dr. Helling.
Wundarzt: Herr Gabriel.
Apotheker: Herr Bärwald.
" " Koblank.

18. Armen-Kommission für a) den Böhmische Kirch-, b) Städte-Kassen, und c) den Dreifaltigkeits-Kirch-Bezirk.

Gehört zum 6ten Medicinal-Bezirk und begreift in sich:

Mauerstraße Nr. 2. bis incl. 15. und Nr. 56. bis incl. 95., Krausenstraße Nr. 1. bis incl. 12. und Nr 63. bis incl. 77., Friedrichsstraße Nr. 56. bis incl. 65. und Nr. 185. bis incl. 199., Charlottenstraße Nr. 55 a., Leipzigerstraße Nr. 15. bis incl. 35. und Nr. 75. bis incl. 96., Kronenstraße Nr. 1. bis incl. 18. und Nr. 55. bis incl. 76., Kanonierstraße Nr. 1.

Vorsteher: Herr Stägemann, Bürgermeister.

Mitglieder:

Herr Braune, Schuhmachermeister und Stadtverordneter.
Dietrich, Kaufmann und Stadtverordneter.

Herr Keßler, Kaufmann.
- Rode, Graveur und Bezirksvorsteher.
- Schackwitz, Kaufmann.
- Schaner, sen., Kaufmann und Stadtverordneter.
- Schaner, jun., Kaufmann und Bezirksvorsteher.
- Schieß, Kaufmann und Bezirksvorsteher.
- Schmidt, Kaufmann und Bezirksvorsteher.
- Schröder, Glasermeister.
- Wurl, Rentier.

Arzt: Herr Medicinalrath Dr. Klaatsch.
Augenarzt: Herr Dr. Helling.
Wundarzt: Herr Gabriel.
Apotheker: Herr Bärwald.
- - Friedrich.

19. Armen-Kommission für den Anspachsche Palais-Bezirk.

Gehört zum 7ten Medicinal-Bezirk und begreift in sich:

Wilhelmsstraße Nr. 19. bis incl. 39. und Nr. 102. bis incl. 126.

Vorsteher: Herr Koeltz, Stadtgerichts Kanzlei-Sekretair.

Mitglieder:

Herr Dittner, Kaufmann.
- Drewitz, Bäckermeister.
- Gocht, Kaufmann und Bezirksvorsteher.
- Herrmann, Fabrikant.
- Kaempf, Rentier.
- Küntzel, Rentier und Stadtverordneter.
- Mann, Tischlermeister.
- Schreiber, Fabrikant.

Arzt: Herr Dr. Gebike.
Augenarzt: Hr. Dr. Helling.
Wundarzt: Herr Taubeneck.
Apotheker: Herr Koblank.

20. Armen-Kommission für den Schindlersche Waisenhaus-Bezirk.

Gehört zum 7ten Medicinal-Bezirk und begreift in sich:

Wilhelmsstraße Nr. 1. bis incl. 18. und Nr. 127. bis incl. 147.

Vorsteher: Herr Gaede, Geheimer Registrator.

Mitglieder:

Herr Bergmann, Fabrikant.
- Donath, Fabrikant.
- Herrmann, Fabrikant.
- Krebs, Lakirer.
- Lerche, Geheimer Sekretair.
- Reimann, Fabrikant und Bezirksvorsteher.
- Seidenschnur, Kaufmann.

Arzt: Herr Dr. Gebike.
Augenarzt: Herr Dr. Helling.
Wundarzt: Herr Taubeneck.
Apotheker: Herr Koblank.

21. Armen-Kommission für a) den Friedrichs-Wilhelms-Gymnasium-, und b) den Kochstraßen-Bezirk.

Gehört zum 7ten Medicinal-Bezirk und begreift in sich:

Friedrichsstraße Nr. 13. bis incl. 43. und 209. bis incl. 238., Kochstraße Nr. 1. bis incl. 26., Nr. 28. bis incl. 39., Nr. 43. bis incl. 53., Nr. 55. bis incl. 58. und Nr. 60. bis incl. 75., Wilhelmsstraße Nr. 40., Charlottenstraße Nr. 1., Jerusalemerstraße Nr. 59.

Vorsteher: Herr Wedell, Kaufmann.

Mitglieder:

Herr Bote, Tischlermeister und Bezirksvorsteher.
- Gosebruch, Zimmermeister und Stadtverordneter.
- Köppler, Schlossermeister.
- Kreusch, Schulvorsteher und Bezirksvorsteher.
- Kuppert, Schlächtermeister.
- Raum, Tischlermeister und Stadtverordneter.
- Scheuritzel, Seidenfabrikant.
- Stelling, Tischlermeister.
- Uhlmann, Töpfermeister.

Arzt: Herr Dr. Gedike.
Augenarzt: Herr Dr. Helling.
Wundarzt: Herr Taubeneck.
Apotheker: Herr Koblank.

---

22. Armen-Kommission für den Belle-alliance-Platz-Bezirk.

Gehört zum 7ten Medicinal-Bezirk und begreift in sich:

Friedrichsstraße Nr. 1. bis incl. 12. und Nr. 239. bis incl. 251., Belle-alliance-Platz Nr. 11. bis incl. 23; an der Kommunication Nr. 20. bis 23.

Vorsteher: Herr Munther, Rechnungsrath.
" " Winkler I., praktischer Arzt.

Mitglieder:

Herr Eschert, Gärtner.
" Farthöfer, Fabrikant.
" Martin, Fabrikant.
" Reichelt jun., Fabrikant und Bezirksvorsteher.
" Schütze, Destillateur.
" Winkler II., Bäckermeister und Stadtverordneter.

Arzt: Herr Dr. Gedike.
Augenarzt: Herr Dr. Helling.
Wundarzt: Herr Taubeneck.
Apotheker: Herr Koblank.

---

23. Armen-Kommission für den Hallesche Thor-Bezirk.

Gehört zum 7ten Medicinal-Bezirk und begreift in sich:

Lindenstraße Nr. 1. bis incl. 14. und Nr. 110. bis incl. 125., Husarenstraße, an der Kommunication Nr. 1. bis incl. 19., Belle alliance Platz Nr. 1. bis incl. 10., vor dem Halleschen Thore Nr. 1. und 2., am Landwehrgraben.

Vorsteher: Herr Stieffelius, Rechnungsrath.

Mit-

Mitglieder:

Herr Cornet, Instrumentenmacher.
= Gräfe sen., Kaufmann.
= Hänsel, Rentier.
= Kecht sen., Lackirer.
= Krause, Brandweinbrenner und Stadtverordneter.
= Kunz, Bäckermeister.

Arzt: Herr Dr. Gebicke.
Augenarzt: Herr Dr. Helling.
Wundarzt: Herr Taubeneck.
Apotheker: Herr Kunde.

---

24. Armen-Kommission für a) den Kammergerichts- und b) den ersten Markgrafenstraßen-Bezirk.

Gehört zum 7ten Medicinal-Bezirk und begreift in sich:

Lindenstraße Nr. 15. bis incl. 36. und Nr. 81. bis incl. 109a., Junkerstraße, Markgrafenstraße Nr. 1. bis incl. 19. und Nr. 80. bis incl. 108., Kochstraße Nr. 27.

Vorsteher: Herr Nitschke, Hofrath.

Mitglieder:

Herr Clemens, Seidenknopfmachermeister.
= Hansche, Gastwirth.
= Katsch, Destillateur und Stadtverordneter.
= Kohle, Bäckermeister und Bezirksvorsteher,
= Neiff, Seilermeister.
= Neiff, Sattlermeister.
= Rüthnick, Töpfermeister.
= Schultze, Bäckermeister und Bezirksvorsteher.
= Streithorst, Buchbindermeister.

Arzt: Herr Dr. Gebike.
Augenarzt: Herr Dr. Helling.
Wundarzt: Herr Taubeneck.
Apotheker: Herr Kunde.

---

25. Armen-Kommission für a) den Spittelmarkt-, b) den Salzhof-, c) den neue Roßstraßen- und d) den neue Hospital-Bezirk.

Gehört zum 4ten Medicinal-Bezirk und begreift in sich:

Spittelbrücke Nr. 1. bis incl. 5. und Nr. 14. bis incl. 19., Spittelmarkt, Spittelmarktstraße, Oberwasserstraße, Nr. 16., neue Grünstraße Nr. 15. bis incl. 23., Wallstraße, Splittgerbergasse, Friedrichsgracht Nr. 1. bis incl. 46., neue Roßstraße Nr. 1. bis incl. 23., Neu-Kölln am Wasser, neue Jakobsstraße Nr. 15., alte Roßstraße Nr. 15.

Vorsteher: Herr Metzenthin, Schifffahrts-Inspector.

Mitglieder:

Herr Bolt, Kupferstecher.
- " Bräunlich, Schornsteinfegermeister.
- " Doring, Kaufmann.
- " Elsholz, Tischlermeister.
- " Gericke, Kaufmann.
- " Hallich, Weißgerbermeister und Bezirksvorsteher.
- " Jungnick, Uhrmacher.
- " Lehmann, Dr. Philos.
- " Mertens, Kaufmann.
- " Riquet, Kaufmann und Bezirksvorsteher.
- " Sevening, Tischlermeister und Bezirksvorsteher.
- " Steudnez, Kaufmann.
- " Struensee, Kaufmann.
- " Wienecke, Schmiedemeister und Bezirksvorsteher.

Arzt: Herr Hofmedikus Dr. Kunzmann.
Augenarzt: Herr Dr. Helling.
Wundarzt: Herr Kutzer.
Apotheker: Herren Appelius und Hertel.

---

26. Armen-Kommission für den Jakobs-Kirchhof-Bezirk.

Gehört zum 8ten Medicinal-Bezirk und begreift in sich:

Haasenheegerstraße, Orangenstraße, Todtengasse, Feldstraße, alte Jakobsstraße Nr. 1. bis incl. 30. und Nr. 87. bis incl. 103.

Vorsteher: Herr Boettge, Geh. Registrator.

Mitglieder:

Herr Geffke, Seidenwürkermeister.
- Hoffmann, Tabacksfabrikant und Stadtverordneter.
- Kuhlmey, Fouragehändler und Bezirksvorsteher.
- Schmächring, Leinwandhändler.
- Taute, Kaufmann.

Arzt: Herr Stadtphysikus Dr. Natorp.
Augenarzt: Herr Dr. Helling.
Wundarzt: Herr Hesse.
Apotheker: Herr Kunde.

---

27. Armen-Kommission für a) den neue Grünstraßen- und b) den Louisen-Kirch-Bezirk.

Gehört zum 8ten Medicinal-Bezirk und begreift in sich:

Neue Grünstraße, Nr. 1. bis incl. 14. und Nr. 24. bis incl. 38., neue Kommandantenstraße Nr. 3. bis incl. 30., alte Jakobsstraße Nr. 47. bis incl. 71., Louisen-Kirchhof Nr. 4., Louisen-Kirchgasse, neue Roßstraße Nr. 24.

Vorsteher: Herr Bauert, Hofrath.

Mitglieder:

Herr Dietrich, Kaufmann und Bezirksvorsteher.
- Junge, Bäckermeister und Bezirksvorsteher.
- Preuß, Fabrikant.
- Runge, Seifensiedermeister.
- Thieme, Graveur.
- Volgold, Bronzeur.
- Walker, Kaufmann und Stadtverordneter.

Arzt: Herr Stadtphysikus Dr. Natorp.
Augenarzt: Herr Dr. Helling.
Wundarzt: Herr Hesse.
Apotheker: Herr Appelius.

---

28. Armen-Kommission für den Stallschreibergassen-Bezirk.

Gehört zum 8ten Medicinal-Bezirk und begreift in sich:

Stallschreibergasse, alte Jakobsstraße Nr. 31. bis incl. 46. und Nr. 72. bis incl. 86, Louisen-Kirchhof Nr 1. bis incl. 3.

Vorsteher: Herr Starck, Geh. expedirender Secretair.

Mitglieder

Herr Andrée, Instrumentenmacher.
- " Ballmüller, Bäckermeister und Stadtverordneter.
- " Deißler, Kaufmann.
- " Friese, Bäckermeister.
- " Funck, Seidenfabrikant.
- " Landmann, Essigbrauer.
- " Roth, Schlächtermeister und Bezirksvorsteher.

Arzt: Herr Stadtphysikus Dr. Natorp.
Augenarzt: Herr Dr. Helling.
Wundarzt: Herr Hesse.
Apotheker: Herr Appelius.

29. Armen-Kommission für den Schlesische Thor-Bezirk.

Gehört zum 8ten Medicinal-Bezirk und begreift in sich:

Köpnickerstraße Nr. 1. bis incl. 70. und Nr. 112. bis incl. 174., Holzmarktgasse, die Etablissements vor dem Schlesischen Thore bis zur Magistrats-Plantage, Treptow.

Vorsteher: Herr Woderb, Kalkbrennereibesitzer.

Mitglieder:

Herr Engel, Tuchscheerermeister.
- " Krüger, Schiffbaumeister und Bezirksvorsteher.
- " Lüdert, Schiffbaumeister.
- " Ohm, Kunstgärtner.
- " Peters, Fabrikant.

Arzt: Herr Stadtphysikus Dr. Natorp.
Augenarzt: Herr Dr. Helling.

Wundarzt: Herr Mohr.
Apotheker: Herr Appelius.

---

30. Armen-Kommission für den Prinzen-Holzmarkt-Bezirk.

Gehört zum 8ten Medicinal-Bezirk und begreift in sich:

Köpnickerstraße Nr. 71. bis incl. 111., neue Jakobsstraße Nr. 1. bis incl. 7. und Nr. 21. bis incl. 28., Wassergasse, die neue Straße (bis jetzt noch ohne Namen), an der Aufschwemme.

Vorsteher: Herr Mertens, Justizrath.
" " Sannier, Kaufmann.

Mitglieder:

Herr Deschan, Töpfermeister.
" Jachtmann, Hofmedailleur und Bezirksvorsteher.
" Kampfmeyer, Lohgerbermeister.
" Müller, Lederfabrikant.
" Neander, Kaufmann und Lakierfabrikant.
" Preiß, Lohgerbermeister.
" Radicke, Destillateur und Stadtverordneter.

Arzt: Herr Stadtphysikus Dr. Natorp.
Augenarzt: Herr Dr. Helling.
Wundarzt: Herr Mohr.
Apotheker: Herr Appelius.

---

31. Armen-Kommission für den Dresdner-Straßen-Bezirk.

Gehört zum 8ten Medicinal-Bezirk und begreift in sich:

Neue Jakobsstraße Nr. 8. bis incl. 14. und Nr. 16. bis incl. 20., Schäfergasse, Dresdnerstraße Nr. 42. bis incl. 63.

Vorsteher: Herr Annisius, Agent.

Mitglieder:

Herr Ammerlang, Rentier.
" Franke, Schmiedemeister.

Herr Reichert, Tabacksspinner und Stadtverordneter.
= Schackwitz, Baumwollenwaaren-Fabrikant.
= Schmidt, Lohgerbermeister.
= Seiffärth, Bäckermeister und Bezirksvorsteher.

Arzt: Herr Stadtphysikus Dr. Natorp.
Augenarzt: Herr Dr. Helling.
Wundarzt: Herr Mohr.
Apotheker: Herr Appelius.

---

32. Armen-Kommission für den Kottbusser Thor-Bezirk.

Gehört zum 8ten Medizinal-Bezirk und begreift in sich:

Dresdnerstraße Nr. 1. bis incl. 41. und Nr. 64. bis incl. 107., die Etablissements vor dem Kottbusser Thore, mit Inbegriff der Fischerschen Lohmühle.

Vorsteher: Herr Vorstell, Geh. exped. Sekretair.

Mitglieder:

Herr Bräutigam, Drechslermeister.
= Kochhann, Bäckermeister und Stadtverordneter.
= Koob, Seidenfabrikant.
= Krückmann, Tuchbereiter und Bezirksvorsteher.
= Pohlmann, Rentier.
= Winzer, Tuchbereiter.

Arzt: Herr Stadtphysikus Dr. Natorp.
Augenarzt: Herr Dr. Helling.
Wundarzt: Herr Mohr.
Apotheker: Herr Appelius.

Armen-Kommission für a) den Thierarzneischul-, b) den Posthof- und c) den Hospitalstraßen-Bezirk.

Gehört zum ersten Theile des 12ten Medicinal-Bezirks und begreift in sich:

Schiffbauerdamm, Charitéstraße, Thierarzneischulplatz, Friedrichsstraße Nr. 105 bis incl. 136., Linienstraße Nr. 106. bis incl. 159., Oranienburgerstraße Nr. 27. bis incl. 76a., Hospitalstraße Nr. 1. bis incl. 17. und Nr. 69. bis incl. 93., Wassergasse, Flatowsgasse, Kirchhofsstraße, Ziegelstraße, Kalkscheunengasse, kleine Hamburgerstraße Nr. 3.

Vorsteher: Herr Stümer, Geh. Registrator.

Mitglieder:

Herr Conrad, Bäckermeister und Bezirksvorsteher.
- „ Flemming, Kaufmann.
- „ Hummel, Mechanikus.
- „ Kisting, Instrumentenmacher.
- „ Köhne, Tischlermeister.
- „ Krause, Kalkbrennereibesitzer und Bezirksvorsteher.
- „ Leckler, Holzhändler und Stadtverordneter.
- „ Reichel, Kaufmann und Bezirksvorsteher.

Arzt: Herr Dr. Dieffenbach.
Augenarzt: Herr Dr. Helling.
Wundarzt: Herr Dohse.
Apotheker: Herr Koch.

34. Armen-Kommission für a) den Monbijou- und b) den Sophien-Kirch-Bezirk.

Gehört zum 11ten Medicinal-Bezirk und begreift in sich:

Oranienburgerstraße Nr. 1. bis incl. 26. und Nr. 77. bis incl. 92., große Hamburgerstraße, am Monbijouplatz, Ueberfahrtsgasse., Sophien-Kirchgasse, Hospitalstraße Nr. 18. bis incl. 29., Nr. 54. bis incl. 65. und Nr. 67. und 68.

Vorsteher: Herr Marggraff, Schulvorsteher.

Mitglieder:

Herr Unger, Lederfabrikant.
- „ Bräckschall, Fabrikant und Bezirksvorsteher.
- „ Herold, Dosenfabrikant und Bezirksvorsteher.
- „ Hoppe, Oberbergrath.
- „ Kühl, Bäckermeister.
- „ Mütze, Rentier und Stadtverordneter.

Arzt: Herr Dr. Romberg.
Augenarzt: Herr Dr. Schupcke.
Wundarzt: Herr Abermann.
Apotheker: Herr Römhild.

35. Armen-Kommission für den Hamburger Thor-Bezirk.

Gehört zum 11ten Medicinal-Bezirk und begreift in sich:

Linienstraße Nr. 76. bis incl. 105. und Nr. 160. bis incl. 201., kleine Hamburgerstraße Nr. 1. und 2. und Nr. 4. bis incl. 28., Hospitalstraße Nr. 30. bis incl. 33., Nr. 50. bis incl. 53. und Nr. 66., Heidereutergasse Nr. 11. bis incl. 18., Gipsgasse Nr. 33., kleine Gasse.

Vorsteher: Herr Ewald, Kreis-Secretair.

Mitglieder:

Herr Görlitz, Tischlermeister.
" Haase, Baumwollenwaaren-Fabrikant und Bezirksvorsteher.
" Reuß, Weißgerbermeister und Bezirksvorsteher.
" Riebe, Gastwirth.
" Rochler, Pappfabrikant.

Arzt: Herr Dr. Romberg.
Augenarzt: Herr Dr. Schupcke.
Wundarzt: Herr Abermann.
Apotheker: Herr Römhild.

36. Armen-Kommission für den Gipsgassen-Bezirk.

Gehört zum 11ten Medicinal-Bezirk und begreift in sich:

Gipsgasse Nr. 1. bis incl. 17a. und Nr. 19. bis incl. 32., Hospitalstraße Nr. 34. bis incl. 41. und Nr. 45. bis incl. 49a., Heidereutergasse Nr. 1. bis incl. 10. und Nr. 19. bis incl. 21.

Vorsteher: Herr Uhlich, Schulvorsteher.

Mitglieder:

Herr Altheimer, Tischlermeister.
" Bangemann, Fabrikant.
" Mittag, Posamentiermeister.
" Petersen, Seidenwaaren-Fabrikant.
" Wachtler, Mechanikus und Stadtverordneter.
" Wist, Glasermeister.

Arzt: Herr Dr. Romberg.
Augenarzt: Herr Dr. Schupke.
Wundarzt: Herr Abermann.
Apotheker: Herr Römhild.

37. Armen-Kommission für a) den neue Schönhauserstraßen, und b) den Haaksche Markt-Bezirk.

Gehört zum 11ten Medicinal-Bezirk und begreift in sich:

Weinmeisterstraße, neue Schönhauserstraße, Rosenthalerstraße Nr. 25. bis incl. 54., Gipsgasse Nr. 18., Haaksche Markt, alte Kommandantenstraße, kleine Präsidentenstraße, große Präsidentenstraße.

Vorsteher: Herr Kremnitz, Geh. exped. Secretair.

Mitglieder:

Herr Dümcke, Konditor.
" Fölsing, Destillateur und Bezirksvorsteher.
" Hindenberg, Kaufmann.
" Lietzmann, Kaufmann.
" Mertens, Post-Schneidermeister.
" Römhild, Apotheker und Bezirksvorsteher.
" Wegener, Mehlhändler und Stadtverordneter.
" Zachariä, Kürschnermeister.

Arzt: Herr Dr. Romberg.
Augenarzt: Herr Dr. Schupcke.
Wundarzt: Herr Abermann.
Apotheker: Herr Römhild.

38. Armen-Kommission für den Rosenthaler Thor-Bezirk.

Gehört zum 11ten Medicinal-Bezirk und begreift in sich:

Rosenthalerstraße Nr. 1. bis incl. 24. und Nr. 55. bis incl. 73., Todtengasse, Linienstraße Nr. 64. bis incl. 75. und Nr. 202. bis incl. 223., Mulaksgasse Nr. 15. bis incl. 24., Nagelgasse Nr. 18. bis incl. 25., Hospitalstraße Nr. 42. bis incl. 44.

Vorsteher: Herr Johl, Schulvorsteher.

Mitglieder:

Herr Alt, Glasermeister.
" Bock, Rentier.
" Eselbach, Kaufmann und Stadtverordneter.
" Knaut, Destillateur.
" Langner, Kaufmann.
" Mewes, Destillateur und Bezirksvorsteher.

Arzt: Herr Dr. Moldenhauer.
Augenarzt: Herr Dr. Schupcke.
Wundarzt: Herr Abermann.
Apotheker: Herr Römhild.

---

39. Armen-Kommission für den Laufgassen-Bezirk.

Gehört zum 11ten Medizinal-Bezirk und begreift in sich:

Laufgasse, Linienstraße Nr. 42. bis incl. 63., Mulaksgasse Nr. 1. bis incl. 14. und Nr. 25. bis incl. 40., Nagelgasse Nr. 1. bis incl. 17. und Nr. 26. bis incl. 37., Wüste Gasse.

Vorsteher: Herr Bornemann, Geh. Kanzlei-Secretair.

Mitglieder:

Herr Friedrich, Baumwollenwaarenfabrikant.
" Gormann, Töpfermeister und Bezirksvorsteher.
" Janck, Gastwirth.
" Jordan, Fabrikant.
" Partzsch, Schlächtermeister.
" Tütel, Töpfermeister.

Arzt: Herr Dr. Romberg.
Augenarzt: Herr Dr Schupcke.
Wundarzt: Herr Abermann.
Apotheker: Herr Römhild.

---

40. Armen-Kommission für den Schönhauser Thor-Bezirk.

Gehört zum 10ten Medicinal-Bezirk und begreift in sich:

Alte Schönhauserstraße, Dragonerstraße Nr. 1. bis incl. 10. und Nr. 38. bis incl. 50., Grenadierstraße Nr. 1. bis incl. 8. und Nr. 34. bis incl. 44., Linienstraße Nr. 224., Nagelgasse Nr. 38., Schendelgasse, die Etablissements an der Schönhauser Allee, die Siebertsche Lohmühle, die Königl. Mühlen, die Meierei, die Häuser des Harder, Wettberg, Müller, Boetzow und Bollmar.

Vorsteher: Herr Buske, Kriegs-Kommissariats-Secretair.

Mitglieder:

Herr Ackermann, Fabrikant.
= Boetzow, Gutsbesitzer.
= Dietrich, Bäckermeister und Stadtverordneter.
= Lübeke, Rentier.
= Richter, Kaufmann.
= Rosch, Schlächtermeister.
= Schreiber, Fabrikant.

Arzt: Herr Dr. Arndt.
Augenarzt: Herr Dr. Schupcke.
Wundarzt: Herr Hildebrandt.
Apotheker: Herr Assessor Schrader.

41. Armen-Kommission für den Münzstraßen-Bezirk.

Gehört zum 10ten Medicinal-Bezirk und begreift in sich:

Münzstraße, Dragonerstraße Nr. 11. bis incl. 37., Grenadierstraße Nr. 9. bis incl. 33.

Vorsteher: Herr Haase, Tischlermeister.

Mitglieder:

Herr Bendler, Mauermeister und Bezirksvorsteher.
= Cauer, Schulvorsteher und Stadtverordneter.
= Harnack, Stellmachermeister.
= Klinger, Strumpfwürkermeister.
= Rose, Kaufmann.
= Schmidtsdorff, Fabrikant.
= Schwendy, Seifensiedermeister.

Arzt: Herr Dr. Arndt.
Augenarzt: Herr Dr. Schupcke.
Wundarzt: Herr Hildebrandt.
Apotheker: Herr Assessor Schrader.

42. Armen-Kommission für den Prenzlauerstraßen-Bezirk.

Gehört zum 10ten Medicinal-Bezirk und begreift in sich:

Prenzlauerstraße Nr. 5. bis incl. 30. und Nr. 34. bis incl. 61., Linienstraße Nr. 10. und Nr. 235 bis incl. 240., kurze Scheunengasse, Wadzeckstraße Nr. 1. bis incl. 3.

Vorsteher: Herr Wegener, Kaufmann.

Mitglieder:

Herr Boecke, Fabrikant und Bezirksvorsteher.
" Fickert, Schlächtermeister.
" Graßmann, Gürtlermeister.
" Nagel, Klempnermeister.
" Rolle, Schornsteinfegermeister.
" Schultze, Fabrikant.
" Vollmer, Gutsbesitzer und Stadtverordneter.

Arzt: Herr Dr. Arndt.
Augenarzt: Herr Dr Schupke.
Wundarzt: Herr Hildebrandt.
Apotheker: Herr Assessor Schrader.

---

43. Armen-Kommission für den Prenzlauer Thor-Bezirk.

Gehört zum 10ten Medicinal-Bezirk und begreift in sich:

Prenzlauerstraße Nr. 1. bis incl. 4., Linienstraße Nr. 11. bis incl. 41. und Nr. 225. bis incl. 234., die 1ste, 2te, 3te und 4te Scheunengasse, Jakobsstraße, Hirtengasse.

Vorsteher: Herr Zechlin, Fabrikant.
" " Wendt, Kaufmann.

Mitglieder.

Herr Boetzow, Gutsbesitzer und Bezirksvorsteher.
" Friedrich, Gutsbesitzer.
" Günther, Wollenwaarenfabrikant.
" Hampel, Zimmermeister.
" Hollstein, Wollenwaarenfabrikant.
" Kerner, Glasermeister.
" Paalzow, Tuchfabrikant.

Herr Männer, Gastwirth und Stadtverordneter.
„ Sachse, Fabrikant.

Arzt: Herr Dr. Arndt.
Augenarzt: Herr Dr. Schupcke.
Wundarzt: Herr Hildebrandt.
Apotheker: Herr Assessor Schrader.

44. Armen-Kommission für den Alexander-Platz-Bezirk.

Gehört zum 10ten Medicinal-Bezirk und begreift in sich:

Am Königsgraben, am Alexander-Platz, Alexanderstraße Nr. 1. bis incl. 4. und Nr. 37. bis incl. 71., neue Königsstraße Nr. 33. bis incl. 47., alte Schützenstraße, am Georgen-Kirchhof Nr. 19. bis incl. 35., Prenzlauerstraße Nr. 31. bis incl. 33.

Vorsteher: Herr Kabbatz, Rechnungsrath.

Mitglieder:

Herr Dietert, Kaufmann.
„ Franz, Kaufmann.
„ Harnack, Glasermeister und Bezirksvorsteher.
„ Kanzow, Kaufmann.
„ Krebs, Bäckermeister und Stadtverordneter.
„ Lubow, Kaufmann.

Arzt: Herr Dr. Arndt.
Augenarzt: Herr Dr. Schupcke.
Wundarzt: Herr Hildebrandt.
Apotheker: Herr Assessor Schrader.

45. Armen-Kommission für den Georgen-Kirch-Bezirk.

Gehört zum 10ten Medicinal-Bezirk und begreift in sich:

Neue Königsstraße Nr. 19. bis incl. 32. und Nr. 48. bis incl. 60., Wadzeckstraße Nr. 4. bis incl. 22., Schießgasse Nr. 8. bis incl. 18., große Georgen-Kirchgasse Nr. 18. bis incl. 31., kleine Georgen-Kirchgasse Nr. 3. bis incl. 11., am Georgen-Kirchhof Nr. 13. bis incl. 18., Lietzmannsgasse.

Vorsteher: Herr Rüppell, Stadtgerichts-Calculator.

Mitglieder:

Herr Boetzow, Gutsbesitzer.
" Eselbach, Tischlermeister.
" Michaelis, Bäckermeister.
" Tornow, Rentier und Stadtverordneter.
" Vollbeding, Kaufmann.
" Wühlisch, Fabrikant und Bezirksvorsteher.

Arzt: Herr Dr. Arndt.
Augenarzt: Herr Dr. Schupcke.
Wundarzt: Herr Hildebrandt.
Apotheker: Herr Assessor Schrader.

---

46. Armen-Kommission für den Schützenplatz-Bezirk.

Gehört zum 10ten Medicinal-Bezirk und begreift in sich:

Neue Königsstraße Nr. 1. bis incl. 18. und Nr. 61. bis incl. 84., Linienstraße Nr. 1. bis incl. 9. und Nr. 241. bis incl. 250., Gollnowsgasse Nr. 1. bis incl. 7. und Nr. 35. bis incl. 43., Schießgasse Nr. 1. bis incl. 7. und Nr. 19. bis incl. 25., große Georgen-Kirchgasse Nr. 1. bis incl. 17. und Nr. 32. bis incl. 47.

Vorsteher: Herr Schirmer, Kaufmann.

Mitglieder:

Herr Albrecht, Seidenwaarenfabrikant.
" Köhler, Destillateur und Bezirksvorsteher.
" Lüderwaldt, Kaufmann.
" Müller, Pächter des Schützenhauses und Stadtverordneter.
" Reiß, Seidenfabrikant.
" Passow, Mühlenmeister.
" Puls, Seidenfabrikant.
" Schultze, Kaufmann.

Arzt: Herr Dr. Arndt.
Augenarzt: Herr Dr. Schupcke.
Wundarzt: Herr Hildebrandt.
Apotheker: Herr Assessor Schrader.

---

47. Armen-Kommission für den Kaiserstraßen-Bezirk.

Gehört zum 9ten Medicinal-Bezirk und begreift in sich:

Kaiserstraße, kleine Frankfurtherstraße Nr. 1. bis incl. 8. und Nr. 11. bis incl. 19., Schillingsgasse Nr. 21.

Vorsteher: Herr Tollin, Secretair.

Mitglieder:

Herr Bagantz, Seidenfabrikant.
" Blasch, Schuhmachermeister.
" George, Kunstgärtner und Bezirksvorsteher.
" Metzkow, Seidenwürkermeister.
" Seeleithner, Posamentiermeister und Stadtverordneter.
" Steinner, Kaufmann.

Arzt: Herr Dr. Matthias.
Augenarzt: Herr Dr. Helling.
Wundarzt: Herr Sagert.
Apotheker: Herr Assessor Schrader.

48. Armen-Kommission für den Dom-Kirchhof-Bezirk.

Gehört zum 9ten Medicinal-Bezirk und begreift in sich:

Baumgasse Nr. 13. incl. 54., kurze Straße.

Vorsteher: Herr Siecke, Stadtgerichts-Ober-Registrator.

Mitglieder:

Herr Dannenberg, Bäckermeister.
" Graupner, Schneidermeister.
" Heinicke, Kaufmann.
" Reim, Kaufmann.
" Streiber, Kaufmann und Bezirksvorsteher, an der Ecke der Kaiserstraße.

Arzt: Herr Dr. Matthias.
Augenarzt: Herr Dr. Helling.
Wundarzt: Herr Sagert.
Apotheker: Herr Assessor Schrader.

49. Armen-Kommission für den Landsberger Thor-Bezirk.

Gehört zum 9ten Medicinal-Bezirk und begreift in sich:

Baumgasse Nr. 1. bis incl. 12. und Nr. 55. bis incl. 64., Wasmannsgasse Nr. 1. bis incl. 34., Gollnowsgasse Nr. 8. bis incl. 34., Landsbergerstraße Nr. 1. bis incl. 42. und Nr. 69. bis incl. 81., Judengasse Nr. 1. bis incl. 10 und Nr. 41. bis incl. 44., kleine Frankfurtherstraße Nr. 9. und 10.

Vorsteher: Herr Ahrendt, Fabrikant.

Mitglieder:

Herr Berlin, Fabrikant.
" Fehdeler, Seilermeister und Bezirksvorsteher.
" Hardt, Fabrikant.
" Jerichow, Bäckermeister.
" Munzert, Fabrikant.
" Schultze, Fabrikant.
" Ulrici, Rentier und Stadtverordneter.

Arzt: Herr Dr. Matthias.
Augenarzt: Herr Dr. Helling.
Wundarzt: Herr Sagert.
Apotheker: Herr Assessor Schrader.

50. Armen-Kommission für den Landsbergerstraßen-Bezirk.

Gehört zum 9ten Medicinal-Bezirk und begreift in sich:

Landsbergerstraße Nr. 13. bis incl. 68., Judengasse Nr. 11. bis incl. 40., am Georgen-Kirchhof Nr. 1. bis incl. 12., kleine Georgen-Kirchgasse Nr. 1. und 2.

Vorsteher: Herr Simon, Kaufmann.

Mitglieder:

Herr Engelhard, Kaufmann.
" Gärtner, Kaufmann und Bezirksvorsteher.
" Otte, Kaufmann.
" Schwarz, Tabacksfabrikant.
" Schwendy, Seifensiedermeister.
" Wegener, Essigbrauer und Stadtverordneter.

Arzt: Herr Dr. Matthias.
Augenarzt: Herr Dr. Helling.
Wundarzt: Herr Sagert.
Apotheker: Herr Assessor Schrader.

---

51. Armen-Kommission für den neuen Georgen-Kirchhof-Bezirk.

Gehört zum 9ten Medicinal-Bezirk und begreift in sich:

Große Frankfurtherstraße Nr. 37. bis incl. 47. und Nr. 92. bis incl. 103., Weberstraße, an der Kommunisation, Wasmannsgasse Nr. 35.

Vorsteher: Herr Behrends, Geheimer Secretair.

Mitglieder:

Herr Däge jun., Fabrikant.
" Gornow, Baumwollenwaren-Fabrikant.
" Lüdtge, Fabrikant.
" Maaß, Bäckermeister und Bezirksvorsteher.
" Wenzel, Fabrikant.
" Wilhelmi, Fabrikant.

Arzt: Herr Dr. Matthias.
Augenarzt: Herr Dr. Helling.
Wundarzt: Herr Sagert.
Apotheker: Herren Hummel und Jaenicke.

---

52. Armen-Kommission für den Magazinstraßen-Bezirk.

Gehört zum 9ten Medicinal-Bezirk und begreift in sich:

Große Frankfurtherstraße Nr 48. bis incl. 91., Magazinstraße, Schillingsgasse Nr. 1. bis incl. 20. und Nr. 22. bis incl. 37., Alexanderstraße Nr. 5. bis incl. 11. und Nr. 28. bis incl. 36, die Königl. Militair-Bäckerei daselbst.

Vorsteher: Herr Gerber, Geheimer Secretair.

Mitglieder:

Herr Wartenstein, Baumwollenwaaren-Fabrikant.
" Bouché, Kunstgärtner und Stadtverordneter.

Herr Hensecke, Schuhmachermeister und Bezirksvorsteher.
„ Jacob, Kaufmann.
„ Lademann, Bäckermeister.
„ Sommerfeld, Baumwollenwaaren-Fabrikant.

Arzt: Herr Dr. Matthias.
Augenarzt: Herr Dr. Helling.
Wundarzt: Herr Sagert.
Apotheker: Herren Hummel und Jäenicke.

53. Armen-Kommission für den Holzmarktstraßen-Bezirk.

Gehört zum 9ten Medicinal-Bezirk und begreift in sich:

Holzmarktstraße, Rosengasse, grüne Weg, Blumenstraße Nr. 1. bis incl. 26. und Nr. 59. bis incl. 84., Alexanderstraße Nr. 12. bis incl. 27.

Vorsteher: Herr Pietsch, Kaufmann.

Mitglieder:

Herr Becker, Kaufmann.
„ Böhm, Kaufmann und Bezirksvorsteher.
„ Franke, Graveur und Schriftgießer.
„ Holfelder, Kaufmann und Stadtverordneter.
„ Stabenow, Braueigner und Destillateur.
„ Westphal, Destillateur.

Arzt: Herr Dr. Matthias
Augenarzt: Herr Dr. Helling.
Wundarzt: Herr Sagert
Apotheker: Herren Hummel und Jaenicke.

54. Armen-Kommission für den Frankfurther Thor-Bezirk.

Gehört zum 9ten Medicinal-Bezirk und begreift in sich:

Große Frankfurtherstraße Nr. 1. bis incl. 36. und Nr. 104. bis incl. 127, Krautsgasse Nr. 1. bis incl. 23. und Nr. 34. bis incl. 56., Blumenstraße Nr. 27. bis incl. 58., Rosenqueergasse, Lange Gasse Nr. 2. bis incl. 9. und Nr. 53. bis incl. 67., die Etablissements vor dem Frankfurther Thore an der Chaussee, Bockshagen, Rummelsburg.

Vorsteher: Herr Rohland, Geh. Calculator.

Mitglieder:

Herr Eckert, Kaufmann,
" Fritzmann, Zwirnfabrikant.
" George, Kunstgärtner.
" Götze sen., Gärtner.
" Kuntz, Kattunfabrikant.
" Schertz, Schlächtermeister und Bezirksvorster.

Arzt: Herr Dr. Matthias.
Augenarzt: Herr Dr. Helling.
Wundarzt: Herr Sagert.
Apotheker: Herren Hummel und Jaenicke.

---

55. Armen-Kommission für den Raths-Holzmarkt-Bezirk.

Gehört zum 9ten Medicinal-Bezirk und begreift in sich:

Mühlenstraße, Fruchtstraße, Stralauer Platz, Holzstraße, Krautsgasse Nr. 24. bis incl. 33., Lange Gasse Nr. 1. und Nr. 10. bis incl. 52., Koppenstraße.

Vorsteher: Herr Germershausen, Kaufmann.

Mitglieder:

Herr Borchardt, Kattunfabrikant.
" Christoph, Kunstgärtner.
" Meißner, Kaufmann.
" Rindler, Kaufmann und Bezirksvorsteher.
" Rouel, Kunstgärtner und Stadtverordneter.
" Thiele, Schornsteinfegermeister.

Arzt: Herr Dr. Matthias.
Augenarzt: Herr Dr. Helling.
Wundarzt: Herr Sagert.
Apotheker: Herren Hummel und Jaenicke.

---

56. Interimistische Armen-Kommission für die Rosenthaler und Oranienburger Vorstadt.

Gehört theils zum 1sten, theils zum 2ten Theil des 12ten Medicinal-Bezirks und begreifen in sich:

Brunnenstraße, Ackerstraße, Bergstraße, kleine oder neue Bergstraße, Gartenstraße, Chausseestraße, Thorstraße, den Wollankschen Weinberg, das Invalidenhaus, Invalidenstraße, die Etablissements vor dem Oranienburger Thore bis an den Unterbaum, Moabit, die Colonie Wedding, die Colonie beim Louisenbade.

Vorsteher: Herr Bocquet, Geheimer Calculator.

Deputirte:

Herr Engels, Vergolder und Schleifer.
" Kalisch, Schneidermeister.
" Kaudelka, Gärtner.
" Koinatzky, Inhaber einer Badeanstalt und Bezirksvorsteher.
" Lehmann, Vorsteher der Colonie Wedding.
" Letz, Gastwirth und Bezirksvorsteher.
" Lübeke, Tuchmachermeister.
" Pfauter, Baumwollenwaaren-Fabrikant.

Arzt: Herr Dr. Dieffenbach.
Augenarzt: Herr Dr. Schupcke.
Wundarzt: Herr Dohse.
Apotheker: Herr Koch.

Beilage

General=

sämmtlicher Einnahmen und Ausgaben bei der

Tit.	Einnahme.	1822. rthl.	sgr.	pf	1823. rthl.	sgr.	pf	1824. rthl.	sgr.	pf.	1825. rthl.	sgr.	pf.
1	An Bestand . .	1396	19	5	1049	28	10	723	8	—	371	17	11
2	An Resten . .	86	6	2	8	15	—	87	15	—	—	—	—
3	An Verwechselungen	1000	—	—	2725	—	—	858	10	—	5355	22	—
4	An Zinsen . .	4688	20	1	5082	29	2	5178	15	5	5213	3	5
5	An Zuschuß aus andern Kassen .	600	—	—	608	15	—	608	15	—	608	15	—
6	An Vermächtnissen	14016	20	—	1500	—	—	1000	—	—	1100	—	—
7	An zurückempfangenen Documenten vom Depositorio	—	—	—	—	—	—	183	10	—	4875	—	—
8	Insgemein . .	—	—	—	—	—	—	—	—	—	395	17	5
	Summa	21788	5	8	10974	28	—	8639	13	5	17919	15	9

B.

Extract

Stiftungs-Kasse in den Jahren 1822 bis 1825.

Tit.	Ausgabe.	1822. rthl.	sgr.	pf.	1823. rthl.	sgr.	pf.	1824. rthl	sgr	pf.	1825. rthl.	sgr.	pf.
1	An Resten . .	300	—	—	308	15	—	318	—	—	—	—	—
2	An Verwechselungen	—	—	—	2014	28	9	725	7	—	5240	7	—
3	Zur Armen-Unterstützung aus den eingegangenen Zinsen der Vermächtniß Kapitalien	5421	16	10	5203	6	3	5699	18	6	5767	1	11
4	An abgelieferten Documenten zum Depositorio .	15016	20	—	2725	—	—	1525	—	—	6050	—	—
	Summa	20738	6	10	10251	20	—	8267	25	6	17057	8	11
	Abschluß.												
	Die Einnahme beträgt . . .	21788	5	8	10974	28	—	8639	13	5	17919	15	9
	Die Ausgabe beträgt . . .	20738	6	10	10251	20	—	8267	25	6	17057	8	11
	Bestand	1049	28	10	723	8	—	371	17	11	862	6	10

Beilage

General=

der Armen=Schul=Kasse

Tit.	Einnahme.	1822. rthl.	gr.	pf.	1823. rthl.	gr.	pf	1824. rthl.	sgr	pf.	1825. rthl.	sgr.	pf.	Summa. rthl.	sgr.	pf.
1	An Bestand	100	6	9	—	—	—	—	—	—	—	—	—	100	6	9
2	An Defekten und zurückgezahlten Geldern	—	—	—	—	—	—	—	—	—	—	—	—	—	—	—
3	An Resten .	129	16	8	1005	23	7	1860	22	4	190	—	—	3186	2	7
4	An Verwechselungen . .	—	—	—	—	—	—	225	—	—	47	20	—	272	20	—
5	An Zinsen .	—	—	—	72	15	—	1042	—	—	1051	—	—	2165	15	—
6	An Miethen	2942	18	1	2887	7	6	2918	—	—	2816	15	—	11564	10	7
7	An bestimmten außerordentlichen Beiträgen, Geschenken und Vermächtnissen	50	—	—	50	—	—	250	—	—	50	—	—	400	—	—
8	An Collectengeld von einigen Wohlthätern . .	10	—	—	10	—	—	10	—	—	10	—	—	40	—	—
9	An Wachsgeld von den Gewerken . . .	139	10	—	100	10	—	107	10	—	99	15	—	446	15	—
10	An Zuschuß aus der Haupt=Armen=Kasse .	2235	8	11	2486	11	2	6392	—	3	9600	—	—	20713	20	4
11	An Agio . .	—	—	—	152	7	6	—	—	—	—	—	—	152	7	6
12	Insgemein .	—	—	—	11	18	9	—	—	—	10	—	—	21	18	9
	Summa	5607	—	5	6776	3	6	12805	2	7	13874	20	—	39062	26	6

C.

Extract

pro 1822, 1823, 1824 und 1825.

Tit.	Ausgabe.	1822.			1823.			1824.			1825.			Summa.		
		rthl.	gr.	pf.	rthl.	gr.	pf.	rthl.	sgr.	pf.	rthl	sgr.	pf.	rthl.	sgr.	pf.
1	An Defecten	—	—	—	—	—	—	—	—	—	—	—	—	—	—	—
2	An Resten .	4	—	—	1	4	—	1636	13	5	—	—	—	1641	17	5
3	An Verwechselungen . .	—	—	—	—	—	—	203	18	9	42	15	—	246	3	9
4	Für Schulen	4519	12	10	6204	20	9	9156	—	10	12675	7	5	32555	11	10
5	An Collecten-Tantieme .	—	12	6	—	12	6	—	12	6	—	12	6	1	20	—
6	Zur Unterhaltung der Häuser . . .	762	18	10	519	6	—	1352	20	3	623	9	2	3257	24	3
7	An Abgaben von den Häusern	228	24	7	142	6	11	159	28	11	246	19	4	777	19	9
8	An abgelieferten Documenten zum Depositorio . . .	—	—	—	—	—	—	225	—	—	—	—	—	225	—	—
9	Insgemein .	—	5	—	—	—	—	26	17	6	—	—	—	26	22	6
	Summa	5515	13	9	6867	20	2	12760	22	2	13588	3	5	38731	29	6

Abschluß.

Einnahme	39062 Rthl.	26 Sgr.	6 Pf.
Ausgabe	38731 —	29 —	6 —
Bestand	330 Rthl.	27 Sgr.	= Pf.

Beilage

General-

der Großen Friedrichs-

No.	Titel der Rechnungen.	Einnahme
1	Bestand	
2	An Resten aus frühern Rechnungsjahren	
3	An Kapital Zinsen	
4	An Erbpachten	
5	An Miethen vom Souterrain des Waisenhauses und aus dem Wenzel-schen Hause	
6	Aus der Montis pietatis-Kasse zur Unterhaltung der Orange-Waisen	
7	Zuschuß aus der Hofstaats-Kasse Sr. Königl. Hoheit des Prinzen August	
8	Aus dem Klingebeutel und den Büchsen	
9	An Kostgeldern	
10	Insgemein	
11	Zuschuß aus der Haupt-Armen-Kasse	
12	Aus dem Grünschen Legat	
13	An Erbschaften und Vermächtnissen } . . .	
14	An Zinsen und Erbschaften aus dem Vermögen der Kinder }	
15	An Vermögen, welches den Kindern conservirt wird	
16	An kleinen Geschenken unter 100 Rthl.	
17	Geschenk der Prinzessin Luise von Preußen Königl. Hoheit . . .	
	Summa	

D.

Extract

Waisenhaus-Kasse pro 182$\frac{2}{5}$.

1822.			1823.			1824.			1825.			Haupt-Summa.		
rthl.	sgr.	pf.	rthl.	sgr.	pf.	rthl.	sgr.	pf.	rthl.	sgr.	pf.	rthl.	sgr.	pf.
924	24	8	—	—	—	—	—	—	—	—	—	924	24	8
130	13	4	92	22	6	87	17	6	149	8	1	460	1	5
415	12	3	124	10	11	95	23	—	—	—	—	635	16	2
217	1	8	217	26	8	164	26	8	121	19	2	721	14	2
236	25	—	289	—	—	192	—	—	130	—	—	847	25	—
480	-	—	480	—	—	480		—	480	—	—	1920	—	—
200	—	—	200	—	—	200	—	—	200	—	—	800	—	--
73	3	6	85	27	8	75	28	3	73	22	11	308	22	4
1638	9	3	830	15	10	559	20	3	775	19	8	3804	5	—
30	29	4	130	1	4	133	12	4	81	7	4	375	20	4
21400	—	—	35500	-	—	29000	—	—	32650	25	10	118550	25	10
180	—	—	180	—	—	180	—	—	180	—	—	720	—	—
795	-	9	645	9	3	771	4	2	293	24	—	2505	8	2
—	—	—	—	—	—	—	—	—	76	17	4	76	17	4
—	—	—	5	22	7	207	12	6	45	—	—	258	5	1
—	—	—	—	—	—	—	—	--	200	—	—	200	—	—
26721	29	9	38781	16	9	32147	24	8	35457	24	4	133109	5	6

No.	Titel der Rechnungen.	Ausgabe
1	An Resten aus früheren Rechnungsjahren	
2	An Besoldung	
3	An Lohn	
4	Für Kleidungsstücke	
5	Für Seife und Reinigung der Wäsche	
6	Für Brennöl, Dochte, Lichte	
7	Für Brennholz und Torf	
8	Für Bau- und Reparaturkosten	
9	Für Haus- und Küchengeräth	
10	Für Schreib-Materialien	
11	Für Ausstattung aus der Lindower Stiftung	
12	Für Kommunion-Bedürfnisse	
13	Für Begräbnißkosten	
14	Für Fuhrlohn für Hausgegenstände	
15	Für Lebensmittel	
16	An Kostgeldern	
17	Für Arzeneien	
18	Ankauf von Staatspapieren	
19	Zurückgezahltes Vermögen an ehemalige Waisenkinder	
20	Zurückgezahlte Gelder an die Haupt Armen-Kasse	
21	Insgemein	
22	Aus dem Fonds der Königl. Geschenke und Legate	
23	An Vermögen, welches den Kindern conservirt wird	
24	Aus dem Geschenk der Prinzessin Luise von Preußen Königl. Hoheit	
25	Für Bürgerwaisen, aus dem Lazareth-Fonds und Fonds des kleinen Instituts	
	Summa	

Schluß:

Die Haupt-Einnahme beträgt
Die Haupt-Ausgabe beträgt

Bleibt Bestand ult. Dezember 1825

1822.			1823.			1824.			1825.			Haupt-Summa.		
rthl.	sgr.	pf.	rthl.	sgr.	pf.	rthl.	sgr.	pf.	rthl.	sgr.	pf	rthl.	sgr.	pf.
—	—	—	—	—	—	19	10	—	1241	21	3	1261	1	3
3768	6	—	4141	18	—	4548	15	—	4701	10	—	17159	19	—
412	5	—	430	5	—	503	20	—	509	5	—	1855	5	—
2222	24	1	2682	11	2	3094	16	4	3031	24	8	11031	16	3
703	11	5	987	6	9	1136	9	7	1236	16	10	4063	14	7
274	19	5	324	14	9	299	25	8	330	20	7	1229	20	5
802	1	1	676	—	3	53	15	2	1490	12	3	3021	28	9
936	9	—	7640	10	11	3224	24	—	775	23	8	12577	7	7
238	28	5	248	3	5	260	7	3	622	29	11	1370	9	—
261	7	9	262	18	5	231	28	9	287	18	9	1043	13	8
20	—	—	20	—	—	60	—	—	20	—	—	120	—	—
18	—	—	11	19	11	7	7	10	7	23	—	44	20	9
8	15	—	5	1	6	11	26	3	5	20	—	31	2	9
136	1	2	35	20	—	27	12	6	36	10	—	235	13	8
2607	—	11	3897	4	9	4224	28	4	4075	28	9	14805	2	9
11998	25	—	13649	25	—	15119	10	10	15340	28	—	5[illegible]108	28	10
181	5	11	233	—	4	246	—	8	162	28	4	823	5	3
146	21	3	—	—	—	479	12	6	—	—	—	626	3	9
90	6	3	4	20	—	29	14	6	—	—	—	124	10	9
1625	—	—	—	—	—	405	8	3	—	—	—	2030	8	3
403	14	—	726	2	9	826	26	3	651	24	1	2608	7	1
—	—	—	—	—	—	45	22	6	64	10	—	110	2	6
—	—	—	—	—	—	—	—	—	76	17	4	76	17	4
—	—	—	—	—	—	—	—	—	172	13	8	172	13	8
104	15	—	23	22	6	28	10	1	—	—	—	156	17	7
26959	6	8	35999	25	5	34884	22	3	34842	26	1	132686	20	5

Balançe.

133109 Rthl. 5 Sgr. 6 Pf.
132686 — 20 — 5

422 Rthl. 15 Sgr. 1 Pf.

Beilage

General=

über Einnahme und Ausgabe bei der Oeconomie=Kasse

No.	Titel der Rechnungen.	Einnahme
1	Bestand der vorjährigen Rechnung	
2	An wiedererstatteten Vorschüssen	
3	An Defekten	
4	An Resten	
5	An ausstehenden Kapitalien	
6	An Kostgeldern	
7	An erstatteten Verpflegungskosten	
8	An Arbeitsverdienst	
9	Für in der Anstalt gefertigte Särge	
10	An Beerdigungsgeldern	
11	Für verkaufte Gesindescheine	
12	An Vermächtnissen und Schenkungen	
13	An Regie-Kosten aus der Bäckerei-Kasse	
14	Für verkauften Küchen-Abgang und Dünger	
15	An Zuschuß aus der Haupt=Armen-Kasse	
16	Insgemein und extraordinair	
	Summa	

No.	Titel der Rechnungen.	Ausgabe
1	An Vorschüssen	
2	An zurückgezahlten Vorschüssen	
3	An Defekten	
4	An Resten	
5	An Besoldungen	
6	An Lohn	
7	An Recreationsgeldern	
8	Für Brennholz und Torf	
	Latus	

E.

Extract

des Arbeitshauses pro 1822, 1823, 1824, 1825.

1822.			1823.			1824.			1825.			Haupt=Summa.		
rthl.	sgr.	pf.	rthl.	sgr.	pf.	rthl.	sgr.	pf.	rthl.	sgr.	pf.	rthl.	sgr.	pf.
496	24	8	—	—	—	—	—	—	—	—	—	496	24	8
89	15	9	123	8	7	40	—	—	59	20	—	312	14	4
—	—	—	—	—	—	—	—	—	—	—	—	—	—	—
47	26	7	69	15	—	142	6	—	80	—	—	339	17	5
—	—	—	—	—	—	—	—	—	—	—	—	—	—	—
775	16	11	754	20	—	881	29	5	797	29	5	3210	5	9
2211	18	10	1821	25	9	1930	14	—	1523	11	3	7487	9	10
5694	25	1	4719	24	5	6458	13	1	6429	5	6	23302	8	1
112	15	—	104	25	—	110	13	—	157	—	—	484	25	—
35	—	—	63	20	—	58	21	3	152	2	6	309	13	9
2850	25	—	3534	—	—	3598	15	—	3823	15	—	13806	25	—
129	15	—	42	11	3	10	—	—	13	5	1	195	1	4
2237	15	4	2086	3	4	2344	2	1	2192	18	5	8860	9	4
—	—	—	138	—	—	105	—	—	109	—	—	352	—	—
14500	—	—	17556	21	—	12000	—	—	13000	—	—	57056	21	—
93	9	1	84	23	4	55406	8	5	38	6	7	55622	17	5
29274	27	3	31099	17	8	83086	4	3	28375	23	9	171836	12	11

1822.			1823.			1824.			1825.			Haupt = Summa.		
rthl.	sgr.	pf.	rthl.	sgr.	pf.	rthl.	sgr.	pf.	rthl.	sgr.	pf.	rthl.	sgr.	pf.
89	15	9	171	28	7	73	5	—	122	25	—	457	14	4
—	—	—	—	—	—	55344	7	1	—	—	—	55344	7	1
—	—	—	—	—	—	—	—	—	—	—	—	—	—	—
—	—	—	—	—	—	—	—	—	—	—	—	—	—	—
3418	—	—	3745	—	—	4239	20	—	4539	20	—	15942	10	—
90	—	—	90	—	—	90	—	—	90	—	—	360	—	—
470	10	—	394	25	—	397	—	—	193	—	—	1455	5	—
3603	13	10	2278	28	10	3012	26	—	2814	14	4	11709	23	—
7671	9	7	6680	22	5	63156	28	1	7759	29	4	85268	29	5

No.	Titel der Rechnungen.	Ausgabe
		Transport
9	Für Bretter zu Särgen und Hausbedürfnissen	
10	Für bauliche Instandsetzungen	
11	An Ergänzung und Instandhaltung des Inventarii	
12	An Materialien zur Bearbeitung der Pariser	
13	Für gelieferte Gipssteine	
14	Für Kleidungsstücke	
15	Für Leinwand, Handtücherzeug und Zwillich u. s. w.	
16	Für Band, Zwirn und Knöpfe	
17	Für Kupfer und Zinn	
18	Für Instandhaltung der Wollmaschinen u. s. w.	
19	An die Ueberzahl Arbeiter	
20	An Seife und Stärke	
21	Für Oel, Licht und Dochtgarn	
22	Für Gesindescheine	
23	Für Bücher und Buchdruckerlohn	
24	Für Schulbedürfnisse	
25	Für Schreibmaterialien	
26	An Fuhrlohn	
27	Für das Reinigen der Schornsteine	
28	An kleinen Hausbedürfnissen	
29	Für Communion-Wein und Kirchensachen	
30	Für Bier und Getränke	
31	Für Rindfleisch und Rindertalg	
32	Für Butter	
33	Für Erbsen, Bohnen und Linsen	
34	Für Reis	
35	Für Graupen, Grütze und Hirse	
36	Für Gartengewächs	
37	Für Brot und Mehl	
38	Für Salz	
39	Für Materialwaaren	
40	Für Medicamente und Medizinsachen	
41	An Begräbnißkosten	
42	Für Stroh	
43	Für eingebrachte Bettler	
44	Insgemein und extraordinair	
		Summa

Schluß=

Die Haupt-Einnahme beträgt . . .
Die Haupt-Ausgabe beträgt . . .
Bleibt Bestand Ende Dezember 1825

1822.			1823.			1824.			1825.			Haupt=Summa.		
rthl.	sgr.	pf.	rthl.	sgr.	pf.	rthl.	sgr.	pf.	rthl.	sgr.	pf.	rthl.	sgr.	pf.
7671	9	7	6680	22	5	63156	28	1	7759	29	4	85268	29	5
255	18	9	255	23	2	266	25	—	351	2	6	1129	9	5
2549	20	6	4076	15	—	580	25	10	1118	23	—	8325	24	4
418	1	1	955	26	3	623	3	10	647	26	4	1644	27	6
—	—	—	—	—	—	163	1	2	67	7	8	230	8	10
—	—	—	—	—	—	50	20	—	148	—	—	198	20	—
1043	28	4	1370	10	3	1237	2	2	1626	3	2	5277	13	11
1695	3	9	1341	7	11	2039	26	4	3127	10	8	8203	18	8
76	1	—	83	12	6	77	28	7	79	—	—	316	12	1
67	29	8	49	9	8	4	23	5	52	22	10	174	25	7
818	7	9	623	14	5	235	14	1	278	28	3	1956	4	6
37	2	2	71	11	5	168	6	6	162	15	2	439	5	3
159	6	—	179	4	9	156	5	—	173	20	—	668	5	9
560	12	2	693	2	—	589	1	6	724	11	1	2566	26	9
2499	—	—	3136	—	—	3038	—	—	3332	—	—	12005	—	—
56	21	—	122	6	—	53	15	—	55	11	9	287	3	9
—	—	—	—	—	—	13	3	9	7	26	11	21	—	8
161	2	2	173	1	—	151	25	—	166	26	11	652	25	1
8	25	—	—	—	—	—	—	—	—	—	—	8	25	—
—	—	—	—	—	—	164	13	—	153	9	8	317	22	8
—	—	—	—	—	—	67	24	3	108	19	—	176	13	3
19	20	3	10	10	6	6	22	3	24	9	2	61	2	2
905	27	2	1194	23	6	1226	25	8	1394	23	2	4722	9	6
633	7	4	659	7	9	708	13	1	697	29	2	2698	27	4
268	6	11	325	13	3	314	5	4	332	—	3	1239	25	9
265	29	5	311	6	3	385	15	8	481	1	3	1443	22	7
—	—	—	113	23	—	54	—	—	58	24	—	226	17	—
148	20	—	183	—	—	146	7	6	88	—	—	565	27	6
1163	22	6	1145	16	—	934	25	—	958	17	6	4202	21	—
4738	5	1	5629	22	5	4080	23	9	3880	11	5	18329	2	8
240	—	—	270	—	-	285	—	—	345	—	—	1140	—	—
10	16	11	14	3	9	9	14	5	10	21	4	44	26	5
235	28	9	274	24	6	274	12	3	299	4	4	1084	9	10
22	2	6	30	27	6	22	2	6	57	12	6	132	15	—
183	—	—	324	2	6	218	22	6	242	10	—	968	5	—
26	27	6	40	20	—	43	12	6	38	17	6	149	17	6
795	8	9	858	4	—	240	13	7	160	1	6	2053	27	10
27735	2	—	31197	11	8	81789	28	6	29210	27	4	169933	9	6

Balançe

171836	Rthl. 12	Sgr. 11	Pf.
169933	— 9	— 6	—
1903	Rthl. 3	Sgr. 5	Pf.

Beilage

General-

über Einnahme und Ausgabe bei der Bäckerei-Kasse

No.	Titel der Rechnungen.	Einnahme
1	Bestand der vorjährigen Rechnung	
2	An Defekten	
3	An Vorschüssen	
4	An Zuschuß	
5	An Resten	
6	An erborgten Capitalien	
7	Für Weißbrod vom Arbeitshause	
8	Für Schwarzbrod vom Arbeitshause	
9	Für Weißbrod vom Waisenhause	
10	Für Mittelbrod vom Waisenhause	
11	Für Schwarzbrod vom Waisenhause	
12	Für Weißbrod vom Hospital	
13	Für Mittelbrod vom Hospital	
14	Für Weißbrod von der Charité	
15	Für Mittelbrod von der Charité	
16	Für Mittelbrod von der Armenbeschäftigungs-Anstalt	
17	Für Roggenmehl vom Arbeitshause	
18	Für Roggenmehl vom Waisenhause	
19	Für Roggenmehl vom Hospital	
20	Für verkaufte Kleie	
21	Für verkauftes Fußmehl	
22	Insgemein und extraordinair	
	Summa	

F.

Extract

des Arbeitshauses pro 1822, 1823, 1824 und 1825.

1822.			1823.			1824.			1825.			Haupt-Summa.		
rthl.	sgr.	pf.	rthl.	sgr.	pf	rthl.	sgr.	pf.	rthl.	sgr.	pf.	rthl.	sgr.	pf.
3	1	10	—	—	—	—	—	—	—	—	—	3	1	10
—	—	—	—	—	—	—	—	—	—	—	—	—	—	—
—	—	—	—	—	—	—	—	—	—	—	—	—	—	—
—	—	—	—	—	—	—	—	—	—	—	—	—	—	—
—	—	—	—	—	—	—	—	—	—	—	—	—	—	—
650	—	—	1000	—	—	1000	—	—	1000	—	—	3650	—	—
84	1	5	85	14	8	102	18	9	133	23	4	405	28	2
4254	9	8	5100	8	3	3647	11	—	3402	28	7	16404	27	6
179	13	8	236	14	8	248	14	11	187	17	4	852	—	7
268	1	4	868	5	5	963	28	10	982	12	—	3082	17	7
369	26	10	293	19	7	202	21	3	150	18	11	1016	26	7
14	14	3	90	16	5	97	27	1	221	1	2	423	28	11
2153	22	6	2231	29	5	1712	27	6	1417	21	4	7516	10	9
2997	4	7	3771	7	6	3609	13	4	3125	14	8	13503	10	1
2220	10	11	2025	25	1	1568	3	10	1247	29	3	7062	9	1
—	—	—	—	—	—	266	4	5	157	24	7	423	29	—
399	24	—	443	29	6	330	24	—	343	19	6	1518	7	—
47	16	—	88	—	—	72	28	—	68	18	6	277	2	6
—	—	—	—	—	—	—	—	—	—	—	—	—	—	—
351	22	1	666	4	4	493	10	7	291	21	9	1802	28	9
25	—	—	41	15	—	28	—		19	5	—	113	20	—
10	—	—	—	—	—	—	—	—	—	—	—	10	—	—
14028	19	1	16943	9	10	14344	23	6	12750	15	11	58067	8	4

No.	Titel der Rechnungen.	Ausgabe
1	An Vorschüssen	
2	An Defecten und zu Gute gehenden Posten	
3	An Resten	
4	An zurückgezahlten ehemals erborgten Kapitalien	
5	An Besoldungen	
6	Für Holzhauerlohn	
7	Für Roggen	
8	An Mühlengefällen	
9	Für verkauftes Mehl	
10	An Mahlgeldern	
11	An Mühlen-Fuhrlohn	
12	Für Utensilien und Geräthschaften	
13	An Regie-Kosten	
14	Insgemein und extraordinair	
	Summa	

Schluß:

Die Haupt-Einnahme beträgt
Die Haupt-Ausgabe beträgt

Bleibt Bestand ult. Dezember 1825

1822.			1823.			1824.			1825.			Haupt-Summa.		
rthl.	sgr.	pf.	rthl.	sgr.	pf.	rthl.	sgr.	pf.	rthl.	sgr.	pf.	rthl.	sgr.	pf.
—	—	—	—	—	—	—	—	—	—	—	—	—	—	—
—	—	—	—	—	—	19	15	—	—	—	—	19	15	—
—	—	—	—	—	—	—	—	—	—	—	—	—	—	—
650	—	—	1000	—	—	1000	—	—	1000	—	—	3650	—	—
655	7	6	655	7	6	705	7	6	705	7	6	2721	—	—
26	—	—	26	—	—	26	—	—	26	15	—	104	15	—
5832	15	10	8524	2	6	6677	12	2	3532	4	4	24566	4	10
1409	20	9	2164	10	6	1869	23	6	1552	28	—	6996	22	9
3372	25	—	1112	21	11	2974	14	6	1656	24	6	9116	25	11
210	—	—	284	—	—	272	—	—	244	—	—	1010	—	—
123	20	—	164	—	—	162	-	—	138	—	—	587	20	—
30	—	6	42	15	—	203	—	3	32	2	6	307	18	3
2237	15	4	2086	3	4	2344	2	1	2192	18	5	8860	9	2
12	12	6	52	3	9	16	22	11	18	10	8	99	19	10
14559	27	5	16111	4	6	16270	7	11	11098	20	11	58040	—	9

Balançe.

58067 Rthl. 8 Sgr. 4 Pf.
58040 — , — 9

27 Rthl. 7 Sgr. 7 Pf.

Beilage

General=

über Einnahme und Ausgabe bei der Kasse des neuen

No.	Titel der Rechnungen.	Einnahme
1	Bestand der vorjährigen Rechnung	
2	Einnahme=Reste	
3	Rechnungs=Defecte	
4	Ausstehende und wieder eingezogene Capitalien	
5	Zinsen von ausstehenden Capitalien (sind beim Tit. 12. mit vereinnahmt)	
6	Eintritts= und Einkaufsgeld	
7	Kostgelder	
8	Begräbnißgelder	
9	Auttionsgelder	
10	Legate und Vermächtnisse (werden nur in der Rechnung ante lineam aufgeführt)	
11	Extraordinair und Insgemein	
12	Zuschuß aus der Haupt=Armen=Kasse	
	Summa	

G.

Extract

Hospitals pro 1822, 1823, 1824 und 1825.

1822.			1823.			1824.			1825.			Haupt=Summa.		
rthl.	sgr.	pf.	rthl.	sgr.	pf.	rthl.	sgr.	pf.	rthl.	sgr.	pf.	rthl.	sgr.	pf.
710	28	10	—	—	—	—	—	—	—	—	—	710	28	10
—	—	—	—	—	—	—	—	—	—	—	—	—	—	—
—	12	6	—	—	—	—	—	—	—	—	—	—	12	6
—	—	—	—	—	—	—	—	—	—	—	—	—	—	—
—	—	—	—	—	—	—	—	—	—	—	—	—	—	—
—	—	—	450	—	—	—	—	—	325	—	—	775	—	—
606	25	4	410	15	—	318	18	—	310	10	—	1646	8	4
—	—	—	—	—	—	21	—	—	388	15	8	409	15	8
—	—	—	—	—	—	—	—	—	234	6	—	234	6	—
—	—	—	—	—	—	—	—	—	—	—	—	—	—	—
803	2	10	1212	8	9	1064	1	—	237	10	7	3316	23	2
15779	17	10	13869	20	6	15000	—	—	13200	—	—	57849	8	4
17900	27	4	15942	14	3	16403	19	—	14695	12	3	64942	12	10

No.	Titel der Rechnungen.	Ausgabe
	An zu Gute gehenden Posten	
1	An Besoldungen	
2	An Lohn	
3	An Pension	
4	An Remunerationen	
5	Für Brennmaterialien	
6	Für Kleidungsstücke	
7	Für Leinwand, Tisch- und Handtücherzeug	
8	Für Seife und Stärke	
9	Für Brennöl, Licht und Dochtgarn	
10	An Bureau-Bedürfnissen	
11	An Fuhrlohn	
12	An Begräbnißkosten	
13	Zur Verspeisung	
14	Für Stroh	
15	An Kupfer und Zinn	
16	An Küchen- und Hausgeräth	
17	Für bauliche Reparaturen	
18	An zurückgezahlten Kostgeldern	
19	Für Ergänzung und Instandhaltung des Haus-Inventarii	
20	Für Arznei und Heilpflege	
21	An öffentlichen Abgaben und Lasten	
22	Extraordinair und insgemein	
	Summa	

Schluß.

Die Haupt-Einnahme beträgt . . .
Die Haupt-Ausgabe beträgt . . .
Bleibt Bestand Ende Dezember 1825

1822.			1823.			1824.			1825.			Haupt-Summe.		
rthl.	sgr.	pf.	rthl.	sgr	pf.	rthl.	sgr.	pf.	rthl.	sgr.	pf.	rthl.	sgr.	pf.
—	—	—	—	9	—	—	—	—	—	—	—	—	9	—
1580	23	1	1571	12	9	1590	24	9	1555	10	—	6298	10	7
439	14	—	738	15	—	773	—	—	793	—	—	2743	29	—
36	—	—	36	—	—	36	—	—	36	—	—	144	—	—
—	—	—	—	—	—	—	—	—	185	15	2	185	15	2
744	14	6	1686	29	11	733	1	9	1077	13	6	4241	29	8
435	23	9	492	17	4	742	28	2	353	18	6	2024	27	9
811	5	4	1244	10	8	1006	10	—	894	15	—	3956	11	—
186	28	11	235	12	7	241	14	3	242	29	6	906	25	3
165	18	5	227	26	1	226	28	6	211	3	3	831	16	3
54	22	6	53	19	6	37	6	6	42	19	9	188	8	3
51	5	—	52	20	—	32	10	—	—	—	—	136	5	—
130	22	6	138	2	6	136	27	3	141	17	6	547	9	9
7531	26	11	8566	15	3	7488	18	8	7278	2	8	30865	3	6
29	17	6	38	7	6	18	20	—	28	12	6	114	27	6
12	10	—	2	—	—	123	3	2	2	7	6	139	20	8
263	14	4	148	1	7	233	16	2	102	19	3	747	21	4
3851	22	10	452	15	3	549	14	7	350	3	11	5203	26	7
40	2	6	6	20	—	4	5	—	9	22	—	60	19	6
483	9	3	131	7	7	314	13	8	208	15	8	1137	16	2
—	—	—	—	—	—	—	—	—	334	2	8	334	2	8
—	—	—	—	—	—	—	—	—	31	12	8	31	12	8
1037	26	8	1215	24	1	942	16	4	657	13	8	3853	20	9
17887	8	—	17038	26	7	15231	18	9	14536	14	8	64694	8	—

Balance.

64942 Rthl. 12 Sgr. 10 Pf.
64694 — 8 — • —

248 Rthl. 4 Sgr. 10 Pf.

Beilage

General-

sämmtlicher Einnahmen und Ausgaben bei der Haupt-Armen-

Tit.	Einnahme.	1822. rthl.	sgr.	pf.	rthl.	gr.	pf.
1	An Bestand				106	6	1
2	An eingezogenen Defecten				19	2	1
3	An Resten				2407	11	6
4	An erstatteten Vorschüssen				8871	17	1
5	An eingezogenen Kapitalien				54995	—	—
6	An umgesetzten Kapitalien und verwechselten Münzsorten				26786	18	9
7	An Zinsen von ausstehenden Kapitalien .				3499	24	—
8	An Erbpacht, Erbzins und Grundzins . .				445	—	—
9	An zufälligen Einnahmen für die Institute						
	a. Für das Waisenhaus						
	b. Für das neue Hospital						
	c. Für das Dorotheen-Hospital . . .						
	d. Für das Koppensche Hospital . .						
		—	—	—	—	—	—
10	Jährliches Geschenk Sr. Majestät des Königs				3750	—	—
11	An freiwilligen Beiträgen, Geschenken und Vermächtnissen						
	a. Geschenke Sr. Majestät des Königs bei Gelegenheit der Vermählung der Prinzessin Alexandrine, des Kronprinzen und der Prinzessin Luise K. H.	3000	—	—			
	b. Geschenk Sr. Majestät des Königs zu Holz	—	—	—			
	c. Geschenk der Frau Kronprinzessin K. H.	—	—	—			
	d. Jährlicher Beitrag des Kronprinzen K. H. seit 1. April 1824	—	—	—			
	e. Jährlicher Beitrag der Frau Kronprinzessin K. H. seit 1. April 1824.	—	—	—			
	f. Jährlicher Beitrag des Prinzen Wilhelm K. H. Sohn Sr. Majestät, seit 1. Juni 1824 monatlich 60 Rthl.	—	—	—			
	g. Jährlicher Beitrag des Prinzen August K. H.	680	—	—			
	h. Jährlicher Beitrag einiger Prinzen des Königl. Hauses	116	—	—			
	Latus				100880	19	6

H.

Extract

Kasse in den Jahren 1822, 1823, 1824 und 1825.

1823.						1824.						1825.					
rthl.	sgr.	pf.	rthl.	sgr.	pf.	rthl.	sgr.	pf.	rthl.	sgr.	pf.	rthl.	sgr.	pf.	rthl.	sgr.	pf.
			4292	11	7				8532	16	11				5429	28	9
			48	—	—				26	17	6				126	—	
			1617	—	2				742	21	7				1185	28	9
			—	—	—				—	—	—				7146	25	-
			—	—	—				8833	10	—				12450	—	-
			7100	—	—				11707	25	—				35558	7	6
			3751	8	9				2983	12	3				3970	15	1
			445	—	—				450	—	—				450	15	-
206	12	6				—	—	—				—	—	—			
—	—	—				281	18	5				182	8	10			
501	21	3				—	—	—				28	29	—			
212	15	—				97	—	—				111	22	2			
			920	18	9				378	18	5				323	—	
			3750	—	—				3750	—	—				3750	—	
3000	—	—				—	—	—				3000	—	—			
2000	—	—				—	—	—				—	—	—			
2000	—	—				—	—	—				—	—	—			
—	—	—				1350	—	—				1800	—	—			
—	—	—				1350	—	—				1800	—	—			
—	—	—				440	—	—				720	—	—			
680	—	—				680	—	—				680	—	—			
116	—	—				68	—	—				68	—	—			
			21924	9	3				37405	1	8				70391	—	1

Tit.	Einnahme.	1822. rthl.	sgr	pf.	rthl	sgr.	pf
	Transport				100880	19	6
	i. Jährlicher Beitrag der Frau Fürstin von Liegnitz Durchlaucht seit 1. April 1825 monatlich 30 Rthl.	—	—	—			
	k. Jährlicher Beitrag der großen Freimauer Landesloge	200	—	—			
	l. Jährlicher Beitrag von einigen Privatpersonen	165	—	—			
	m. Collekte aus den Bezirken	12749	29	4			
	n. Aus den jährlichen Kirchen=Collekten	368	3	6			
	o. Aus den Armen=Büchsen	3	21	9			
	p. An Vermächtnissen	3023	—	—			
	q. An zufälligen Geschenken	1676	27	2			
	r. Aus Kauf=Contracten und publicirten Testamenten . . , ...	255	15	—	22238	6	9
12	Aus gesetzlich bestimmten Rechten						
	a. Aus dem Erbrecht	14	—	7			
	b. Strafgefälle	153	17	6			
	c. Aus verkauften Pfändern	185	10	11			
	d. Canon von den Unternehmern des Droschken=Fuhrwerks	200	—	—	552	29	—
13	Aus Königlichen Kassen				75218	15	—
14	a. Zuschuß aus Communal-Kassen . .	21664	25	4			
	b. Aus der Stiftungs=Kasse die zu Holz bestimmten Legaten=Zinsen	1824	—	—	23488	25	4
15	Aus erworbenen Leibrenten=Kapitalien . .				—	—	—
16	Agio für verwechseltes Gold				—	—	—
17	Insgemein				1137	9	10
	Summa				223516	15	5

1823.						1824.						1825.					
rthl.	sgr.	pf.	rthl.	sgr.	pf.	rthl.	sgr.	pf.	rthl.	sgr.	pf.	rthl.	sgr.	pf.	rthl.	sgr.	pf.
			21924	9	3				37405	1	8				70391	—	1
—	—	—				—	—	—				270	—	—			
200	—	—				200	—	—				200	—	—			
160	—	—				306	—	—				312	—	—			
15985	14	1				20546	20	1				24668	6	10			
397	29	1				556	20	9				547	23	5			
22	10	1				—	—	—				—	—	—			
1632	—	—				1003	—	—				4561	2	6			
1866	24	11				2593	15	3				1511	12	5			
1706	6	—				740	20	—				966	—	—			
			29766	24	2				29834	16	1				41104	15	2
76	28	1				89	6	8				170	4	—			
6067	—	—				130	10	—				318	5	—			
107	20	9				699	4	—				241	14	9			
200	—	—				200	—	—				200	—	—			
			6451	18	10				1118	20	8				929	23	9
			75210	—	—				75127	15	—				75100	—	-
44000	—	—				48100	—	—				46000	—	—			
925	15	—				925	15	—				960	—	—			
			44925	15	—				49025	15	—				46960	—	—
			500	—	—				—	—	—				—	—	—
			241	15	—				—	—	—				45	23	6
			191	4	6				171	20	10				255	28	7
			179210	26	9				192682	29	3				234787	1	1

X 2

Tit.	Ausgabe.	1822. rthl.	sgr.	pf.	rthl.	sgr.	pf.
1	An Defekten				160	—	—
2	An Vorschüssen				3194	29	10
3	An zurückgezahlten Vorschüssen an andere Kassen				520	—	—
4	An Resten				32966	2	1
5	An umgesetzten Kapitalien				25885	24	2
6	An znrückgezahlten Kapitalien				—	—	—
7	An Zinsen von erborgten Kapitalien . .				20	—	—
8	An Zinsen von Leibrenten-Kapitalien . .				270	—	—
9	An Besoldungen.						
	a. Der Bureau-Offizianten mit Einschluß der Distriktsboten	6648	2	9			
	b. Den Stadt-Sergeanten und Armenwächter incl. Bekleidung	2412	19	1			
					9060	21	10
10	An Pensionen an früher in Function gewesene Beamte				903	—	—
11	An Bureau-Kosten				2246	23	8
12	Zur Armenpflege						
	a. An die Armen-Kommissionen und Destrikts-Directoren	32680	9	3			
	b. Holz-Unterstützungen	1856	2	9			
	c. Erstattungen an auswärtige Behörden für die der hiesigen Commune angehörigen Personen	1007	15	3			
	d. Erstattungen an die Polizei für dergl	434	11	6			
	e. Erstattungen an das Arbeitshaus für entlassene Personen	572	21	8			
	f. Außerordentliche Unterstützungen für verschämte und Stadtarme, welche aus den Fonds der Geschenke und bestimmten Beiträge Sr Majestät des Königs und der höchsten Mitglieder der Königl. Familie gezahlt worden sind	7484	26	3	44035	26	8
	Latus				119263	8	3

1823.						1824.						1825.					
rthl.	sgr.	pf.	rthl.	sgr.	pf.	rthl.	sgr.	pf.	rthl.	sgr.	pf.	rthl.	sgr.	pf.	rthl.	sgr.	pf.
			—	—	—				—	—	—				104	27	6
			2932	7	2				2683	11	3				5982	—	-
			—	—	—				—	—	—				—	—	-
			—	—	—				193	18	8				—	—	-
			6171	23	9				11157	9	3				35807	11	6
			—	—	—				—	—	—				500	—	-
			20	—	—				122	15	—				169	22	4
			310	—	—				310	—	—				310	—	-
7533	12	5				8675	—	7				8398	23	9			
3643	15	8				5487	8	9				5944	21	5			
			11176	28	1				14162	9	4				14343	15	2
			1146	—	—				1187	20	—				1187	20	-
			3260	6	3				3034	15	6				1930	25	1
37308	5	2				49775	26	7				54394	2	9			
7490	6	2				4737	22	4				5370	26	2			
1607	24	3				2241	10	6				1506	4	11			
393	12	2				266	9	5				414	8	8			
365	7	10				824	1	3				1038	10	—			
7170	16	7				8788	15	—				9792	29	—			
			54335	12	2				66633	25	1				72516	21	6
			79352	17	5				99485	4	1				132852	23	1

Tit.	Ausgabe.	1822. rthl.	sgr.	pf.	rthl.	sgr.	pf.
	Transport				119263	8	3
13	Zur Krankenpflege incl. Besoldung der Aerzte				11277	7	1
14	An Zuschüssen zur Unterhaltung der Institute mit Einschluß der Zinsen vom eigenthümlichen Kapital.						
	a. Der Armen-Schul-Kasse	2235	8	11			
	b. der Kasse des Waisenhauses	21764	12	3			
	c. — — des Arbeitshauses	14500	—	—			
	d. — — des neuen Hospitals . . .	15779	17	10			
	e. — — des Dorotheen-Hospitals .	737	24	5			
	f. — — des Koppenschen Hospitals	516	6	1			
	g. — — des Splitthaus-Hospitals	—	—	—			
					55533	9	6
15	An abgelieferten Documenten zum Depositorio				32300	—	—
16	Insgemein				850	9	—
	Summa				219224	3	10

Ab

Die Einnahme beträgt . .
Die Ausgabe beträgt . . .

Bestand .

1823.						1824.						1825.					
rthl.	sgr.	pf.	rthl.	sgr.	pf.	rthl.	sgr.	pf.	rthl.	sgr.	pf.	rthl.	sgr.	pf.	rthl.	sgr.	pf.
			79352	17	5				99485	4	1				132852	23	1
			11457	4	4				15126	9	—				12989	1	3
2486	11	2				6392	—	3				9600	—	—			
35797	21	8				29000	—	—				32650	25	10			
14456	21	—				15100	—	—				13000	—	—			
13869	20	6				15000	—	—				13200	—	—			
968	17	—				657	3	—				556	23	6			
668	13	4				672	23	7				471	2	11			
11	9	3				520	—	—				220	—	—			
			68258	23	11				67341	26	10				69698	22	3
			10500	—	—				2175	—	—				17070	—	-
			1109	24	2				3124	20	7				259	2	2
			170678	9	10				187253	—	6				232869	18	9

schluß.

1822.			1823.			1824.			1825.		
Rthl.	Sgr.	Pf.	Rthl.	Sgr.	Pf.	Rthl.	Sgr.	Pf.	Rthl.	Sgr.	Pf.
223,516	15	5	179,210	26	9	192,682	29	3	234,787	1	1
219,224	3	10	170,678	9	10	187,253	=	6	232,869	18	9
4,292	11	7	8,532	16	11	5,429	28	9	1,917	12	4

FSC
www.fsc.org
MIX
Papier | Fördert
gute Waldnutzung
FSC® C083411

Kolibri 360 GmbH
Ferdinand-Jühlke-Straße 7
99095 Erfurt, Deutschland
produktsicherheit@kolibri360.de